KB018451

일제강점기 민족지도자들의
역사관과 국가건설론 연구 02

조선사편수회 식민사관 비판 Ⅱ

- 임나일본부는 일본열도에 있었다

이덕일 지음

한가람역사문화연구소

조선사편수회 식민사관 비판 Ⅱ
-임나일본부설은 일본열도에 있었다

초판 1쇄 인쇄 2022년 10월 10일
초판 1쇄 발행 2022년 10월 14일

지은이 이덕일
펴낸곳 한가람역사문화연구소

등록번호 제2019-000147호
주소 서울특별시 종로구 김상옥로 17 대호빌딩 신관 305호
전화 02) 711-1379
팩스 02) 704-1390
이메일 hgr4012@naver.com

ISBN 979-11-90777-36-0

이책은 2013년 한국학중앙연구원의 지원을 받아 수행된 연구입니다.
(ASK-2013-KSS-1230004)

조선사편수회 식민사관 비판 II

임나일본부는 일본열도에 있었다

Ⅰ 임나일본부설 비판

II 『삼국사기』 초기기록 불신론 비판

III 『삼국사기』 불신론을 넘어서

IV 원 사료 번역 및 해제

I

임나일본부설 비판

1. 문제제기

조선총독부 조선사편수회에서 그린 고대 한국사의 모습은 크게 두 모습이다. 한반도 북부에는 한사군이 있었고, 한반도 남부에는 임나일본부가 있었다는 것이었다. 한반도 북부에는 중국의 식민지인 한사군이 있었고, 한반도 남부에는 일본의 식민지인 임나일본부가 있었다는 것이다. 뒤에 자세히 설명하겠지만 임나일본부설이란 서기 4세기 후반부터 6세기 후반까지 고대 야마토왜가 한반도 남부를 통치했다는 주장이다. 고대에도 한반도 남부에 고대판 조선총독부가 있었다는 것이다. 그러니 근대에 일본이 조선을 점령하는 것은 남의 땅을 빼앗는 침략이 아니라 고대사의 복원이라는 논리였다.

그런데 고대에 한반도 남부에 임나일본부가 있었다고 설정해놓고 보니해결해야 할 문제가 있었다. 고대 한국에 대해서 서술하고 있는 『삼국사기』와 모순되는 부분을 어떻게 해결해야 할 것인가 하는 문제였다. 『삼국사기』에는 임나가 한반도 남부를 지배했다는 내용이 전혀 나오지 않는다. 임나라는 말이 딱 한 번 나오기는 한다. 그러나 본문 기사가 아니라 『삼국사기』

「강수열전」에 강수가 무열왕에게, "신은 본래 임나가량(任那加良)사람으로 이름은 우두(牛頭)입니다."라고 말했다는 내용이다. 강수가 말한 '임나가량 사람'이라는 말은 그 의미가 모호하다. 그래서 황순종은 『임나일본부는 없었다』에서 "임나가량 사람이라고 했을 때 자신의 출신을 말하는 것인지, 조상들의 출신을 말하는 것인지 알 수 없다. 또한 이때의 임나가 언제 때 임나를 말하는 것인지도 알 수 없다. 더욱이 이 임나의 위치가 어디를 말하는 것인지도 알 수 없다."[1]라고 비판한 것이다. 임나가 4세기 후반~6세기 후반까지 한반도 남부를 지배하고 있었고, 신라, 고구려, 백제와 관련을 맺고 있었다면 『삼국사기』 각 본기에 관련 기사가 등장해야 한다. 신라 및 백제와 교류했다든지 전쟁을 했다든지 하는 기사가 나와야 하는 것이다. 그러나 『삼국사기』 본기 기사는 4세기 후반~6세기 후반까지 한반도 남부에는 '임나일본부'든 '임나○○부'든 그 명칭은 둘째치고라도 '임나'라는 정치체에 대한 기사가 등장하지 않는다. 『삼국사기』의 시각으로 보면 한반도 남부에 '임나'라는 정치체는 존재하지 않았던 것이다.

임나가 가야라고 주장하는 한국 역사학자들이 즐겨 인용하는 「진경대사탑비(眞鏡大師塔碑)」에 나오는 임나도 마찬가지다. 경상도 창원 봉림사지(鳳林寺址)에 있는 「진경대사탑비」에 따르면 '(진경)대사의 이름은 심희(審希)고 성은 김씨인데, 그 선조는 임나 왕족이다.〔大師諱審希俗姓新金氏其先任那王族〕'라고 기록되어 있다. 진경대사는 신라 말 선문구산(禪門九山)의 하나였던 봉림사의 개조(開祖)였는데, 신라 경명왕 7년(923) 봉림사 선당(禪堂)에서 입적하자 경명왕이 봉림사 '진경'이란 시호(諡號)와 '보월능공(寶月凌空)'이라는 탑명(塔名)을 내려서 진경대사라 불린다. 그런데 진경대사 탑비에서 알 수 있는 것은 그의 선조가 임나 왕족이었다는 사실 하나뿐

---

1 황순종, 『임나일본부는 없었다』, 2016, 만권당, 74쪽.

이다. 이는 강수의 경우와 마찬가지로 언제, 어느 곳인지는 모르지만 '임나국'이라는 나라가 있었고 진경대사 김심희의 선조가 그 왕족이었다는 사실 하나만을 말해줄 뿐이다. 이를 가지고 임나국의 위치나 성격 등을 말할 수는 없다.

그래서 이 문제를 고민하던 일본인 식민사학자들이 만들어 낸 논리가 『삼국사기』 초기기록은 김부식의 창작이라는 이른바 '『삼국사기』 초기기록 불신론'이었다. 그런데 그 내용을 살펴보면 '『삼국사기』 초기기록 불신론'이라기보다는 '『삼국사기』 전체기록 불신론'이라고 해도 과언이 아닐 정도로 『삼국사기』를 혹독하게 비판했다.

일본인 식민사학자들이 『삼국사기』 기록을 가짜로 본 이유는 간단하다. 『일본서기』에는 임나일본부 관련 내용이 풍부하게 나오는데, 『삼국사기』에는 그런 내용이 전혀 나오지 않기 때문이다. 그래서 일본인 학자들은 『일본서기』와 『삼국사기』 사이의 모순을 어떻게 해결할 것인가에 대한 문제가 발생했다. 이때 일본인 학자들이 보편적인 역사학적 방법론을 따르는 보통 학자들이었다면 이 문제는 이미 끝났을 것이다. 『일본서기』에 나오는 '임나' 운운은 허구의 사실이거나 일본 열도 내에서 벌어진 소국(小國)들 사이의 관계를 적시한 것이란 분국설(分國說)을 받아들이고, 『삼국사기』 내용이 사실이라고 결론 내렸을 것이다.

그러나 식민사학은 학문이 아니라 결론을 미리 세워놓고 그 결론에 세부사항들을 꿰어 맞추는 정치선전이거나 특정교리를 신봉하는 종교집단의 도그마에 불과하다. 식민사학이 미리 세운 결론은 한반도 남부에는 임나일본부가 있었다는 것이었다. 그래야 일제의 한국 점령이 침략이 아니라 과거 역사의 복원이라고 주장할 수 있기 때문이었다. 이런 정한론의 핵심이 임나일본부였고, 이를 위해서 일본인 식민사학자들은 임나일본부설에 위배되는

『삼국사기』를 가짜로 몰았다. 메이지 때 일본인 학자들이 정한론의 일환으로 『삼국사기』를 가짜라고 주장하기 전까지 『삼국사기』의 신빙성을 의심하는 학자는 없었다. 다만 『삼국사기』에 나오는 의문의 구절들에 대한 문제제기가 있었을 뿐이다.

따라서 『삼국사기』 불신론은 광복과 동시에 이 땅에서 폐기되었어야 할 식민사관이었다. 그럼에도 불구하고 광복 후에도 한국 학계에서 『삼국사기』 초기기록 불신론에 대한 본격적인 비판은 거의 이루어지지 않았다. 『삼국사기』 불신론에 대한 본격적인 비판은 광복 40년이 되던 1985년 최재석(崔在錫) 교수가 발표한 「〈삼국사기〉 초기기록은 과연 조작되었는가」(『한국학보』 38)가 최초였다. 이에 대해 최재석 교수는 최근 간행한 『삼국사기 불신론 비판』에서 이렇게 말하고 있다.

> "필자가 「〈삼국사기〉 초기기록은 과연 조작되었는가」(『한국학보』 38, 1985)를 발표한 것은 지금으로부터 30여 년 전인 1985년이었다. 그때도 한국의 고대사학자들이 일인학자들의 『삼국사기』 초기기록 불신론에 대해서 비판하지 않고, 추종하는 것을 기이하게 생각했는데, 이런 현상이 광복 70주년을 맞는 현재까지도 계속되고 있다는 사실이야말로 기이하기 짝이 없는 일이다. 그때나 지금이나 '『삼국사기』 초기기록 불신론'은 한국 고대사학계의 정설로 위세를 떨치고 있다. 다만 다행한 것은 일제 식민사관을 추종하는 '『삼국사기』 초기기록 불신론'에 대한 비판적 시각이 확대되고 있다는 사실이다."[2]

---

2 최재석, 『삼국사기』 불신론 비판』, 2016, 만권당, 38쪽.

그 후 최재석은 「〈삼국사기〉 불신자의 사료비판·연구방법·성과의 비판」(『한국고대사회사 방법론』, 일지사, 1987)같은 논문과 『고대한일관계와 일본서기』(일지사, 2001) 같은 저서에서 『삼국사기』 초기기록 불신론에 대해 체계적으로 비판해왔다. 또한 이종욱도 『한국 고대사의 새로운 체계』(소나무, 1999)의 「제1장 지난 100년 한국 고대사 통설의 문제점」 등의 저서와 논문을 통해 『삼국사기』 초기기록 불신론, 특히 『삼국사기』 「신라본기」의 신빙성을 부정하는 학계의 연구동향에 대한 문제점을 지적했다.

여기에서는 『삼국사기』 초기기록 불신론이 등장한 배경과 그 논리 구조를 검토하면서 『삼국사기』 초기기록 불신론이 과연 역사학적 방법론에 따른 학문으로 볼 수 있는지를 검토할 것이다. 또한 『삼국사기』 초기기록 불신론과 동전의 양면관계에 있는 임나일본부설에 대한 검토도 함께 이루어질 것이다. 그래야 이 논리에 대한 종합적 인식에 따른 비판이 가능하기 때문이다.

2. 『삼국사기』 초기기록 불신론과 임나일본부설

1) 의부가라는 금관가야인가?

일제 식민사학자들 중 보다 『삼국사기』의 사료적 가치에 대해서 일찍이 비판한 인물은 나카 미치요(那珂通世:1851~1908)이다. 나카 미치요는 일제의 한국 침략이 본격화되던 1894년에 「조선고사고(朝鮮古史考)」[3]를 써서 『삼국사기』에 대해 비판했다. 나카 미치요의 『삼국사기』 불신본이 숭요한 이유는 그의 『삼국사기』 불신론과 함께 '임나=가야설'을 주장하고 있기 때문이

---

3 이 논문은 일본의 『사학잡지(史學雜誌)』5-3(1894년)에 수록되어있다.

다. 일본인 학자들이 『삼국사기』 불신론을 주창한 이유가 바로 임나일본부를 사실로 만들기 위한 것이라는 사실과 그 뿌리가 비교적 이른 시기라는 점을 보여주고 있다. 나카 미치요는 1896년 『조선고사고(朝鮮古史考)』의 제8장 「가라고(加羅考)」에서 '가야=임나'라면서 이렇게 주장했다.

> "가라(加羅:カラ)국은 수인기(垂仁紀:『일본서기』「수인기」를 뜻함, 괄호는 필자)에 의부가라국(意富加羅國:이후イフ加羅国)이라고 기록되어 있다. 의부(意富)는 크다는 뜻인데, 그 나라의 방언을 황국어로 번역한 것이다. 이 나라는 여러 개의 작은 나라로 나뉘어져 있는데, 그 중에, 수인기에 기록되어 있는 가라(加羅)는, 그 작은 나라들의 종국(宗國)이며, 조금 크기 때문에 그 땅에서는 대가라(大加羅)라고 부른다."[4]

나카 미치요는 윗글에서 『일본서기』「수인기(垂仁紀)」에 나오는 의부가라가 가야라면서 한국에서는 이를 '대가라(大加羅)'라고 부르고 있다고 서술하고 있다. 그러나 가야와 관련된 한국 사료에는 '대가라'라는 용어가 없다. 나카 미치요는 『일본서기』에 나오는 '의부가라'를 『삼국유사』의 대가라라고 주장하는 것이다. 그 근거는 '의부'가 가야 방언으로 '크다'는 뜻이라는 것이다. 그러나 '의부'가 실제로 '크다'는 뜻의 가야 방언인지는 전혀 알 수 없다. 유일한 근거는 나카 미치요가 그렇게 생각한다는 것뿐이다. 이 대가라가 금관가야를 뜻하는 것인지 대가야를 뜻하는 것인지 분명하지 않다. 『삼국유사』「가락국기(駕洛國記)」에는 수로왕이 세운 금관가야에 대해서 "나라 이름을 대가락(大駕洛)이라 하고 또한 가야국(伽耶國)이라고도 하니 곧 여섯 가야(伽耶) 중의 하나이다."라고 말하고 있다. 최치원이(崔致遠)이 편찬한

---

4 那珂通世, 「加羅考」, 『朝鮮古史考』, 『史學雜誌』第7編 3號, 明治 29年, 1896.

『석리정전(釋利貞傳)』에 의하면 천신(天神) 이비사지(夷毗詞之)와 가야산신(加耶山神) 정견모주(正見母主) 사이에 두 아들이 있어서 한 아들인 뇌실주일(惱室朱日)은 대가야왕(大加耶王)이 되고, 또 한 아들인 뇌질주일(惱室靑裔)는 금관가야왕(金官加耶王)이 되었다고 말하고 있다.[5] 나카 미치요가 말한 대가라는 대가야를 뜻하는 것으로도 이해할 수 있다.

나카 미치요가 말하는 의부가라는 『일본서기』「수인기」 2년조에 나온다.

> "어간성(御間城:미마키) 천황 때에 이마에 뿔이 난 사람이 배 한 척을
> 타고 와서 월국(越國:코시노쿠니)의 사반포(笥飯浦:세히노우치)에 정
> 박했다. 그래서 호를 각록(角鹿)이라고 한다. '어느 나라 사람인가?'라
> 고 물으니 '의부가라 국왕의 아들인 도노아라사등(都怒我阿羅斯等)인
> 데, 우사기아리질지간기(于斯岐阿利叱智于岐)라고도 합니다. 일본국에
> 성스러운 황제[聖皇]께서 계시다는 말을 듣고 귀화했습니다.…'라고
> 말했다."[6]

어간성 천황이란 『일본서기』의 10대 숭신(崇神)을 뜻한다. 이때 이마에 뿔이 난 사람이 와서는 의부가라 국왕의 아들이라고 했다는 것이다. 이 '의부가라'를 나카 미치요는 '대가라', 곧 '금관가야'라고 주장하는 것이다. 그러나 이 기사가 실린 『일본서기』「수인기(垂仁紀)」 2년은 서기로 환산하면 서기전 28년이다. 『삼국유사』「가락국기」에 따르면 금관가야는 서기 42년에 건국했기 때문에 먼저 연대가 맞지 않는다. 또한 '일본'이란 국호는 8세기

---

5 『東國輿地勝覽』 권 29, 「高靈縣 建置沿革」條

6 「御間城天皇之世、額有角人、乘一船、泊于越國笥飯浦、故號其處曰角鹿也。問之曰 "何國人也" 對曰, "意富加羅國王之子、名都怒我阿羅斯等、亦名曰于斯岐阿利叱智于岐。傳聞日本國有聖皇、以歸化之」, 『일본서기』「수인기」 2년조

무렵에 생겼는데, 도노아라사등이 '일본국의 성스런 황제' 운운하면서 '일본국'이 존재하고 있는 것으로 말했다는 것은 후세의 조작이다. 분국설을 설명할 때 자세히 언급하겠지만 이 사화는 가야계가 일본에 진출한 상황을 설명한 것인데, 그 시기를 서기전으로 끌어올린 것이다. 나카 미치요는 뒤이어서 이렇게 설명하고 있다.

> "신공황후(神功皇后)가 삼한을 정벌(征韓)한 후 다시 한 번 장수를 보내어 평정한 7개국 중의 하나인 가라국은, 즉 이 대가라로서, 응신·계체·흠명기(應神·繼体·欽明紀) 등에 자주 보인다."

'신공황후(神功皇后)가 삼한을 정벌(征韓)'했다는 것은 『일본서기』「신공기」 9년, 즉 중애(仲哀:주아이) 9년 겨울 10월조를 말하는 것이다. 중애는 신공의 남편인데, 응습(熊襲)이란 나라를 치려고 마음을 먹었다. 신이 나타나 응습을 치지 말고 신라를 치라고 권했지만 중애는 듣지 않았다. 그 결과 신의 노여움을 사서 재위 9년(200) 2월에 갑자기 세상을 떠났다. 그래서 왕후인 신공이 대신 신라를 공격했다는 것이다. 『일본서기』에 신공의 신라 정벌 기사는 마치 판타지 소설처럼 서술되어 있다.

죽은 남편을 대신해서 섭정하게 된 신공은 신의 명령에 따라서 신라를 공격하러 가는데, 신라가 어디 있는 나라인지 알 수 없었다. 해인(海人)을 서해로 보냈더니 돌아와서 "나라가 보이지 않는다"고 보고했다. 다른 해인을 보냈더니 바다로 나갔다가 돌아와서 "나라가 있다"고 보고했다. 그래서 겨울 10월에 신라를 공격하러 떠났다는 것이다. 풍신은 바람을 일으키고, 해신은 파도를 일으켰으며, 바다속의 큰 고기들이 다 떠올라서 배가 항해하는 것을 도왔다고 한다. 신공황후가 이끄는 야마토의 전선이 신라에 이르자 파도가 나라 안에까지 미쳤다. 신라왕은 두려워서 "내가 듣기에 동쪽에 신국(神國)이 있는데, 일본(日本)이라고 한다. 또한 성왕(聖王)이 계시는데, 천황(天皇)이라고 한다. 이는 반드시 그 나라의 신병(神兵)일 것이다. 어찌 군사를 들어 저지하겠는가"라면서 스스로 항복하고 조공을 바치겠다고 맹세했다는 것이다. 이 기사의 일본(日本)이니 신국(神國)이니 천황(天皇)이니 하는 용어는 모두 후대의 것이기 때문에 이 역시 후세의 조작이다. 신공왕후의 정벌 이후 신라는 매년 80척의 배에 조공품을 바친다는 것이 『일본서기』 신공왕후 섭정 전기 9년, 즉 중애 9년(200) 조의 내용이다.

이렇게 서술이 끝났다면 신공왕후의 신라 정벌기로 끝났을 것이다. 그런데 나카 미치요가 두 번째로 '신공황후가 삼한을 정벌했다'고 말했다. 『일본서기』 「신공 9년」조를 계속 보자.

> "고구려·백제 두 나라 왕이 신라가 지도와 호적을 일본국에 바쳤다는 소식을 듣고 몰래 그 군세를 살펴보니 이길 수 없음을 알고 영외에서부터 와서 머리를 조아리면서 정성을 다해서 '지금 이후로 영원히 서번(西蕃:서쪽 울타리)이라고 일컫고 조공을 그치지 않겠습니다.'라고 말했다. 이로 인해서 내관가(內官家)의 둔창(屯倉)으로 정했다. 이것이 이른바 삼한이라는 것이다. 황후가 신라에서 돌아왔다."
>
> (『일본서기』 「신공(神功) 9년」)

신라가 항복했다는 소식을 들은 고구려, 백제 두 나라 왕은 몰래 그 군세를 살피게 했다. 야마토왜의 군세를 보고는 도저히 이길 수 없다는 사실을 알고 스스로 영외에서 와서 머리를 조아리면서, "지금 이후로 영원히 서번(西蕃)이라고 일컫고 조공을 그치지 않겠습니다"라고 충성을 맹세했다는 이야기다. 즉 신라는 싸우기도 전에 항복했고, 고구려, 백제는 신라가 항복했다는 소식을 듣고 스스로 와서 항복했다는 이야기다. 『일본서기』는 "이것이 이른바 삼한(三韓)이라는 것이다."라고 해서 신라, 고구려, 백제가 이때 모두 야마토왜의 식민지가 되었다고 말하고 있다.

조선사편수회에서 간행한 『조선사』 제1편 제2권은 '중애천황 9년 경진(庚辰)'조에서 "10월 신축에 황후가 화이진(和珥津)을 출발해서 신라를 정벌하고, 백제와 고려도 복속시켰다"라고 서술하고 있다. 이것이 신공왕후의 이른바 '삼한(三韓)정벌론'이다. 신공 9년, 즉 중애 9년은 서기 209년으로 신라는 내해왕 14년, 고구려는 산상왕 13년, 백제는 초고왕 44년이다. 물론 『삼국사기』에는 이런 이야기가 전혀 나오지 않는다.

바로 이 대목에 일본학자들의 고민이 있었다. 『일본서기』의 이런 내용이 『삼국사기』에 등장해야 하는데 전혀 나오지 않는 것이었다. 더구나 『일본서기』는 기년, 즉 연대부터 맞지 않는 역사서이다. 『일본서기』는 편찬 과정의 오류로 연대가 맞지 않는 것이 아니라 편찬자들이 의도적으로 연대를 조작한 역사서이다. 일본의 역사, 즉 야마토왜(大和倭)의 역사는 빨라야 서기 3세기 말~4세기 초에 가야계가 큐슈에 진출하는 것으로 시작하지만 『일본서기』는 이를 1,000년 정도 끌어내려 서기전 660년에 시작하는 것으로 연대를 조작했다. 그러니 기본 연대부터 맞지 않는다. 그래서 『일본서기』의 연대를 보정하기 위해 주갑제(周甲制)라는 것을 사용한다. 주갑은 주나라에서 사용하던 간지(干支)를 뜻하는 것으로 만 60년, 환갑을 뜻한다. 『일본서기』는 주갑제를 이용해 보통 2주갑 120년을 더해서 연대를 보정한다. 이에 따르면 「신공 9년」은 329년이다. 329년은 신라 흘해 이사금 20년, 고구려 미천왕 30년, 백제 비류왕 26년인데, 이때도 『삼국사기』에는 삼국이 야마토왜에 항복했다는 기사가 전혀 없다.

『일본서기』「신공 9년」이 209년의 사실이라고 주장하든 2주갑을 인상해서 329년의 사실이라고 주장하든 모두 조작이라는 것은 더 이상 설명이 필요하지 않다. 그러나 일제강점기 때 각급 학교에서는 이 내용을 사실이라고 가르쳤다. 고대 야마토왜가 삼한을 정벌했으니 일제가 한국을 점령한 것은 과거사의 복원이란 주장이었다.

그림 1
나카 미치요(那珂通世: 1851~1908), 메이지시대 역사학자. 일본에서는 동양사의 개념을 처음 생기게 했다고 자찬하고 있다. 그는 『조선고사고(朝鮮古史考)』에 실린 「가라고(加羅考)」논문에서 가야를 임나라고 주장하는 것으로서 임나일본부설의 성립에 큰 영향을 끼쳤다. 그러나 가야를 임나로 볼 수 있는 근거가 무엇인지는 전혀 제시하지 못했다.

나카 미치요는 뒤이어 "(신공이) 다시 한 번 장수를 보내어 평정한 7개국 중의 하나인 가라국은, 즉 이 대가라로서, 응신·계체·흠명기(應神繼体欽明紀) 등에 자주 보인다."라고 설명하고 있다. 즉 「신공 9년」에 삼한을 정벌하고 그 후에 또 장수를 보내서 7개국을 평정했는데, 그 중의 하나가 가라국(대가라)라는 것이다. 나카 미치요는 신공왕후가 두 번 정벌했다고 말하고 있다. 재위 9년에는 신라, 고구려, 백제의 항복을 받는 이른바 삼한정벌을 단행했고, 이후 다시 한 번 장수를 보내서 가라를 정벌했다는 것이다.

2) 『일본서기』와 『삼국사기』의 내용 비교

나카 미치요가 "(신공이) 다시 한 번 장수를 보내어 평정한 7개국 중의 하나인 가라국"이라고 말했다. 삼한을 정벌한 신공이 다시 군사를 보내서 가라 7국을 평정했다는 것이다. 이것이 이른바 임나일본부설 근거 기사이다. 가라 7국을 정벌하고 평정하였다는 주장은 『일본서기』「신공기(神功紀)」 49년(249)조의 기사를 바탕으로 한 것이다.

"49년 봄 3월에 (신공황후가) 아라타와케(荒田別)와 카가와케(鹿我別)를
장군으로 삼고, 백제 사신 구저(久氐) 등과 함께 군사를 다스려 건너
가게 해서 탁순국(卓淳國)에 이르러 신라를 공격하려 했다. 이때 어떤
사람이 '군사 숫자가 적기 때문에 신라를 공격해서 깨트릴 수 없습니
다. 다시 사와쿠코로(沙白蓋盧)를 보내 군사증원을 요청해야 합니다.'
라고 말했다. (신공황후는) 곧 모쿠라콘지(木羅斤資:목라근자)와 사사
나코(沙沙奴跪:사사노궤)〔이 두 사람은 성을 알 수 없다. 다만 모쿠라
콘지는 백제의 장군이다.〕에게 정예로운 군사를 이끌고 사와쿠코로와
함께 파견해 탁순에 모두 모여 신라를 공격해 깨트리고, 이로 인해 비
자발(比自㶱) · 남가라(南加羅) · 탁국(喙國) · 안라(安羅) · 다라(多羅)
· 탁순(卓淳) · 가라(加羅) 7국을 평정했다. 군사를 서쪽으로 돌려서 고
해진(古爰津)에 이르러 남쪽 오랑캐〔南蠻〕인 침미다례(忱彌多禮)를 도
륙해서 백제에게 주었다."

(『일본서기』「신공기」49년)

신공 49년(249) 기록은 신공왕후가 정벌한 신라를 다시 정벌했다는 것인
데, 그 이유는 2년 전의 조공품 사건 때문이다. 2년 전인 신공 47년(247) 신
라와 백제에서 조공품을 바쳤는데, 야마토왜에서 조사해보니 신라 조공품
은 품질이 좋았는데, 백제 조공품은 품질이 좋지 않았다. 야마토왜에서 그
이유를 추궁하니 백제에서 "신라가 백제 것을 빼앗아 바쳤습니다"라고 호소
했다. 야마토왜에서 조사해보니 신라가 백제의 조공품을 빼앗아 신라의 것
처럼 속여서 바친 것이 사실이라는 것이었다. 그래서 신공이 신라를 정벌하
라고 군사를 보냈다는 것이다. 신공왕후는 재위 49년에 아라타와케(荒田別),
카가와케(鹿我別)를 보내 신라를 정벌하게 했으나 군사 숫자가 적다고 보고

하자 다시 모쿠라콘지(木羅斤資)와 사사나코(沙沙奴跪)에게 군사를 더 주어 신라를 정벌하게 했다는 것이다.

『일본서기』는 '탁순에 모두 모여 신라를 공격해 깨트리고, 이로 인해 비자발·남가라·녹국·안라·다라·탁순·가라 7국을 정벌하고, 군사를 서쪽으로 돌려서 고해진에 이르러 남만의 침미다례를 주륙하고 백제에 주었다'고 말하고 있다.

『일본서기』의 대부분의 정벌 기사와 조공기사는 모순으로 가득 차 있는데 이 기사도 마찬가지다. 첫째, 신라를 공격했는데, 정작 정벌된 곳은 가라 7국이라는 것이다. 둘째, 탁순에 모여서 공격했는데, 가라 7국 정벌의 결과로 탁순이 정벌되었다는 것도 이치에 맞지 않는다. 셋째, 기껏 군사를 보내 정벌하고 백제에게 주었다는 것도 이치에 맞지 않는다. 『일본서기』는 과정은 엉터리지만 그 결론은 명확하다. 신라를 정벌했는데, 정작 정벌당한 곳은 신라가 아니라 가라 7국이라는 것이다. 신라를 공격했는데 망한 나라는 신라가 아니라 가야라는 것이다. 이렇게 가라 7국을 정벌하고 임나를 세웠다는 것이 '임나일본부설의 요체'이다.

이 기사는 신공 9년의 삼한 정벌과 연장선상에 있다. 신공 9년 삼한을 정벌한 결과 신라, 고구려, 백제는 모두 야마토왜의 식민지가 되었다. 그래서 매년 조공을 바쳤는데, 신공 47년 신라가 백제의 조공품을 가로채 바치는 사건이 발생했다. 그래서 신공이 다시 신라를 정벌했다. 그런데 망한 것은 신라가 아니라 가야라는 것이다.

현재 일본의 식민사학자들은 물론 이들을 추종하는 한국의 강단사학자들도 신공 9년의 삼한정벌설은 사실이 아니라고 부정한다. 서기 209년부터 신라·고구려·백제가 야마토왜의 식민지였다고 주장할 수는 없기 때문이다. 그러나 그 연장선상에서 벌어진 신공 49년의 임나일본부설은 사실이라는 것이다. 앞뒤가 맞지 않고 일관성이 없으면 학문이 아니라는 상식이 통하지 않는다.

『일본서기』 「신공기」 49년조의 뒷 기사를 조금 더 인용해보자.

> "이에 백제왕 초고(肖古)와 왕자 귀수(貴須)도 군사를 이끌고 와서 만났다. 이때 비리(比利) · 벽중(辟中) · 포미지(布彌支) · 반고(半古) 4읍이 자연히 항복했다. 이때 백제왕 부자가 아라타와케, 모쿠라콘지 등과 의류촌(意流村)〔지금은 주류수기(州流須祗)라고 한다〕에서 서로 봤는데, (초고왕은) 기쁘고 감동해서 예를 두텁게 해서 보냈다. 오직 치쿠마나가히코(千熊長彦)와 백제왕은 백제국에 가서 벽지산(辟支山)에 올라 맹약했다. 다시 고사산(古沙山)에 올라 반석 위에 앉았는데, 백제왕이 맹세하기를 '풀을 펼쳐서 자리를 만들면 불에 탈까 두렵고, 또 나무를 취해서 자리를 만들면 물에 떠내려갈까 두렵습니다. 그래서 반석 위에 자리 잡아서 맹세함으로써 길고도 멀도록 언제까지나 없어지지 않으려고 하는 것입니다. 이로써 지금 이래 천추만세(千秋萬歲) 동안 끊어지지 않고 다함이 없이 항상 서쪽 울타리(西蕃 : 서쪽 오랑캐)로 칭하면서 춘추로 조공을 바치겠습니다'라고 하였다. 그리고 치쿠마나가히코와 함께 도읍 아래 와서 두텁게 예우하고 또한 구저 등을 딸려 (야마토에) 보냈다."
>
> (『일본서기』 「신공기」 49년)

신공 49년은 서기 249년인데, 일본인 식민사학자들과 이들을 추종하는 한국의 강단사학자들은 역시 2주갑 올려서 369년의 일이라고 주장한다. 369년은 신라 내물왕 14년, 백제 근초고왕 24년, 고구려 고국원왕 39년이다.

일본인 식민사학자들과 한국의 고대사학자들은 이 기사의 백제왕 초고가 근초고왕이고, 왕자 귀수가 근구수왕이라고 주장한다. 이 기사가 사실이라면 백제 근초고왕은 고사산에 올라서 야마토에 영원한 충성을 맹세한 임금이 된다. 이 기사는 사실일까? 이 기사가 사실이라면 『삼국사기』에도 관련 기사가 있을 것이다. 과연 『삼국사기』는 무엇이라고 말하고 있는지 살펴보자. 『삼국사기』「백제본기」 근초고왕 24년조 기사다.

> "근초고왕 24년(369) 가을 9월에 고구려 왕 사유(斯由:고국원왕)가 보병과 기병 2만 명을 거느리고 치양(雉壤)에 와서 주둔하면서 군사를 나누어 민호(民戶)를 약탈했다. 왕이 태자(근구수)에게 군사를 주어, 지름길로 치양에 이르러 급하게 습격하여 이를 처부수고 5천여 명의 목을 베고 전리품을 장병들에게 나누어 주었다. 겨울 11월에 한수(漢水) 남쪽에서 왕이 친히 군사를 사열했는데, 기는 모두 황색을 썼다."
>
> (『삼국사기』「백제본기」 근초고왕 24년조)

369년에 『삼국사기』는 근초고왕과 태자 근구수가 고구려의 2만 군사와 격전을 치러 5천여 명의 목을 베고 전리품을 장병들에게 나누어주었다고 설명하고 있다. 이해 겨울 한수 이남에서 근초고왕이 군사를 사열하면서 사용했다는 황색 깃발은 황제의 깃발을 뜻한다. 『삼국사기』「고구려본기」 고국원왕 39년(369)조도 고국원왕이 2만 병력으로 백제를 공격했지만 패했다는 같은 사실을 전해주고 있다.

『일본서기』「신공기」 49년조와 『삼국사기』「백제본기」 근초고왕 24년조가 모두 사실일 수는 없다. 고구려 대군을 꺾고는 황제의 깃발을 휘날리며 군사들을 사열하는 『삼국사기』의 근초고왕과 야마토에서 온 치쿠마나가히코

(千熊長彦)에게 야마토에 영원히 조공을 바치겠다고 맹세하는 근초고왕이 같은 인물일 수는 없다. 『삼국사기』「백제본기」근초고왕 24년조와 『일본서기』「신공기」49년조 중의 하나는 거짓이다. 어느 기사가 거짓이겠는가? 이 중 어느 기사가 사실인가를 검증하려면 먼저 다른 사료와 비교해서 검증해야 한다. 먼저 『일본서기』를 8년 전에 편찬한 『고사기』와 비교해보면 『고사기』에는 이런 중요한 내용 자체가 없다. 일본 내 사료들이 먼저 손발이 맞지 않는 것이다. 반면 『삼국사기』는 「백제본기」뿐만 아니라 「고구려본기」에서도 같은 내용을 싣고 있다.

『일본서기』를 신봉하는 일본인 식민사학자들과 이들을 추종하는 한국의 강단사학자들은 「신공기」49년조에 나오는 남가라가 금관가야라고 주장한다. 이들의 논리대로라면 금관가야는 이때 멸망했어야 한다. 서기 369년에 가야가 멸망했는지 『삼국유사』를 살펴보자.

『삼국유사』「가락국기」에 따르면 서기 369년은 제5대 이시품왕(재위 346~407) 재위 23년이다. 나카 미치요는 이때 금관가야를 정벌했다고 주장하는데, 만약 그렇다면 가야의 이시품왕은 야마토왜에게 죽거나 나라를 잃었어야 한다. 그러나 이시품왕은 멀쩡할 뿐만 아니라 그 뒤를 아들 좌지왕(재위 407~421)이 이어서 6대 임금으로 즉위했다. 『삼국사기』·『삼국유사』와 비교하면 『일본서기』에서 말하는 「신공기」49년조의 '가야 7국 평정' 기사는 사실이 아니란 뜻이다. 신공 9년의 삼한 정벌 기사는 일본인들도 사실이 아니라고 인정하니 더 말할 것이 없다. 신공 9년의 삼한 정벌 기사나 신공 47년의 이른바 조공품 사건이나 신공 49년의 임나일본부 설치 기사는 『삼국사기』·『삼국유사』와 비교해보면 모두 사실이 아니다.

『삼국유사』「가락국기」는 좌지왕의 아들이 7대 취희왕(재위 421~451)이고, 취희왕의 아들이 8대 질지왕(재위 451~492)이고, 질지왕의 아들이 9대

그림 2 신공황후 삼한(三韓)정벌 그림.
신공 9년에 신공황후가 고구려, 백제, 신라를 정벌한 기사가 허구라면, 임나일본부 설치의 근거가 되는 신공 49년의 기사 역시 허구가 되어야 하나 현재 일본과 남한의 역사학계는 신공이 정벌한 지역의 위치는 현재 한반도 남부로 비정하고 있다.

겸지왕(재위 492~521)이라고 말한다. 겸지왕의 아들 구형왕(재위 521~532) 까지 금관가야의 왕위가 이어졌다고 설명하고 있다. 가라 7국을 점령하고 임나를 설치했다는 『일본서기』 내용은 『삼국사기』·『삼국유사』와 비교하면 사실이 아니라는 뜻이다. 일본인 식민사학자들은 이 모순을 해결해야 했다. 그래서 만든 논리가 『삼국사기』·『삼국유사』 불신론이다.

3. 『일본서기』와 『삼국사기』

1) 『일본서기』라는 역사서

세계 사학사(史學史)에서 『일본서기(日本書紀)』 같은 역사서는 존재하지 않는다. 『일본서기』는 720년에 편찬했다고 전해지는데, 많은 문제점을 갖고 있다. 역사서 편찬의 기본 원칙은 정확성을 기하려고 노력하는 것이다. 연대의 정확성은 역사서의 기본이다. 간혹 연대가 맞지 않는 경우가 있지만 대

부분 실수이거나 근거 사료의 부정확성 때문이다. 그러나 『일본서기』는 의도적으로 연대를 조작한 역사서이다. 연대뿐만 아니라 내용도 조작으로 의심할 수밖에 없는 기사가 셀 수 없이 많다. 『일본서기』 편찬 특징은 편찬자들의 실수가 아니라 의도적으로 연대를 조작하고, 사실을 조작했다는 점이다.

『일본서기』 편찬 당시 야마토왜의 정치상황 때문이다. 『일본서기』를 편찬했다는 720년은 백제가 백강 전투(663)에서 패전해 멸망한 지 57주년 되는 해이다. 종주국인 백제가 멸망함으로써 야마토왜는 자력으로 생존할 수밖에 없었다. 그래서 야마토왜는 주종관계를 거꾸로 서술하기로 결정했다. 야마토왜는 백제의 제후국이었는데, 이를 중국의 『양서(梁書)』 등은 담로(擔魯)라고 표현하고 있다. 『양서』 「동이열전」 백제(百濟)조는 "그 나라에는 22개의 담로(擔魯)가 있는데 모두 (왕의) 자제나 종친들에게 나누어 주어 거주하게 했다"고 말하고 있는데, 중국식으로는 제후국이고, 백제식으로 담로국인 것이다. 종주국인 백제가 663년 멸망하자 야마토왜는 670년에 국호를 일본(日本)으로 고치고, 황제국인 백제를 제후국으로, 제후국인 야마토왜를 황제국으로 바꾸어 『일본서기』를 서술했다. 그리고 신라, 고구려, 백제가 모두 조공을 바쳤다고 거듭 서술했다.

『일본서기』는 사인친왕[舍人親王:도네리신노우(676~735)]이 편찬한 것으로 전해지지만 정확하지는 않다. 사인친왕은 일왕 천무(天武:덴무)의 아들로서 720년 『일본서기』를 일왕에게 바쳤다고 전해진다. 『일본서기』에는 편찬자의 이름이나 서문도 없지만 『속일본기(續日本記)』의 양로(養老) 4년(720) 5월 계유년 조에 이런 기사가 있다.

"이보다 앞서 일품 사인 친왕이 칙서를 받들어서 『일본기』를 찬수했는데, 이때 이르러 완성되어서 상주했다. 기(紀) 30권과 계도(系圖) 1권이 있다"[7]

이것이 『일본서기』 편찬에 관한 내용으로 해석한다. 또한 원래 편찬의 출발점은 『일본서기』 천무(天武) 10년(681)조에 따르면 일왕 천무(天武)가 카와시마(川嶋) 황자(皇子) 이하 12명에게 '제기(帝紀)'와 '상고(上古)의 제반사' 편찬을 명한 것에 있다고 전해지고 있다.[8]

이는 『일본서기』가 국가와 왕실사업으로 편찬했다는 뜻이다. 현재 일본에서는 『일본서기』를 필두로 평안(平安:헤이안)시대까지 국가 차원에서 편찬했다는 여섯 종류의 역사서를 육국사(六國史)라고 한다. 육국사는 『일본서기(日本書紀)』, 『속일본기(續日本紀)』, 『일본후기(日本後記)』, 『속일본후기(續日本後記)』, 『일본문덕천황실록(日本文德天皇實錄)』, 『일본삼대실록(日本三代實錄)』을 뜻한다.

동양 유학 사회는 새로운 왕조가 들어서면 앞 왕조의 역사서를 편찬하는 것이 원칙이었다. 이렇게 편찬된 역사서를 보통 정사(正史)라고 부르는데 대체로 사마천의 『사기(史記)』를 기준으로 삼는다. 사마천은 중국사의 시작을 오제(五帝)의 첫머리인 황제(黃帝)로 설정해서 오제부터 자신이 살던 한(漢)나라 무제(武帝) 연간까지 기술했다. 역사의 시작부터 자신이 살던 때까지를 기술한 일종의 천하사였다. 사마천은 이를 체계적으로 서술하기 위해서 「본기」, 「세가」, 「표·서」, 「열전」 등의 항목으로 나누어 기술했는데 이를

---

7 "先是一品舍人親王奉勅修日本紀至是功成奏上 紀卅卷系圖一卷"(『속일본기(續日本記)』, 「양로(養老) 4년 5월 계유」)

8 "天皇御于大極殿 以詔川嶋皇子·忍壁皇子·廣瀨王·竹田王·桑田王·三野王·大錦下上毛野君三千·小錦中忌部連首·小錦下阿曇連稻敷·難波連大形·大山上中臣連大嶋·大山下平群臣子首,令記定帝紀及上古諸事"(『일본서기』 「천무 10년 3월 병술」)

통상 기전체(紀傳體)라고 말한다. 그런데『일본서기』는 본기만 있고, 나머지는 모두 누락시켰다. 역사의 시작인 신대(神代)부터 일왕 지통(持統) 시대까지를 다루었는데, 계도(系圖:족보) 1권이 있었다고 하는데 지금은 전해지지 않는다. 「본기」외에 「세가」, 「지·표」, 「열전」 등을 따로 수록하지 못한 이유는 「본기」 내용에 워낙 과장과 조작이 많았기 때문에 씨줄과 날줄을 맞출 수 없었기 때문일 것이다.

『일본서기』에 많은 문제점이 있는 이유에 대해서 일본에서는 을사(乙巳)의 변, 즉 훗날 '대화개신(645)'이라고 높였던 정변 때문이라고도 한다. 을사의 변이란 나중에 일왕 천지(天智:텐지)가 되는 중대형(中大兄:나카노오에) 황자가 야마토왜의 실권자였던 백제계 호족 소가노 이루카(蘇我入鹿)를 살해한 사건을 뜻한다. 이를 메이지(明治) 때는 호족세력을 제거하고 일왕의 직접 통치를 구현한 사건이라고 크게 높였다. 아들 소가노 이루카가 살해되었다는 소식을 들은 부친 소가노 에미시(蘇我蝦夷)는 자신의 저택에 불을 질렀는데, 이때 조정의 역사서를 보관하고 있던 서고(書庫)까지 불에 탔다는 것이다. 일개 호족의 집에 조정의 역사서가 보관되어 있었다는 사실은 이때 과연 일본에 왕실이 존재하고 있기는 했는지를 의심하게 한다. 이때 많은 사료가 불에 탔지만『국기(國記)』는 무사해서 중대형 황자(天智天皇)에게 헌상되었다고 하지만 이것도 현존하지 않는다.

중대형 황자는 668년 왕위에 올라 천지(天智)가 되는데, 663년 백강 전투에서 신당연합군(나당연합군)에게 패하고, 고구려까지 멸망한 고립된 상황이기 때문에 역사서를 편찬할 여유가 없었다. 그 사이 여러 집안에서 나누어 소장하고 있던 여러 자료에 가필과 삭제가 행해졌다는 것이다. 이런 상황에서 일왕 천지의 동생이라는 천무(天武:텐무) 때『고사기(古史記)』와『일본서기』가 편찬되기 시작했다. 여왕 원명(元明:겐메이) 때인 712년에『고사기』가 바쳐졌고, 8년 후인 720년에『일본서기』가 바쳐졌다는 것이다.『고사기』는 와도(和銅) 5년(712년)에 일왕 원명의 천황의 부름을 받아 오호노아소미 야스마로(太朝臣安麻呂)가 바친 것으로 되어 있다.『고사기』는 28세의 히에다노 아레(稗田阿礼)의 기억과『제기(帝紀)』및『본사(本辭:旧辞)』등의 문헌을 바탕으로 편찬되었고, 그 후 기타 사료 및 전문(傳聞)을 바탕으로『일본서기』가 편찬되었다고 전해진다.

『일본서기』는 원래 서명이『일본기(日本紀)』였다고 하는 설과 처음부터『일본서기』였다는 주장이 있는데,『일본기』였다는 설은 앞서 인용한『속일본기』양로 4년조 기사에『일본기』라고 기록되어 있는 것을 근거로 삼는다. 중국에서는 보통『한서』,『후한서』등 기전체(紀傳體) 사서를 '서(書)'라고 하고,『한기(漢紀)』,『후한기(後漢紀)』등 제왕의 치세를 편년체로 서술한 것을 기(紀)라고 하는데,『일본서기』는 본기만 있으므로『일본기』라고 불렀다는 것이다. 서(書)자는 후대에 삽입되었다는 것이다. 그러나 오랜 고사본(古寫本)과 나라(奈良)·헤이안(平安) 시대의 사료들도『일본서기』라고 적고 있다는 점에서 처음부터『일본서기』였다는 주장도 있다. 심지어『일본서기』는 중국 사서 체제에 적용하면『일본서(日本書)』의「기(紀)」에 해당한다는 이유로『일본서기』라고 불렀다고도 추측한다.

『일본서기』는 음독도 '닛폰쇼키(にっぽんしょき)'였는지 '니혼쇼키(にほんしょき)'였는지 정확하지 않다. 이와하시코야타(岩橋小弥太)는『일본의 국호』(길천홍문관(吉川弘文館), 1970)에서 '닛폰쇼키'라고 읽어야 한다고 주장하지만 일반적으로는 '니혼쇼키'라고 읽고 있다. 또한『일본서기』는 정확한 판본이 전해지지 않는다.『삼국사기』는 정덕본(1512)과 옥산서원본(1573)이라는 목판본이 있어서 그 내용을 정확하게 알 수 있다. 그러나『일본서기』는 일관된 판본 자체가 없다. 그래서『일본서기』는 고본계통(古本系統)이니

노부가본 계통(卜部家本系統)이니 하는 말들이 나오는데 이것들도 신대부터 지통(持統:686~697) 때까지 누락 없이 수집된 것이 아니라 조각조각 떨어진 것을 묶은 것이다. 그러나 무엇이 『일본서기』 편찬 당시의 판본인지 알 수 없다. 그래서 『일본서기』는 판본 자체를 연구해야 하는데, 후대에 인위적으로 활자화된 판본이 마치 고대의 판본과 같은 것으로 간주하고 넘어가는 상황이다.

『일본서기』의 가장 큰 문제는 기술의 신뢰성이다. 일본에서 가장 권위 있는 『일본사대사전』(1996, 평범사, 전7권)은 『일본서기』의 신뢰성을 이렇게 평가했다.

> "(일본서기의) 기술(記述) 체재는 권3 이하를 중국의 역사서에 따라 편년체, 즉 기사를 연월일(날짜는 간지로 기술한다) 순으로 배열했기 때문에 책력(曆)이나 기록이 없는 옛 시대에 대해서는, 이야기를 그 진행에 따라 잘라서 적당한 연월일에 끼워 넣은 꼴이 되어서 사실(史實)인가 하는 의문을 증가시켜 이야기가 정리가 되어 있지 않다. 게다가 신무(神武) 즉위를 서기전 660년에 해당하는 신유년(辛酉年)으로 설정했기 때문에 초기의 천황은 부자연스러울 정도로 장수하게 되었고, 신공황후기(神功皇后紀)에서도 황후를 『위지왜인전(魏志倭人傳)』에 전하는 히미코(卑弥呼)라고 생각했기 때문에 120년 정도 연대를 끌어올렸다."
>
> (『일본사대사전』 5권)

『일본사대사전』 자체가 『일본서기』에 대해서 '사실(史實)인가 하는 의문'이 증가하고 있다고 평가하고 있다. 『일본사대사전』이 말하는 것처럼 신공황후기도 연대를 2주갑, 즉 120년 끌어올렸다고 비판하고 있는 것이다.

문제는 2주갑 120년을 끌어올린다고 연대문제가 해결되는 것이 아니라는 점이다. 『일본사대사전』은 '신공황후기에서도 황후를 『위지왜인전』에 전하는 히미코(卑弥呼)라고 생각했기 때문에 120년 정도 연대를 끌어올렸다'라고 말하고 있지만 앞뒤가 맞지 않는 말이다. 『위지』에 따르면 히미코가 위(魏)나라에 사신을 보낸 것은 239년이라고 기록하고 있다. 『위지』의 기술을 따르면 『일본서기』「신공황후기」의 연대(201~269)와 맞아 들어간다. 120년을 끌어올리면 오히려 연대가 왜곡된다.

『일본서기』가 한국 침략의 도구, 즉 정한론(征韓論)의 도구로 악용되기 이전까지는 그 연대를 보정하는 기준은 『삼국사기』였다. 『일본서기』 신공황후 섭정 55년(255)조에 "백제 초고왕이 세상을 떠났다.〔百濟肖古王薨〕"는 기사가 있다. 여기에서 말하는 백제 초고왕이 백제 제5대 초고왕이라면 그 재위기간은 128~166년으로 이미 세상을 떠난 지 오래이다. 신공 55년은 서기 255년으로서 『삼국사기』에 따르면 백제 제8대 고이왕 22년이다. 고이왕은 이해 세상을 떠나지 않고 286년까지 살았으니 고이왕을 말한 것도 아니다. 2주갑, 즉 120년을 끌어올리면 375년이 되는데, 백제 제13대 근초고왕 30년(375)이다. 『삼국사기』에는 이해 "겨울 11월 근초고왕이 세상을 떠났다.〔冬十一月王薨〕"고 기록하고 있다. 그래서 『일본서기』 신공황후 섭정 55년(255)조는 120년을 끌어올려 서기 375년의 일로 해석하는 것이다. 일본에서도 신공황후 섭정 55년조는 120년을 끌어올려 서기 375년의 일로 해석하고 있다. 다만 『삼국사기』를 기준으로 연대를 보정한다고 하면 지금까지 주창해왔던 '『삼국사기』 초기기록 불신론'이 무너지기 때문에 『삼국사기』를 인용하지 않고 슬쩍 넘어가면서 120년 끌어올리는 것이다.

그러나 문제는 여전히 남는다. 『일본서기』의 모든 연대를 모두 120년 끌어올리면 정확한 연대가 되어야 하는데 그렇지 않기 때문이다. 어떤 경우는

3주갑, 즉 180년을 끌어올리고, 어떤 경우는 1주갑, 즉 60년을 끌어올려서 해석하고 있다. 『일본서기』는 연구하는 학자가 100명이면 100개의 학설이 나온다는 말은 과장이 아니다. 『일본서기』의 특정 기술이 사실임을 입증하는 객관적 기준 자체가 없기 때문이다.

『일본서기』「신공기」39년(238)조, 40년(240)조, 43년(243)조에는 중국의 『위서(魏書)』를 인용한 대목이 나온다. 「신공기」39년(238)조에는 "『위지(魏志)』에서 말하기를 명제 경초 3년 왜 여왕이 사신을 보냈다.〔明帝景初三年六月, 倭女王遣)"라는 기술이다. 위나라 명제 경초(景初) 3년은 서기 239년으로서 『일본서기』에서 말하는 이 해의 간지 태세기미〔太歲己未(239)〕와 일치한다. 이 기사를 120년을 끌어올리면 359년이 되는데, 이때는 이미 위나라가 망한 지 오래이기 때문에 맞지 않을뿐더러 『일본서기』가 분명히 명제(明帝) 경초(景初) 3년(239)라고 명시하고 있기 때문에 끌어올려서는 안 된다. 「신공기」에서 『위서』를 인용한 다른 부분도 마찬가지이다. 『일본서기』 편찬자들은 「신공기」의 연대는 『위서』 연대에 맞추어서 쓴 것이다. 『일본서기』 편찬자들은 신공이 201년에 즉위해서 269년까지 집권했다고 말하고 있는 것이다.

『일본서기』를 정한론에 악용하려던 제국주의자들은 이것이 고민이었다. 「신공기」의 연대를 『위서』에 맞추면 임나일본부설을 주장하기가 어려워지기 때문이다. 즉, 249년부터 562년까지 가야를 점령해서 식민지로 경영했다고 말하려면 더 많은 무리가 따르기 때문이었다.

그래서 『일본서기』「신공기」를 해석할 때 『위서』를 인용한 부분은 120년을 끌어올리지 않고 그대로 239년 등으로 보고, 다른 부분은 120년을 끌어올려서 해석하는 방식이 등장했다. 끌어올리지 않는 기준은 『위서』이고 끌어올리는 기준은 『삼국사기』이다. 그러나 『위서』는 『일본서기』에서 직접 인용하고 있기 때문에 『위서』를 기준으로 『일본서기』의 연대를 산정하는 것은 역사학적 방법론에 맞지만 『일본서기』에서 직접 인용하고 있지 않는 『삼국사기』를 가지고 연대를 보정하는 것은 역사학적 방법론에 위배되는 것이다.

일본인 학자들도 『일본서기』 연대가 조작되었다는 사실은 모두 시인한다. 다만 21대 「웅략기(雄略紀)」부터는 『일본서기』의 기년을 신빙할 수 있다고 보는데, 「웅략기」는 457년부터 479년까지이다. 그러나 이것도 하나의 가설일뿐만 아니라 「웅략기」 이후라고 하더라도 연대 이외에 그 내용까지 신빙할 수 있는가는 검증이 필요한 문제이기 때문에 「웅략기」 이후는 사실이라고 볼 수도 없다.

『일본서기』에는 '백제삼서(百濟三書)'라고 불리는 백제 관련 사서들이 본문에 인용되고 있다. 『백제본기(百濟本紀)』·『백제기(百濟記)』·『백제신찬(百濟新撰)』이 백제삼서인데, 『일본서기』에 인용된 『백제본기』는 『삼국사기』의 「백제본기」와는 물론 다른 책이다. 백제삼서 역시 현재 전하고 있지 않을뿐더러 『일본서기』는 연대를 조작하고 주종관계를 조작하는 것이 편찬원칙이었기 때문에 사실과 다르게 왜곡하거나 윤색해서 인용했을 것으로 여겨진다. 백제삼서 중 『일본서기』에 가장 많이 인용하고 있는 사료가 『백제본기』인데, 『백제본기』도 조작, 변개한 흔적이 적지 않기 때문에 그 신빙성은 제한적으로 인정할 수밖에 없다.

이 모든 문제는 『일본서기』 편찬자들이 처음부터 조작과 변개, 윤색할 의도를 가지고 편찬한데서 비롯되는 것이다. 처음부터 조작과 변개를 의도하고 편찬한 역사서에 대한 신빙성을 어디까지 인정할 수 있는가는 많은 연구와 논쟁이 필요한 부분이다.

이런 역사서에 나온 삼한정벌이니 임나일본부니 하는 기사는 일고의 여지도 없는 조작이라는 사실이다. 그러나 현재 삼한정벌은 사실이 아니지만 임나일본부는 사실이라는 주장들이 일본은 물론 남한 고대사학계에도 팽배해 있다. 특히 남한 고대사학계는 총론에서는 "임나일본부설을 극복했다"고 말하면서 각론에 들어가면 임나일본부설을 용인하는 상호 모순적, 분절적 행태를 보이고 있다. 또한 '임나일본부'라는 용어를 사용하지 않기로 한 것을 마치 임나일본부를 부정한 것처럼 호도하기도 한다. 일본(日本)이라는 국호는 670년에 등장한다. 『삼국사기』 「신라본기」 문무왕 10년(670)조는 "12월, 왜국(倭國)이 이름을 일본(日本)이라고 고쳤다. 스스로 말하기를 해 뜨는 곳에 가깝기 때문에 그로써 이름을 삼았다고 하였다."[9]라고 말하고 있다.

그런데 '임나일본부'는 서기 369년부터 562년까지 존재했다고 주장하고 있으니 '일본'이라는 국호가 생기기 300년 전에 이미 '일본'이라는 나라가 존재했다는 것이 된다. 이 모순을 인식한 일본과 한국의 식민사학자들이 '일본부'라는 용어는 쓰지 말고 '임나'라고만 쓰자 라고 합의한 것을 마치 임나일본부설을 극복했다는 식으로 호도하고 있는 것이다.

2) 『일본서기』와 『고사기』

『일본서기』 내용의 신빙성을 비교할 수 있는 일본측 사료로는 『고사기(古事記)』가 있다. 『고사기』는 『일본서기』보다 8년 전인 712년에 태조신 안만려(太朝臣安萬侶)가 편찬해 일왕 원명(元明:겐메이)에게 헌상한 사서이다. 8년 차이면 같은 시기라고 볼 수 있고, 또 두 사서 모두 왕명에 의해서 편찬되었는데도 데 두 사서의 내용은 크게 다르다. 이 또한 『일본서기』의 신뢰설을 훼손시키는 주요 소재이다. 고대 왕조의 역사서에서 가장 중요한 부분은 국왕에 관한 부분이다. 특히 국왕은 사망할 때까지 왕위에 있기 때문에 그 수

---

9 "倭國更号日本 自言近日所出, 以爲名." (『삼국사기』 「신라본기」 문무왕 10년 12월조)

명은 대단히 중요하다. 그러나 『일본서기』와 『고사기』가 기록하고 있는 일왕의 수명은 크게 다르다.

먼저 두 사서에서 일왕의 수명을 비교하면 다음 표와 같다.

〈표-1〉 『고사기』와 『일본서기』의 천황들의 수명과 그 차이

천황명	『일본서기』	『고사기』	차이
1대 신무(神武)	127세	137세	10년
2대 수정(綏靖)	84세	45세	39년
3대 안녕(安寧)	57세	49세	8년
4대 의덕(懿德)	77세	45세	32년
5대 효소(孝昭)	113세	93세	20년
6대 효안(孝安)	137세	123세	14년
7대 효령(孝靈)	128세	106세	26년
8대 효원(孝元)	116세	57세	59년
9대 개화(開化)	111 또는 116세	63세	48년 또는 53년
10대 숭신(崇神)	120세	168세	48년
11대 수인(垂仁)	140세	153세	13년
12대 경행(景行)	106세	137세	21년
13대 성무(成務)	107세	95세	12년
14대 중애(重愛)	52세	52세	일치
신공(神功)황후	100세	100세	일치
15대 응신(應神)	110세	130세	20년
17대 이중(履中)	70세	64세	6년
26대 계체(繼體)	82세	43세	39년

『일본서기』와 『고사기』를 보통 '기기(紀記)'라고 축약해서 표현하는데, 8년의 차이를 두고 편찬한 두 사서에서 기록하고 있는 국왕의 수명과 재위연대가 맞지 않는다는 것은 큰 문제가 아닐 수 없다. 그래서 어느 사서를 인용하는가에 따라서 내용이 크게 달라질 수밖에 없다. 먼저 『일본서기』는 물론 『고사기』도 『일본사대사전』이 지적한 것처럼 대부분의 국왕들이 100세 이상 장수하고 심지어 168세(『고사기』), 140세(『일본서기』)까지 장수하는 국왕이 존재했다고 서술하고 있으니 그 사실성에 대한 의문이 제기되는 것은

당연하다. 그래서 초기의 여러 일왕들은 실존인물이 아니라 허구라는 설이 등장하게 되었다.

그러나 군국주의 시대에는 일본은 물론 한국에서도 초대 신무(神武)가 서기전 660년에 즉위했다는 『일본서기』 기년을 신봉해서 일본사가 2,600년 되었다고 가르쳤다. 패전 후에는 쓰다 소키치가 15대 응신(應神:오진)부터는 실존했던 왕이고, 그 이전까지는 가공의 왕이라고 주장한 것에 따라서 응신부터를 실존했던 왕으로 보는 학설이 다수지만 이론도 많다. 에가미 나미오(江上波夫)의 기마민족설이 등장한 이후 10대 숭신(崇神)부터 실존 국왕으로 보는 견해가 다시 대두되어 대립하고 있다.

그러나 위 표에서 볼 수 있는 것처럼 10대 숭신의 수명에 대해서『일본서기』는 120세로 보는데 비해서 『고사기』는 168세로 보아서 48년의 차이가 있고, 15대 응신에 대해서도 각각 110세(『일본서기』), 130세(『고사기』)로 20년이나 차이가 날 뿐만 아니라 110세~168세로 지나치게 고령이기 때문에 실존 국왕들로 볼 수 있는가에 대해서는 의문이 들 수밖에 없다. 그런데 쓰다 소키치의 주장에 따라 15대 응신부터 실제 인물로 본다면 신공왕후의 실존성에 의문이 생기지 않을 수가 없다. 응신부터 실재했던 임금이라면 응신의 어머니라는 신공황후의 섭정은 가공의 기사일 수밖에 없기 때문이다. 이 경우 삼한정벌이나 신라 및 가라 7국 정벌 기사 자체가 조작된 기사가 되기 때문에 '임나일본부설'은 입론부터 무너지게 되어 있다. 그래서 임나일본부설을 사실이라고 주장하고 싶은 일본인과 한국인 학자들은 신공이 삼한을 정벌했다는 기사는 허구라고 인정하면서도 가라 7국을 정벌하고 임나를 설치했다는 「신공기」 섭정 49년조의 기사는 사실이라는 모순된 태도를 보이고 있다. 같은 역사서의 같은 인물에 대한 기사에서 특정 부분은 허구이고 특정 부분은 사실이라고 보려면 그 근거를 제시해야 하지만 그런 근거는 제시

하지 않는다. 각 연구자가 믿고
싶은 부분은 사실이 되고, 믿기
싫은 부분은 허구가 되는 것이
다. 그래서 『일본서기』를 근거로
과거사를 재연하는 것은 학문의
범주에 들기가 쉽지 않다. 『일본
서기』와 『고사기』를 서로 비교해
도 두 사서 모두 사서로서 치명

그림 3 『일본서기』.
『일본서기』는 서기 720년에 편찬했는데 야마토왜의 시
작을 1천년 가까이 끌어내려 기년부터 맞지 않는다.

적 결함을 갖고 있다고 말할 수밖에 없다. 이 두 사서만을 가지고 과거 사실
을 복원했다면 이는 역사학의 범주를 벗어난 것으로 볼 수밖에 없다는 뜻
이다.

3) 『삼국사기』 불신론과 임나 관련 다른 자료들

앞서 말한 것처럼 『일본서기』의 편년을 보정하는 기준은 『삼국사기』이다.
실제로 일본에서도 에도(江戶) 시대까지 역사학자들은 『삼국사기』를 기준으
로 『일본서기』를 해석해왔다. 대체로 『일본서기』 기사가 120년을 소급한 것
이라고 보아서 120년을 끌어올려 『삼국사기』와 맞춰봐서 부합하면 사실이라
고 보아왔던 것이다.

그러다가 나카 미치요를 비롯해서 일본군 참모본부까지 가세한 정한론
이 등장하면서 이런 기준이 달라지기 시작했다. 일본이 한국을 지배해야 한
다는 정치논리를 앞세우다 보니까 역사학의 기본인 사료검증도 팽개치고
『일본서기』의 내용을 무조건 사실이라고 우기기 시작한 것이다. 그래서 나오
게 된 것이 '『삼국사기』 조작설', 또는 '『삼국사기』 불신론'이다.

일본인 학자들이 '『삼국사기』 조작설'을 제기한 근본 이유는 『삼국사기』의 내용을 인정하면 한반도 남부에 야마토왜의 식민지인 '임나'가 존속할 수 없기 때문이다. 그래서 『삼국사기』·『삼국유사』를 부인하고 『일본서기』만이 사실이라는 제국주의 침략사관이 민들어지게 되었다. 정한론에서 시작한 '『삼국사기』 불신론'은 처음에는 조잡한 형태로 전개되다가 와세다 대학과 만주철도주식회사의 쓰다 소키치(津田左右吉)가 체계화했다. 그리고 오타 아키라(太田亮)를 거쳐 조선총독부의 이마니시 류(今西龍)가 강하게 주장했다.

이 시기 일본에서는 도쿄제국대와 교토제국대가 역사학의 두 축을 형성했는데, 도쿄제국대의 시라토리 구라기치(白鳥庫吉: 1865~1942)에 맞서 교토제국대의 역사학을 이끌었던 나이토 도라지로〔內藤虎次郞=內藤 湖南(나이토 코난: 1866~1934)〕가 이마니시 류의 『백제사연구(百濟史研究)』에 써준 서문이 일본 역사학계의 이런 동향에 대해서 정확하게 말해주고 있다.

> "원래 아방(我邦: 일본)의 고대사연구가는 『일본서기』의 기년(紀年)에 의심을 품는 사람이 많았기 때문에 여기에 대한 유력한 방증(傍證)으로서 조선고사(朝鮮古史: 『삼국사기』·『삼국유사』 등)의 기년을 참고하고 더욱이 그 기사의 내용까지도 조선고사에 중점을 두는 경향이 있었지만 이마니시 류 박사가 양국 고사(古史)의 근본적 연구 및 『삼국사기』가 이용한 지나사적(支那史籍: 중국사료) 등의 연구로부터 종래 연구법을 일변하여 일본고사(『일본서기』)에 실려 있는 사실(史實)에 무게를 두게 되었다"
>
> (이마니시 류, 『백제사연구』 서문)

나이토가 말한 것처럼 이마니시 류 이전까지는 일본인 학자들도 『삼국사기』·『삼국유사』를 기준으로 『일본서기』의 기년은 물론 그 내용의 진위까지도 사실인지 판단했다는 것이다. 그런데 이마니시 류가 고대부터 에도 때까지 일본 학계의 이런 연구 경향을 일거에 뒤집고 『일본서기』를 기준으로 삼고 한국의 고대 사료들을 부정하기 시작했다는 것이다. 『일본서기』와 『삼국사기』 중 어느 사서가 신빙성이 있는가를 따지려면 역사학적 방법론에 따라서 두 사료의 내용을 당시의 정세와 비교하고 다른 사료들의 기술과 비교 검증해야 한다. 그러나 그렇게 하면 『일본서기』의 내용이 조작과 변개라는 것이 명확하게 드러나므로 무조건 『삼국사기』는 조작되었다고 우기는 '『삼국사기』 불신론'을 만들어 낸 것이다.

　　그러면서 『삼국사기』 중에 본기도 아니고 「강수열전」에 단 한 번 나오는 "신(강수)은 본래 임나가량 사람입니다.〔臣本任那加良人〕"라는 내용만은 빠지지 않고 인용하는 이중적 태도를 보이고 있다. 『삼국사기』 「강수열전」의 이 기사에 나오는 임나는 '언제'를 말하는 것인지 불분명한 채 '신은 본래 임나가량 사람'이라고 모호하게 나오는 기사이다. 현재 일본 및 한국의 식민사학자들 주장대로 4세기 후반부터 6세기 후반까지 한반도 남부에 임나가 있었다면 『삼국사기』 「백제본기」나 「신라본기」에 임나 관련 기사가 등장할 수밖에 없다. 그러나 『삼국사기』에는 「백제본기」고 「신라본기」고 임나가 한 차례도 등장하지 않는다. 『삼국사기』의 시각으로 보면 4세기 후반부터 6세기 후반까지 한반도 남부에 임나가 있었다는 주장은 성립될 수 없다. 그래서 일본인 학자들은 임나를 살리기 위해서 '『삼국사기』 초기기록 불신론'을 주창한 것이었다.

　　'임나일본부설'의 변형된 용어가 '임나=가야설'이라고 볼 수 있다. 가야가 곧 임나라는 것이니 야마토왜가 가야를 점령하고 임나(일본부)를 설치했다는 것이다. 이런 설을 주장하는 학자들이 빼놓지 않고 인용하는 것이 「광개토태왕릉비」와 「진경대사탑비」이다.

「광개토태왕릉비」에 '임나가라종발성(任那加羅從拔城)'이란 기사가 나온다는 것이다. 이 기사는 '임나'와 '가라'를 별개의 존재로 인식하고 있으니 '임나=가야설'을 부정하는 내용이다. 또한 '임나가라종발성(任那加羅從拔城)' 기사는 2면 하단의 문장인데, 그 앞뒤로 지워진 글자가 너무 많다. 「광개토태왕릉비」는 비문 2면 하단과 3면 상단이 집중적으로 지워졌는데, 일본 제국주의자들에게 유리한 부분은 그대로 남아 있다. 조금 더 인용한다면 "倭賊退 □□背急追 至任那加羅從拔城(왜적퇴 □□배급추 지임나가라종발성)"인데, '□□' 두 자만 안 보이는 것이 아니고, 그 앞에 12자 정도가 더 지워졌다. 또 그 다음 문장 "城倭寇大潰城(성왜구대궤성)" 뒤에는 22자 정도가 안 보이다가 그 후 안라(安羅)라는 글자가 뚜렷하게 보인다. 3면 상단은 첫 문장 전체가 안 보이는 상태인데, 그다음 문장에서 또 '안라인(安羅人)'이라는 부분은 명확히 보인다. 2면 상단과 3면 상단이 비바람에 함께 풍화되든지 2면 하단과 3면 하단이 어떤 손길에 의해 지워졌다면 이해가 가지만 2면 하단과 3면 상단만 집중적으로, 그것도 일본에게 유리한 부분만 그대로 남아 있다면 오히려 안 보이는 글자가 더 중요하다고 해석해야 한다. 즉 이 비문을 처음 발견한 일본군 참모본부의 간첩 사코 가케노부(酒句景信) 중위나 이를 한국침략에 이용한 일본군 참모본부의 손길이 작용한 결과라고 해석해야 할 것이다.

「진경대사탑비」를 살펴보자. 탑비에는 이런 내용이 있다.

그림 4 일제가 경상북도 고령에 세운 「임나대가야성지」 비석.

"대사의 휘는 심희(審希)이고, 속성은 신(新) 김(金)씨인데, 선조는 임나
(任那) 왕족이다. 초발(草拔)의 신성한 후예가 매번 이웃 나라의 군대
에 괴로워하다가 우리나라에 귀의하였다. 먼 조상인 흥무대왕(興武大
王)은 오산(鼈山)의 정기를 받고 접수(鰈水)의 정기를 타고 났다."[10]

위 기사에서 해석이 어려운 부분은 '초발성지(草拔聖枝)'인데, 이를 '초발
의 신성한 후예'라고 해석하기도 하고 이병선 교수처럼 '초발의 성지가 항상
인병에게 괴로움을 당하여'라고 해석하기도 한다.[11] 이 기사의 '선조는 임나
왕족이다[其先任那王族]'라는 구절을 가지고 '임나=가야설'을 주장하는데,
문제가 되는 것은 이 기사의 임나가 서기 369년부터 야마토왜가 가야를 점

---

10 "大師諱審希 俗姓新金氏 其先任那王族 草拔聖枝 每苦隣兵 投於我國 遠祖興武大王 鼈山稟
氣 鰈水騰精"(「창원 봉림사지 진경대사탑비(昌原 鳳林寺址 眞鏡大師塔碑)」『한국고대금석문』)

11 이병선, 『임나국과 대마도』, 아시아출판사, 1987, 52쪽

령하고 세웠다는 '임나(일본부)'를 뜻하는 것이냐 하는 점이다. 만약 그 임나의 왕족이라면 진경대사는 야마토왜의 후예가 되어야 한다. 「진경대사탑비」는 신라 경명왕 8년(924) 세운 것인데, 그 선조를 야마토왜인이라고 인식하고 '임나 왕족'이라고 자랑스레 썼을 가능성은 선무하나. 진경대사를 높이기 위해서 쓴 '임나왕족'이나 '흥무대왕' 기술을 가지고 '임나=가야설'을 주장할 수 없다는 것은 명백하다.

4) 『일본서기』와 중국 사료의 비교

일본과 한국을 막론하고 한반도 남부에 임나가 있었다고 주장하는 학자들은 신공 49년, 즉 서기 369년에 고대 야마토 왜가 한반도 남부를 점령하고 '임나'를 설치했다는 『일본서기』「신공기」를 이론의 기본토대로 삼고 있다. 그러나 신공왕후 자체를 가공인물로 보는 견해가 적지 않다. 다른 사람의 사적(事跡)을 따다가 신공의 사적으로 만든 것이 아니냐는 주장들이다.

교토대 출신으로 오사카 대학 명예교수인 일본 고대사 연구가 나오키 코지로(直木孝次郎)는 일본의 35대 황극(皇極:쿄고쿠)·37대 제명(齊明:사이메이)여제[두 여제는 동일인물이다]와 41대 지통(持統:지토)여제를 신공황후의 모델이라고 주장하고 있다. 황극·제명과 지통의 사적을 가지고 신공왕후의 삼한 정벌 및 가라 7국 정벌기사를 만들었다는 주장이다. 황극(재위 642~654)·사이메이(재위 655~661)은 7세기 중엽의 인물이고, 지통(재위 690~697)은 7세기 후반의 인물이다. 나오키 코지로의 주장을 받아들일 경우 신공황후가 4세기 후반인 서기 369년 가라 7국을 점령하고 임나를 설치했다는 가설 자체가 모두 무너진다. 『일본서기』를 가지고 논리를 구성할 경우 이처럼 전부 아니면 전무(全無)식의 논란과 반전이 반복될 수밖에 없다. 그래서 임나일본부설을 논하려면 먼저 신공황후가 실제로 존재했던 인물인지 여부부터 문제가 된다. 일본의 위키백과는 신공황후의 실재성이란 항목에서 이렇게 설명하고 있다.

"메이지 때부터 태평양 전쟁 패전 때까지는 학교 교육의 장에서 실존 인물로 교육시켰다. 대일본제국에 의한 조선반도 지배의 정당성의 상징과 근거로 선전되었고, 전쟁 전에는 유명한 위인이었다. 전후에 그 존재가 말살된 것은 이런 이유도 있었다."

(일본 위키백과 '神功皇后' 내용)

『일본서기』「신공기」는 일제가 한국을 점령하는 '정당성과 근거로 선전'되었던 내용이다. 물론 20세기 일본 제국주의가 대한제국을 점령한 것이 사실인 것처럼 그 누구도 부인할 수 없는 역사적 사실이라면 모르겠지만 신공황후가 실존인물이 아니라는 주장이 대두될 정도라면 이야기는 달라진다. 일제는 정한론이 등장하기 시작하던 1878년(메이지 11년)에 신공황후를 화폐인물로 선정했으며, 대한제국 점령이 기정사실화된 1908년에는 고액권인 5엔짜리 우표인물로 선정했다. 또한 신공황후의 「조선원정도」를 전국 각지에 배포했다. 신공황후의 「조선원정도」를 보는 일본인들은 한국은 예부터 일본의 식민지였으니 지금 다시 차지하는 것이 역사의 당위성이라고 생각했고, 실제로 그렇게 행동했다.

그래서 2차 세계대전 패전 후 일본의 양식 있는 지식인들 사이에서 신공황후기에 대한 반성의 기운이 일었는데, 여기에는 『일본서기』「신공기」를 사실로 볼 수 있는 근거가 대단히 박약하다는 것이 중요한 근거가 되었다. 그런데도 현재 일단의 일본 학자들과 국내의 일부 학자들이 '가야=임나'라면서 한반도 남부에 다시 임나를 설치하고 있는 상황이다.

4. 임나의 위치에 대한 여러 학설들

1) 임나의 위치에 대한 두 학설

임나일본부설에 대해시 스에마쓰 야스카즈(末松保和)처럼 '남조선경영론'으로 명명하는 경우가 있고, 국내의 김현구 교수처럼 '한반도 남부경영론'이라 명명하는 경우도 있다. 그 용어가 '임나'가 되었든, '임나일본부'가 되었든, '임나○○부'가 되었든 '임나' 문제에서 가장 중요한 것은 임나의 위치문제이다. 임나의 위치에 대해서는 크게 두 가지로 분류할 수 있다. 하나는 임나가 한반도 남부에 있었다는 '한반도 남부설'이고 다른 하나는 임나가 일본 열도 내에 있었다는 '일본 열도설'인데, 이를 '분국설'이라고도 한다. 한반도 남부설은 일제가 한국을 점령해야 한다고 주장했던 정한론자들과 그후예들인 지금의 일본 극우파들이 주장하는 것이다. 일본 열도설은 남한의 민족사학자들과 북한 학자들이 주장하는 것이다. 그런데 임나가 구체적으로 일본 열도 내 어디 위치했느냐를 두고 대략 세 가지로 분류된다.

〈표-2〉 임나의 위치에 대한 여러 학설

한반도 남부설		일본열도설(분국설)	
쓰다 소키치	김해	김석형	기비(吉備)-나라 부근
이마니시 류	김해~경북 고령	최재석, 문정창, 윤내현	대마도
스에마쓰, 김현구	경상도~전라도	김인배·김문배	큐슈

2) 한반도 남부설

임나의 위치를 한반도 남부로 비정하는가 일본 열도로 비정하는가 하는 문제는 한일 학계에 숱한 논쟁거리였다. 일본인 학자 중에서 고대 야마토왜가 한국 남부를 지배했다는 임나일본부설을 지지하는 학자들은 모두 한반도 남부설을 주장하고 있다. 일제 패전 후 일본인 역사학자들이 역사학이 한국 침략에 대한 논리로 악용되었다는 반성에서 임나일본부설을 부정하고 나서면서 임나일본부설은 사라지는 듯했다. 그러나 스에마쓰 야스카즈(末松保和)가 1949년 간행한 『임나흥망사(任那興亡史)』에서 도리어 더욱 악화된 임나일본부설을 들고 나왔다.

임나일본부설은 메이지 때 반 노부토모(伴信友:1773~1846), 나카 미치요(那珂通世:1851~1908), 스가마 사토모(菅政友:1824~1897) 등이 계속 주창하다가 일제강점기 때 쓰다 소키치(津田左右吉:1873~1961), 이마니시 류(今西龍:1875~1932)를 거쳐 일제 패전 후 스에마쓰 야스카즈(末松保和:1904~1992)에 의해 『임나흥망사』(1949)로 집대성되었다. 일본인 식민사학자들은 모두 '가야=임나'라는 데는 일치하지만 그 강역의 크기에 대한 주장 서로 다르다. 나카 미치요나 쓰다 소키치는 임나 강역을 김해나 경남으로 국한시켰는데, 조선총독부의 이마니시 류는 이를 경북 고령까지 확장시켰다. 일제 패망 후 일본 역사학계는 자신들의 역사학이 한국 침략에 이용되었다는 반성에서 임나일본부설을 부정하기 시작했지만 조선총독부와 경성제대에서 근무했던 스에마쓰는 패전 후 도리어 임나 강역을 경상도에서 전라도까지 확장시켰다. 지금은 쫓겨 가지만 일본은 다시 한국을 점령할 수 있고, 점령해야 한다는 메시지를 일본 국민들에게 던진 것이다. 이런 스에마쓰 설에 대해 국내 학자들 중에서 김현구 교수처럼 "'임나일본부설'에 대해 고전적인 정의를 내린 사람은 일제시대 경성제국대학에서 교편을 잡았던 스에마쯔 야스카즈였다"[12]라고 높게 평가하고, "특별한 경우가 아니면 지명비정은 스에마쯔의 설을 따랐다"[13]고 인정하는 경우도 있다. 이는 야마토왜의 식민지라는 '임나'

---

12 김현구, 『임나일본부설은 허구인가』, 창비, 2010, 16쪽.

13 김현구, 『임나일본부설은 허구인가』, 43쪽.

가 경상도뿐만 아니라 전라도 및 충청도까지 차지했다는 스에마쓰의 설을 추종하는 것이다.

임나의 위치에 대한 관점이 중요한 것은 '임나=가야'라는 것이 일제 정한 론자(征韓論者)들의 한국 침략논리였기 때문이다. 1882년『임나고고(任那稿考)』및『임나명고(任那名稿)』를 간행한 기관이 일본군 참모본부인 것도 이 때문이다. 학술연구기관이 아닌 일본군 참모본부가 고대 임나사에 관한 역사서를 간행한 이유는 한국 점령을 위한 이론적 근거를 만들기 위해서였음은 물론이다. 과거 '임나(가야)'가 고대 일본의 식민지였으니 일제의 한국 점령은 침략이 아니라 옛 땅을 되찾는 역사의 복원이라는 논리를 펼치기 위한 것이었다.

일본군 참모본부는 가야를 임나로 둔갑시키는 한편 1883년에는 일본군 참모본부 소속의 간첩인 사코 가케노부(酒勾景信) 중위를 시켜「광개토태왕릉비」의 탁본을 가져오게 했다. 참모본부 소속의 간첩 손을 탔기 때문에 위조논쟁이 지금까지도 끊이지 않고 있는데, 특히 비문에 '임나가라(任那加羅)'라는 용어가 나오는 2면 하단과 3면 상단이 집중적으로 훼손되었으니 의혹이 일지 않을 수 없다. 일제는 한반도를 점령할 수 있는 역사적 근거를 찾기 위해서 이처럼 집요한 노력을 기울였던 것이다.

이마니시 류와 스에마쓰 야스카즈의 임나 위치비정이 조금씩 다른 것은 그들의 위치비정이 뚜렷한 사료적 근거 없이 자의적으로 이루어졌기 때문이다. 369년에 야마토왜에서 점령했다는 가야 7국중 하나인 탁순에 대해서 이마니시 류는 창원으로 비정한 반면 스에마쓰는 대구로 비정했다. 스에마쓰가 탁순을 대구로 비정하는 논리를 보자.

임나 지명	이마니시 류	스에마쓰 야스카즈
비자벌(比自㶱)	창녕	창녕
남가라(南加羅)	김해	김해
탁국(喙國)	대구	경산
안라(安羅)	함안	함안
다라(多羅)	진주	합천
탁순(卓淳)	창원	대구
가라(加羅)	고령	고령
침미다례(忱彌多禮)		강진
비리(比利)		전주
반고(半古)		나주
고사산(古沙山)		고부

"탁순(卓淳)은 첫째 탁순(喙淳)에서 만들어졌다(흠명천황기). 위에서
인용한 것처럼 일본군의 집결지이자 아래 기술하는 것처럼 백제에서
처음으로 일본에 건너간 사신의 도래지라는 점으로 볼 때, 앞서 말한
달구화(達句火)에 해당한다고 보는 것이 더 자연스러울 것이다. 지금의
경상북도 대구이다."

(스에마쓰 야스카즈, 『임나흥망사』, 47쪽)

스에마쓰가 탁순을 대구로 비정하는 논리는 '① 일본군의 집결지, ② 백
제에서 처음으로 일본에 건너간 사신의 도래지'라는 것이다. '일본군의 집
결지'라는 것은 『일본서기』「신공기」 49년조에서 야마토에서 온 군사들이
"탁순에 모두 모여 신라를 공격해 깨트리고, 이로 인해 비자발(比自㶱)·남가
라(南加羅)·탁국(喙國)·안라(安羅)·다라(多羅)·탁순(卓淳)·가라(加羅) 7국
을 평정했다."라고 말하는 기사에서 인용한 것이다. 일본군이 가라 7국을
평정하기 위해 모였던 곳이 지금의 대구라는 것이다. 야마토왜에서 바다를

건너와서 먼저 경북 내륙에 모여서 남쪽 경남을 쳤다는 것이니 야마토왜에 공수부대가 있지 않은 한 있을 수 없는 일이다.

'② 백제에서 처음으로 일본에 건너간 사신의 도래지'라는 것은 무슨 뜻일까?『일본서기』「신공기」46년조에 이런 기록이 있다.

> "사마숙네(斯摩宿禰)를 탁순국에 보냈다[사마숙네는 무슨 성씨 사람인지 알 수 없다]. 이때 탁순왕 말금한기(末錦旱岐)가 사마숙네에게 말하기를, '갑자년(244) 7월 중에 백제사람 구저(久氐)·미주류(彌州流)·막고(莫古) 세 사람이 우리 땅에 도착해서 말하기를「백제왕께서 동방에 일본귀국(日本貴國)이 있다는 말을 듣고 신 등을 보내서 그 귀국에 조공을 바치고 싶다고 하셔서 그 길을 찾다가 이 땅에 이르렀습니다. 만약 신 등에게 통하는 길을 가르쳐주실 수 있으시면 우리왕께서는 반드시 덕이 있는 군왕이라고 여기실 것입니다.」라고 말했다.'"

> (『일본서기』「신공기」46년조)

신공 46년은 서기 246년이지만 일본과 한국의 상당수 역사학자들은 120년을 인상해서 366년으로 비정한다. 앞의 갑자년 244년도 120년을 끌어올려서 364년으로 비정한다. 위 사료의 요체는 백제 국왕이 일본귀국이 있다는 말을 듣고 조공을 바치고 싶은데 길을 몰라서 바치지 못한다면서 구저 등을 보내서 일본귀국으로 가는 길을 찾아보라고 했다는 것이다. 그래서 구저 등이 탁순에 와서 일본귀국으로 가는 길을 물었다는 것이다. '일본'이라는 용어 자체가 8세기에 생긴 것이기 때문에 120년 인상해도 4세기 후반의 기록인 신공 46년에 '일본'이라는 용어를 사용했다는 것이 후대에 만들어서 삽입한 내용이라는 사실을 말해준다. 그런데 스에마쓰는 백제 사신들이 와서 '일본귀국'에 가는 길을 물었다는 탁순국의 위치를 지금의 대구라고 주장한다. 그의 논리에 따르면 백제사람들이 바다 건너 야마토왜가 있는 것을 알고는 내륙인 대구로 가서 일본으로 가는 뱃길을 물었다는 것이다. 해양국가인 백제인들이 왜 뱃길로 일본으로 가지 않고, 내륙 대구까지 걸어가서 일본으로 가는 뱃길을 물어보겠는가 하는 기본적인 의문도 없다. 식민사학의 주장이라는 것이 이처럼 논리라고 할 것도 없는 어처구니 없는 주장이 대부분이다.

스에마쓰가 전남 강진으로 비정한 침미다례(忱彌多禮)에 대해서 살펴보자. 『삼국사기』와 같은 한국 기록에는 전혀 나오지 않고 『일본서기』에만 나오는 지명이다. 스에마쓰는 이 침미다례를 전남 강진으로 비정하는 이유에 대해서 이렇게 서술했다.

> "이어서 둘째로 서쪽의 정복지로 먼저 남만(南蠻) 침미다례(忱彌多禮:トムタレ)가 있다. 이를 하나의 지명으로 본다면 중심은 침미(忱彌)에 있다. 침미에 관한 제일 후보지로 여겨지는 곳은 『삼국사기』「지리지」 무주(武州)의 도무군(道武郡) 및 그 군의 속현 중 하나인 동음현(冬音縣)이다. 도무(道武)와 동음(冬音)은 각각 군과 현으로 구별되는 별개의 지역이지만, 원래 도무라는 지역에서 분화된 것으로 그 지방 일대가 도무의 땅이었음을 나타내는데, 그것은 지금의 전라남도 서남단에 가까운 강진(康津) 지방이다."[14]

스에마쓰는 '침미다례(忱彌多禮)'에 '토무타레(トムタレ)'라는 일본어 발음을 나란히 적어 놓았다. 『일본서기』에 나오는 침미다례를 전라도 어딘가로

14　末松保和, 『任那興亡史』, 吉川弘文館, 1949

비정하려고 했는데 『삼국사기』 「지리지」를 비롯한 한국 역사서 어느 곳에서도 발음이 비슷한 곳을 찾을 수가 없었다. 전라도고 경상도고 한반도 남부에 존재하지 않던 곳을 전라도에서 찾으니 있을 턱이 없었던 것이다. 그러자 스에마쓰는 일본어 발음을 가

그림 5 스에마스 야스카즈가 저술한 『임나흥망사(任那興亡史)』. 일제 패망 후 어용학자들의 역사학이 침략전쟁에 이용되었다는 성찰에서 식민사학을 반성하는 기류가 형성되고 있을 때 거꾸로 『임나흥망사』를 저술하여 식민사학을 강화한 인물이다.

지고 찾기 시작했다. 이는 4세기 후반에 전라도 사람들이 일본어를 상용(常用)했다는 전제가 있어야 가능한 발상이다. 이때는 이른바 일본인들도 임나 강역이 전라도까지 차지했다고 주장하기도 전인데 전라도 사람들은 이미 일본어를 상용하고 있었다는 논리다.

그래서 '토무타레'란 발음을 가지고 찾으니 『삼국사기』 「지리지」의 무진주(武珍州)에 속한 군현 중에 도무군(道武郡)이 있었다. 도무군의 속현에 동음현(冬音縣)이 있는데, 그 도무군이 전라남도 강진이니 『일본서기』에서 말하는 침미다례는 전라남도 강진이라는 것이다.

스에마쓰설의 핵심이 임나 위치 비정인데, 한국의 고대사학자들이 이런 허황된 논리를 추종해서 침미다례를 전라도 강진으로 비정하고 있는 이해할 수 없는 현상이 벌어지고 있는 것이다. 스에마쓰는 '임나=가야'라면서 그 강역을 경상도에서 전라도까지 확대시켰다. 그리고 그 지배 기간은 369년~562년이라는 것이다. 그 근거는 모두 『일본서기』뿐이다.

그런데 『삼국사기』 「백제본기」 문주왕 2년(476) 4월조는 "탐라국에서 방물(方物:특산물)을 바치자 왕이 기뻐하고 그 사신을 은솔(恩率)로 삼았다"

고 전하고 있다. 탐라(현 제주도)가 백제왕에게 특산물을 바쳤다는 것은 전라도 남부는 이미 백제 강역이라는 뜻이다. 또한『삼국사기』「백제본기」동성왕 20년(498)조는 "왕이 탐라에서 공납과 부세(賦稅)를 바치지 않자 직접 정벌하기 위해서 무진주로 갔다. 탐라에서 듣고 사신을 보내 죄를 빌자 중지했다"고 말하고 있다. 이때의 무진주는 지금의 광주이다. 백제는 이미 전라도 전역을 지배하고 있었다.『삼국사기』「지리지」무진주(현 광주)조도 전라남도 전 지역을 백제가 군현으로 삼았음을 말해주고 있다. 전라도 지역까지 임나를 확장시켰지만 전라도 전 지역은 백제 강역이었지 야마토왜 강역이 아니었다. 전라도뿐만 아니라 한반도 남부에는 임나가 들어설 땅이 없다. 그래서 임나의 위치를 찾으려면 한반도가 아니라 일본 열도로 가야한다는 설이 나온 것이다.

3) 일본열도설

① 북한학계의 분국설

임나의 위치에 관한 다른 학설은 임나가 일본 열도 내에 있었다는 것이다. 이 학설은『일본서기』에 등장하는 임나 및 고구려, 백제, 신라 등의 위치가『삼국사기』기록과 전면 배치된다는 데서 출발한다. 임나가 369~562년까지 한반도 남부에 있었다면『삼국사기』본기에 관련 내용이 다수 기재되어 있어야 하는데 일체 등장하지 않기 때문이다. 특히 임나가 경상도에 있었다면『삼국사기』「신라본기」에 관련 내용이 다수 기재되었어야 하고, 전라도까지 장악했다면『삼국사기』「백제본기」에 그런 내용이 기록되어 있어야 하는데, 전혀 나오지 않는다. 그래서『일본서기』의 임나 관련 내용이 모두 조작이든지 아니면『삼국사기』에 나오는 고구려, 백제, 신라, 가야(임나) 등은 그 본국(本國)을 말하는 것이 아니라 이 본국들이 일본 열도에 진출해서 세운 분국(分國), 즉 소국들로 보아야 한다는 학설이 나온 것이다. 이를 '삼한, 삼국의 일본열도 분국설(分國說)'이라고 하는데, '분국설'이라고 약칭한다. 북한의 김석형이 1963년에 「삼한삼국의 일본열도 내 분국에 대하여」(역사과학)라는 논문에서 처음 주장한 이래『초기조일관계사(하)』(사회과학출판사, 1988)에서 보다 구체화한 견해이다. 고구려·백제·신라·가야 등이 일본 열도에 진출해 세운 분국(分國)들이『일본서기』에 등장하는 고구려·백제·신라·가야(임나)라는 것이 핵심 내용이다. 김석형은 이렇게 서술했다.

> "5세기 이전시기(기원전후 시기까지)의 조일관계사의 주되는 내용은 조선의 본국들과 일본땅에 있는 조선계통 소국들과의 관계이다. 이 시기 아직 통일적 중심이 없었던 일본 땅에서 벌어진 조선계통 소국들의 호상관계에 대해서는 알 길이 없고 다만 조선계통 소국들의 그 본국과의 관계가 오늘 우리가 알 수 있는 전부라고 말할 수 있다. 조선과 일본의 옛 기록에 나오는 이 시기 조일관계자료는 바로 조선 본국과 일본 땅에 있는 조선계통 소국과의 관계를 말하는 것이라고 생각한다."
>
> (김석형,『초기조일관계사(하)』, 사회과학출판사, 1988, 2쪽)

『일본서기』에 다수 등장하는 고구려·백제·신라·임나 등을『삼국사기』에 나오는 고구려·백제·신라·가야 본국으로 볼 수 없다는 것이다.『일본서기』와『삼국사기』가 같은 시기, 같은 지역에 대해 서술하고 있다면 반드시 일치되는 내용이 기재되어 있어야 하는데, 전혀 다른 내용만 서술되어 있는 것이다. 따라서『일본서기』가 의도적으로 조작, 변개한 것이든지 아니면 고구려·백제·신라·가야가 일본 열도에 진출해 세운 일본 내 분국, 소국들에 대한 내용이라고 하면 이해될 수 있다는 것이다.

"이 시기에 일본 땅으로 이주해간 조선사람들은 자기들이 살던 본국 고장의 이름을 따서 이주해가 사는 마을과 고을, 소국에 붙였다. 일본렬도 서부 도처에 조선이름이 굵직굵직한 것만해도 가라, 시라기, 고마, 구다라, 아라 등의 이름이 붙은 마을, 고을, 소국들이 생겼고 이들은 일찍부터 본국과 접촉을 가졌을 것이다."

(김석형, 『초기조일관계사(하)』, 사회과학출판사, 1988, 2쪽)

김석형의 분국설은 일본 학계에 큰 충격을 주었다. 일본인 학자들도 스에마쓰 같은 극우파를 제외하고는 『일본서기』에 나오는 고구려·백제·신라 등의 나라를 『삼국사기』에 나오는 본국으로 볼 수는 없었기 때문이다.

지금도 일본 열도 내에는 무수한 한국계 지명이 남아 있다. 간략한 예를 들면 지목(志木:시키), 백목(白木:시라키) 등은 신라(新羅:시라기)계통 지명이고, 거마(巨麻:코마), 맥백(狛=貊白:코마시로) 등은 고려(高麗), 즉 고구려(高句麗)계통 지명이고, 구태량(久太良:쿠다라), 구다량(久多良:쿠다라)는 백제(百濟:쿠다라)계통 지명이고, 당(唐:가라), 가량(可良:가라), 한(韓:카라) 등은 가야계통 지명이다. 지금까지 이런 지명이 남아 있다는 것은 고구려·백제·신라·가야 사람들이 일본 열도에 진출해서 대를 이어 살았음을 의미한다. 그러나 『일본서기』에 나오는 임나 지명들은 앞서 탁순이라든지 침미다례 같은 경우에서 알 수 있듯이 한반도 남부의 지명에서 그 흔적을 찾을 수가 없다. 원래부터 존재하지 않았기 때문이다.

분국설을 주장하는 또 다른 북한학자인 조희승은 삼한, 삼국사람들이 일본열도로 지속적으로 이주했다면서 이렇게 서술하고 있다.

"우리 삼한삼국(4국) 이주민들의 일본 렬도에로의 부단한 진출은 적극
적이고 집단적이었다. 진출의 시기는 일본의 야요이문화시기(기원전
4, 3세기)부터 시작하여 조선에서 3국이 종말을 고하는 7세기 중엽까
지이다. 약 1천년 간에 걸친 조선이주민들의 일본렬도에로의 계속적인
진출은 섬나라 일본의 력사발전에 다대한 영향을 주었다."

(조희승, 『초기조일관계사(상)』, 사회과학출판사, 1988, 2쪽)

괄호 안의 4국은 물론 고구려·백제·신라·가야 4국을 뜻한다. 일본의 문
명이나 국가 자체가 한국이주민들에 의해서 이루어졌다는 것이다.

"일본은 오랜 옛날부터 조선과 깊은 관계속에서 그 영향하에 발전하여
왔다. 고대일본의 문명개화는 조선의 정치와 경제, 문화적 영향을 떠
나서는 생각할 수 없다. 조선문화의 일본땅에로의 전파는 일본땅 여
러곳에 형성된 조선이주민집단의 소국을 매개로 하여 이루어졌다……
마을이 모여 고을을 이룬다. 일본말의 고을이란 말 '고호리'도 조선말
'고을'에서 유래한다. 고을도 조선이주민에 의하여 이루어지게 되었다
고 말할 수 있다."

(조희승, 『초기조일관계사(상)』, 사회과학출판사, 1988, 120~121쪽)

그럼 일본 열도 내에서 임나의 위치는 어디일까? 조희승을 비롯한 북한
학계는 지금의 오카야마(岡山)현 키비(吉備)지역을 일본 열도 내 임나라고
비정하고 있다.

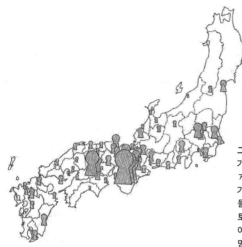

그림 6 일본열도 고분시대(3세기 중엽~7세기)의 고분 분포도 (출처: 『5世紀の倭と東アジア』, 堺市博物館, 2021, 12쪽)
기내 야마토왜 정권과 거의 비슷한 거대 고분들이 기비지역에 존재한다는 것은 기내야마토왜 정권이 압도적으로 기비 지역을 정벌하여 속국으로 만들 여력이 없었다는 것을 증명해주는 것이다.

"기비(吉備)에 있던 나라가 가야라는 조선국명을 가지게 된 것은 여기에 조선(가라)계통의 이주민 집단이 진출, 정착, 소국형성을 진행한 력사적 사실이 있었기 때문이다. 필자는 이 오까야마현 남부의 비옥한 충적평야에 자리잡고 있던 가야국이 『일본서기』에 전하는 임나(미마나)국이었다고 본다."

(조희승, 『초기조일관계사(상)』, 사회과학출판사, 1988, 195쪽)

오카야마현 키비를 임나로 볼 경우 후술하겠지만 『일본서기』 「숭신(崇神) 65년」조에서 임나의 위치에 대해 "북쪽은 바다로 막혀 있고"라는 구절과 상충되는 문제점이 있다. 북한에서는 그 근거를 이렇게 보고 있다.

"조선은 일본보다 역사도 오래고 문화도 일찍이 발전하였다. 모든 면에서 조선보다 뒤떨어진 일본이 4~6세기에 발전된 조선을 200년 이상이나 통치했다는 것은 우선 상식으로써도 통하지 않는다. 기비지방(현

오까야마현과 히로시마현 동부)은 7세기 중엽 이후 서부 일본을 기본적으로 통합한 야마또정권에 의하여 이 지방이 국군 체제에 편입되면서 수도(기내)에 가까운 순서로 기비의 앞, 가운데, 뒤의 순위대로 비젠, 빗쮸, 빙고로 나뉘어졌다. 얼마 후(8세기 초)에는 비젠국의 6개 고을을 떼서 미마사까국을 내왔는데 이것을 일본력사에서 기비3국이라 부른다. 하지만 기비3국의 력사는 어디까지나 7세기 이후의 일로서 6세기 중엽 이전까지는 기비지방이 야마또정권의 통제하에 들지 않았다. 그것은 이 일대 고분의 분포와 그리고 야마또가 설치했다는 시라이미야께, 고지마미야께 등 기비 5군에 둔 미야께의 설치시기를 통해서도 알 수 있을 것이다. 말하자면 6세기 후반 이전의 기비지방은 기비로 불리우지 않았다. 이 일대는 『일본서기』(권15 청녕 즉위전기)에 반영되어 있듯이 기내정권과 군사적으로 당당히 맞설 정도의 강력한 경제력과 군사력을 갖춘 권력집단이 존재하였다……기비에는 조선적인 고분떼와 여러개의 조선식 산성이 집결해 있어 조선이주민집단이 세운 조선의 나라(소국)가 있었다는 것이 일목료연하다. 하지만 기비의 력사는 지난날 「천황가유일사관」에 의하여 응당한 위치에서 서술되지 못하였다. 이리하여 기비의 력사는 단지 「정체불명의 기비왕국」으로 불리울 뿐 여지껏 아무런 해명도 주어지지 않았다.

그러나 우리의 연구에 의하면 기비의 력사는 조선사람들이 세운 나라(소국)로 시작될 뿐만 아니라 그것이 또 「임나일본부」와도 직접 관계된다."

(조희승, 『초기조일관계사(상)』, 사회과학출판사, 1988, 192~193쪽)

오카야마 현 키비 일대는 야마토정권이 자리잡은 기내정권과 군사적으로 맞설 정도의 경제력과 군사력을 갖춘 권력집단이 있었다는 이야기다. 여기에는 고대 한국에서 이주한 이주민 집단이 세운 여러 소국이 있었지만 일왕의 역사만을 강조하는 천황가 유일사관에 의해서 무시되어 왔다는 것이다. 그러나 키비의 역사는 고대 한국인들이 세운 소국으로 시작할뿐만 아니라 '임나일본부'와도 직접 관계된다는 것이 조희승의 주장이다.

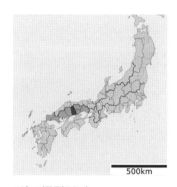

그림 7 빗쮸국(備中國).
지금의 오카야마현 중남부에 위치한 소자시로 수많은 고대유적, 유물이 있는 곳이다. 색칠된 부분이 옛 율령국중 산요도이며, 진한 색칠이 된 부분이 빗쮸국이다. 빗쮸국을 기준으로 동쪽에 비젠국(備前國), 서쪽에 빙고국(備後國)이 존재한다.

북한 학계가 고대 키비지역을 임나지역으로 보는 근거 중에는 임나(任那)와 관련된 관료들 중에 길비(吉備)와 관련이 있는 인물들이 다수라는 것도 있다. 이런 북한 학계의 주장에 대해서 남한 학계는 총론으로만 부인할 뿐 구체적 반론을 제시하지 못하고 있다. 북한 학계의 주장은 더 연구해야 할 과제이지만 사료적 근거도 없이 '임나=가야'라면서 그 위치를 한반도 남부로 설정하고, 경상남도에서 경상북도로, 그리고 전라도도 계속 확장시킨 일본인 식민사학자들의 주장보다는 훨씬 일리가 있음은 말할 것도 없다.

임나일본부설은 단순한 학술논쟁이 아니다. 학술적으로 따져도 '임나=가야' 운운하면서 임나를 한반도 남부로 끌어들인 일본인 및 한국인 식민사학자들의 주장은 근거가 없다. 임나일본부설의 핵심논리, 즉 "369~562년까지 한반도 남부를 임나가 지배했다"는 주장은 자체모순으로 가득 찬 『일본서기』 외에 아무런 근거가 없다. 『삼국사기』·『삼국유사』는 물론 중국 사료 어디에도 '한반도 남부에 임나가 있었다고 서술하는 사료는 없다'는 사실이 이를 말해준다. 모두 한국 점령을 역사적으로 정당화하고자 했던 일제 황국사관(皇國史觀)의 일방적 정치선전이었을 뿐이다.

그림 8 오카야마 지역의 쯔꾸리야마고분(造山古墳).

지금도 마찬가지로 임나 강역을 한 반도 남부로 설정하면 일본 극우파들에게 고토회복을 주장할 수 있는 근거가 된다. 일본에 극우분위기가 강해지면서 2015년 8종의 일본사 검인정교과서에 임나일본부설을 적시한 4종의 교과서가 채택되었다는 사실이 이를 말해주고 있다. 그래서 임나문제는 학술적인 차원뿐만 아니라 그 배후의 정치적인 차원의 의도까지 읽고 대처해야 할 것이다.

② 임나=대마도설

임나의 위치를 일본 열도 내로 보는 관점 중에서 대마도로 보는 학설이 있다. 대마도설은 남한의 민족사학자들 중 많은 학자들이 주장하고 있다. 식민사학 카르텔에서 벗어나 있는 한국의 학자들이 주장하고 있다는 공통점이 있다. 문정창, 최재석, 윤내현, 이병선 등의 한국인 학자들이 모두 임나가 대마도에 있었다는 '임나=대마도설'을 지지했다. 이들이 임나를 대마도로 비정한 사료적 근거의 하나는 『일본서기』「숭신(崇神) 65년」이다. 이 구절은 임나의 위치에 대해서 가장 많은 정보를 제공하고 있다.

> "임나는 축자국에서 2천여 리 떨어져 있는데, 북쪽은 바다로 막혀 있
> 고 계림의 서남쪽에 있다. 〔任那者_去筑紫國二千餘里_北阻海以在鷄林
> 之西南〕"
>
> (『일본서기』「숭신 65년」)

지금의 큐슈로 보는 축자국에서 2천여 리 떨어져 있는데, 북쪽은 바다로 막혀 있고, 계림(신라)의 서남쪽에 있는 임나는 지금의 대마도라는 것이다. 문정창은 247년 왜국을 방문한 위(魏)나라 사신 장정이 남긴『삼국지』「위서(魏書)」'왜(倭)전'의 이정표를 가지고도 임나를 대마도로 추정했다.『삼국지』「위서」'왜전'은 지금의 큐슈로 추정하는 말로국(末盧國)을 거쳐서 야마토까지 가는 이정표를 이렇게 설명하고 있다.

> "왜인은 대방(帶方)의 동남쪽 큰 바다 가운데에 있다……(대방)군으로부터 왜국에 이르기까지는 해안을 따라 뱃길로 가는데 한국(韓國)을 지나서 남쪽으로 조금 가다가 동쪽으로 조금 가면 구야(狗邪) 한국의 북안(北岸)에 이르는데, 여기까지 7천여 리다. 비로소 바다 하나를 건너서 천여 리를 가면 대마국(對馬國)에 이르고, 또 남쪽으로 바다 하나를 건너서 천여 리의 한해(瀚海)라는 바다를 건너면 일대국(一大國: 一岐國)에 이른다. 또다시 바다 하나를 건너서 1000여 리를 가면 말로국(末盧國)에 이르고……동남쪽의 육로로 5백 리를 가면, 이도국(伊都國)이고……동남쪽으로 백여리를 가면 노국(奴國)에 이르고……동쪽으로 백여리를 가면 불미국(不彌國)에 이르고, 남쪽으로는 투마국(投馬國)에 이른다. 뱃길로 20여 일을 가면 남쪽으로 야마대국에 도착하는데, 여왕이 도읍한 곳이다."[15]

> (『삼국지』「위서」'왜전(倭傳)')

---

15 倭人在帶方東南大海之中……從郡至倭, 循海岸水行, 歷韓國, 乍南乍東, 到其北岸狗邪韓國, 七千餘里, 始度一海, 千餘里至對馬國……又南渡一海千餘里, 名曰瀚海, 至一大國……又渡一海, 千餘里至末盧國……東南陸行五百里, 到伊都國……東南至奴國百里……東行至不彌國百里……南至投馬國, 水行二十日……南至邪馬壹國, 女王之所都, (『三國志』, 「魏書」, 倭列傳)

문정창은 위 기록에서 말하는 말로국을 큐슈의 사가(佐賀)현 송포군(松浦郡) 지역이라고 보고 있다.[16] 현재 이 지역에는 당진만(唐津灣)이 있고 당진(唐津)이 있는데 당진이란 중국의 나루란 뜻이 아니라 가야의 나루를 뜻한다. 일대국은 일기도(壹岐島)를 뜻하는 것으로 보는데, 문정창은 『삼국지』 「위지」의 이정표를 "말로국을 기점으로 역산하면 송포(말로국)에서 일기까지 1,000리, 일기에서 대마도까지 1,000리, 그래서 축자~대마도가 2,000리가 된다"[17]고 말하고 있다.

『삼국지』 「위서」 '왜전'은 말로국(큐슈)에서 대마도까지 거리가 2천 리라고 말하고 있는데, 이는 『일본서기』 「숭신 65년」조의 축자국에서 임나까지 거리를 2천 리라고 말하고 있는 것과 같다. 문정창은 임나국의 성립에 대해서 이렇게 말하고 있다.

> "임나국은 한반도의 서남해안지대로부터 일본열도를 건너간 고조선족
> 의 한 갈래가 대마 하도의 천모만(淺茅灣:아소우만) 지대에 건설한 소
> 부족 국가이며, 임나연방은 대마·일기 또는 그 부근의 도서 내에 위치
> 한 10개의 부족국가들에 의해 성립된 지역사회의 조직체였다."
>
> (문정창, 『한국사의 연장, 고대일본사』, 325쪽)

대마도는 상도와 하도가 있는데, 천모만은 두 섬 사이 서쪽에 있는 만이다. 문정창은 한반도 서남해안에서 일본 열도로 건너간 고대 한국인들이 대마도에 세운 소부족 국가를 임나라고 보고 있다. 또한 대마도와 일기도, 또는 그 부근 섬에 위치한 10개의 부족국가들이 만든 조직체가 임나연방이라는 것이다.

---

16 문정창, 『한국사의 연장, 고대일본사』, 인간사, 1989, 326~327쪽.
17 문정창, 『한국사의 연장, 고대일본사』, 327쪽.

이병선은 '임나'에 관해서 쓴 『임나국과 대마도』(1986:582쪽)라는 방대한 책을 쓴 학자이다. 이병선도 임나국을 대마도로 보는데, 13가지 근거를 제시하고 있다.

1) 임나 위치가 명시된 한국측 자료에 의하여,

2) 임나 위치가 명시된 일본측 자료에 의하여,

3) 왜구 침입의 방향과 그 성격에 의하여,

4) 『일본서기』 임나 기사에 나타난 지명·국명의 방향과 그 환경을 보아서

5) 『일본서기』에 나타난 임나·남가라의 규모(크기)를 보아서,

6) 『일본서기』 임나 기사에 나타난 임나·가라·신라·고려(高麗:고구려)의 왕명(王名)을 보아서,

7) 『일본서기』 임나 기사에 나타난 신명(神名)과 현 대마도 신사명(神社名)을 보아서,

8) 임나국의 금은·산호·수목 등의 산물을 보아서,

9) 임나 멸망의 시기와 왜의 대마도 국부(國府) 설치의 시기를 보아서,

10) 임나 지명 중 미좌지(美佐祇:崎), 포나우라(布那宇羅:船浦), 곡(曲:magari) 등 한지(韓地)에서는 볼 수 없는 지명을 보아서,

11) 대마도에 전하는 「임나·신라·고려」의 기록을 보아서,

12) 대마도의 남실(南室)·신라산〔新羅山:白磯山(백기산)〕·고려산(高麗山) 등 임나 기사에 나타난 국명·지명의 자취를 보아서,

13) 4~6세기의 왜(倭)의 문화적·군사적 수준을 보아서, 즉 한(韓)·왜(倭)의 군사력의 비교에서 왜의 한지(韓地) 지배가 불가능했을 것임을 보아서, 임나는 대마도에 비정된다.

(이병선, 『임나국과 대마도』, 아세아 문화사, 1986, 97~98쪽)

이처럼 이병선은 한국과 일본측의 자료는 물론 대마도에 남아 있는 여러 역사 유적과 지명 등을 가지고 임나의 위치를 대마도로 비정했다. 아무런 사료적 근거도 없이 '가야=임나' 운운하면서 임나의 위치를 한반도 남부로 비정하는 '임나=가야설'과는 비교할 수도 없이 징교하다.

최재석도 임나의 위치에 대해서 앞에 인용한 『일본서기』 숭신 65년조의 내용을 인용하고는 이렇게 설명했다.

> "즉, 왜국은 한국(백제, 신라)에서 수륙 3천 리에 위치하거나(『수서(隋書)』「왜국기(倭國記)」), 또는 한국에서 대마·일기(壹岐)를 지나 북구주(北九州)에 이르기까지 역시 3천 리라 하였으므로(『위지』 왜인전), 임나가 대마도임은 명백하고 또한 대마도일 수밖에 없는 것이다."
>
> (최재석, 『일본고대사연구비판』, 일지사, 1990, 308쪽)

분국설의 근거 중의 하나가 일본 열도를 뒤덮고 있는 한국계 지명이다. 최재석도 일본 열도 내의 고대 한국계 지명에 대해서 여러 번 언급했다.

> "영국인이 신천지 북미대륙이나 호주에 집단이주하여 그곳을 개척할 때 그들이 사는 지역은 전부 영국 지명으로 명명한 것처럼 한민족이 신천지인 일본열도에 집단이주하여 그곳을 개척할 때도 그곳의 지명을 한국 국명을 따서 명명하였다……이러한 지명은 개척 당시에 붙인 것도 있고 그 유래는 개척 시에 소급되지만 명명(命名) 자체는 후세에 이루어진 것도 있을 것이다. 물론 한국 국명(고구려·백제·신라·가야)의 지명이 없이 한민족이 집단적으로 이주한 지역도 많으며 이미 그 지명이 자연적 또는 고의로 소멸된 것도 많을 것이다. 그리고 신사(神

社)·불사(佛寺)명이 한국명으로 되어 있거나 또는 불사·신사의 주신

(主神)이 한국인으로 되어 있는 것도 적지 않다."

(최재석,『백제의 대화왜와 일본화과정』, 일지사, 1990, 124쪽)

대마도는 물론 일본열도를 뒤덮고 있는 한국계 지명은 고대 한국인들이 일본 열도에 진출해 정착했다는 역사적 증거이다. 일본고대사 자체가 고대 한국인들이 진출해서 국가를 건설한 역사인 것이다.

『삼국사기』는 한국 내의 일을 기록한 역사서이기 때문에 한국 내에 있지 않았던 임나에 대해서 기록하고 있지 않은 것이다. 반면『일본서기』는 기본적으로 일본 내의 일을 기록하고 있는 역사서라는 점에서 「숭신 65년」조는 일본 내의 일을 기록하고 있는 것으로 보아야 할 것이다. 이에 따르면 임나는 대마도이고, 또한『삼국지』「위지」'왜전'의 기록으로 봐서도 임나는 대마도에 위치하고 있었다고 보아야 한다는 것이 '임나=대마도'설을 주장하는 학자들의 공통된 견해이다.

그러나 이 학설의 난점은 대마도라는 섬의 크기이다. 대마도는 주도(主島)의 남북 길이가 82km, 동서의 길이가 18km, 면적이 696.1km에 불과한 섬으로 일본 열도 내에서 여덟 번 째 크기이다. 북한 학계에서 말하듯이『일본서기』는 나라[奈良]를 수도로 삼은 왜가 6세기 경부터 서부 일본을 통합해 가는 과정을 서술한 역사서인데, 대마도는 나라에서 먼 변방이었다. 큐슈에서는 132km인 반면 한국 남단에서는 49.5km로서 지리적으로 일본 열도가 아니라 한국에 속한 섬이다. 이런 변방 대마도에서 벌어진 일이『일본서기』에 그리 중요하게 서술되었을 가능성은 크지 않다. 「숭신 65년」조의 "북쪽은 바다로 막혀 있고"라는 기사가 임나를 대마도로 비정하는 중요한 근거가 되었는데, 1,500여 년 전의 지형과 지금의 지형은 다르다는 점을 염

두에 두어야 한다. 북한학계에서 임나의 위치라고 보고 있는 오카야마(岡山)가 지금의 내륙이지만 예전에는 바닷물이 들어왔었다는 사실이 현재의 지형을 가지고 임나의 위치를 찾는 것이 무리일 수 있음을 말해준다. 대마도에는 한국계 지명이 많지만 이는 대미도뿐만 아니라 큐슈를 비롯한 서부 일본 대부분에는 한국계 지명이 셀 수 없이 많다. 따라서 「숭신 65년」조 뿐만 아니라 『일본서기』의 다른 기사들을 종합해서 임나의 위치를 특정해야 할 것이다.

③ 임나=큐슈설

김인배 · 김문배는 『임나신론-역설의 한일고대사』(1995, 759쪽)에서 임나의 위치를 큐슈지역으로 비정했다. 이들은 큐슈지역의 정치적 변화에 중점을 두어 학설을 개진했다. 이들 역시 앞의 『일본서기』 「숭신 65년」조의 기사는 야마토의 이칭을 뜻한다고 보았다. 그러다가 임나가 큐슈의 이명으로도 사용되었다는 것이다.

> "그러던 것이 4세기 말~5세기 초에 와서부터는 「큐슈(九州)」라는 지명
> 이 발생하기 이전의 쯔쿠시(筑紫) 내 여러 소국들의 연방체가 결성되어
> 있었던 그 큐슈의 이칭으로 불리기도 하였다. 거기 산재한 소국들의
> 연방체를 포괄하여 호칭할 때도 사용하던 통상적인 용어였던 것으로
> 『일본서기』의 검토와 분석 결과를 토대로 새롭게 정의할 수 있다……
> 임나는 큐슈의 이칭이요, 가라(加羅)는 도요쿠니(豊國)를 가라쿠니라
> 고도 했던 데서 유래한 풍국(豊國)의 이칭이다. 그러므로 임나가라라는
> 다름 아닌 큐슈의 가라국을 말하는 것이 된다. 물론 이 「가라」라는 명
> 칭도 시대에 따라서 그 가리키는 지역 내지 영역에 변동이 있었다……

아무튼 이 「가라」라는 말은, 「한(韓)」을 그렇게도 표음(表音)했던 것이
므로 결국은 같은 의미였다……이러한 큐슈에 백제가 본격적인 진출
을 시도한 것은 고이왕 때였다……이를 발판으로 하여 고이왕 시대에
이르러 비로소 본격적인 침공을 개시함으로써 이 무렵부터 일본열도
는 점차 백제의 영향권 아래 놓이게 된다. 그것이 「신공기」에 나오는
백제·왜 연합군의 소위 「신라 7국 평정」이었다."

(김인배·김문배, 『임나신론-역설의 한일고대사』, 고려원, 1995, 739~741쪽)

김인배 · 김문배는 『일본서기』 「신공 49년」조의 '신라 7국 평정', 곧 일본
식민사학계와 남한 강단사학계가 야마토왜의 가야 점령기사라고 해석하는
것이 실제는 백제가 큐슈 북부를 장악하는 과정을 서술한 것으로 보는 것
이다. 김인배·김문배는 또 「신공 49년」조의 기사를 120년 끌어올리는 것을
반대하고 『일본서기』 기년 그대로 249년의 사건으로 보아야 한다는 것이다.

"그렇기 때문에 조작된 역사의 진상을 사실대로 밝히자면 신공 49년은
『일본서기』 기년 그대로 기사년 가평(嘉平) 원년이요, 백제 고이왕 16
년에 해당하는 249년의 사건이었다. 이 연대는 신공(神功), 즉 히미꼬
가 죽은 지 2년 후이므로 큐슈 북부 일대를 이 무렵에 백제·왜(기나
이조)연합군에 의한 합동작전으로 장악했던 사건으로 이해하게 될 때
그동안 수수께끼로 남아 있던 역사의 진상이 확연히 드러나는 것이
다……요컨대 고이왕 시절에 일본의 큐슈가 백제에 의해 정벌당하는
역사적 사실을 의도적으로 감추기 위해 『일본서기』 편찬 당시, 고이왕
재위시대의 것을 모조리 삭제해버릴 수 있는 교묘한 방편으로 고안해

낸 것이 백제 왕명의 허위기재와 사망 및 즉위 기사의 대체였던 것이다.

이른바 이주갑(二周甲) 인상설의 등장도 여기서 유래했던 것이다."

(김인배·김문배, 『임나신론-역설의 한일고대사』, 742~743쪽)

김인배·김문배는 백제에 빼앗긴 큐슈 땅에 대한 기득권 내지 연고권을 주장하기 위해서 신공의 소생이 아닌 응신을 신공의 이야기인 것처럼 꾸며 냈다는 것이다. 두 학자는 광개토태왕릉비에서 "왜가 신묘년에 바다를 건너 와 백잔(百殘)을 파하고 이어서 신라를 파하여 신민(臣民)으로 삼았다"는 구 절의 왜는 기내(畿內) 조정의 야마토조정이고, "바다를 건넜다"는 것은 기내 에서 큐슈를 치기 위해 세토내해[瀬戶內海:세토나이카이]를 건넜다는 뜻이 라고 보고 있다.

"이때 왜가 파(破)한 백잔은 한지(韓地) 백제의 분국인 큐슈의 유명해 (有明海) 동안(東岸)에 위치한 「구다라」였던 것이고, 이어서 깨뜨린 신 라라는 국명 역시 큐슈의 「시라기」였던 것임은 지금까지 이 연구 과정 에서 보아 온 것과 그대로 일치한다."

(김인배·김문배, 『임나신론-역설의 한일고대사』, 746쪽)

유명해[有明海:아리아케카이]는 큐슈의 후쿠오카현(福岡縣)·사가현(佐賀縣)·나가사키현(長崎縣)·구마모토현(熊本縣) 사이의 해만(海灣)으로서 이는 큐슈 최대의 해만이다. 이 해만 동쪽에 백제의 분국인 '구다라'를 정벌한 것이 「광개토태왕릉비」의 백잔 정벌기사라는 것이고, 이어서 깨뜨린 신라는 큐슈의 신라 분국인 '시라기'라는 것이다. 김인배·김문배 두 학자 역시 분국설의 관점에서 임나 문제를 다루고 있는 것이다.

이처럼 식민사학 카르텔에 갇히지 않은 남북한의 거의 모든 학자들은 임나의 위치를 일본 열도 내로 보고 있다. 임나의 위치가 일본 열도 내 어디인가에 대해서는 견해가 일치하지 않지만 한국과 일본의 역사사료 및 일본 열도 내의 수많은 한국계 지명들에 대한 고찰이 기본이 되고 있다. 현존하는 지명은 지배의 흔적을 그대로 반영하는 경우가 많다. 고고학자 안춘배 교수는 이에 대해 이렇게 설명하고 있다.

> "우리나라에는 아직도 임진왜란의 짧은 기간도, 그 때에 축성된 일본식 성이 도처에 남아있고, 일제 36년간의 잔영 또한 우리 주변 곳곳에서 발견되고 있지만, 저들이 주장하는 것처럼 서기 4세기 후반에서 6세기 후반까지 2세기에 걸친 임나일본부의 흔적은 어디에서도 찾을 수 없다."
>
> (안춘배, 「고고학상에서 본 임나일본부설」, 『가라문화』 제8집, 경남대학교, 1990.1)

임진·정유재란 때 불과 7년을 지배한 흔적이 아직까지도 남아 있고, 일제 36년의 잔영이 아직까지도 남아 있는데 200년을 지배한 흔적이 전혀 남아 있지 않다는 것은 그런 사실 자체가 없었다는 점을 말해준다. 이런 점에서 볼 때 임나가 한반도 남부가 아니라 일본 열도 내에 있었다는 분국설 자체는 의심할 여지가 없는 사실로 이해될 수 있을 것이다.

5. 야마토왜의 정치구조

1) 야마토왜의 왕권의 크기

야마도왜가 4세기 후반~6세기 후반까지 고대 한국 남부를 차지하고 식민지를 경영할 수 있으려면 막강한 정치권력이 있었고, 그를 뒷받침하는 막강한 군사력이 있었다고 전제되어야 할 것이다. 고고학자 안춘배 교수는 일본은 학자들에 따라서 다르지만 "대략 A.D. 5세기 후반~6세기 초반 또는 6세기 중반까지도 철기생산 능력이 없었다"[18]고 말하고 있다. 고대에 어떤 정치세력에게 철기 생산능력이 없다는 것은 유의미한 군사가 없었다는 것이고 따라서 정치권력을 가진 국가 자체가 없었음을 의미하는 것이다. 철기생산능력이 없는 고대 정치세력이 대한해협을 건너와서 식민지를 건설하고 2백년 이상 지배한다는 것은 역사학의 기본 논리를 부정하는 것으로서 성립될 수 없는 이론이다.

그리고 이런 상황은 『일본서기』를 통해서도 무수히 입증할 수 있다. 먼저 『일본서기』「인덕(仁德) 원년」조는 이렇게 설명하고 있다.

> "(인덕이) 즉위하였다. 황후(皇后)를 존중하여 황태후(皇太后)라 하였다. 난파(難波)에 실(室)을 만들었는데 고진궁(高津宮)이라 하였다. 궁전은 칠도 하지 않고 나무나 기둥에 장식도 하지 않았으며 지붕의 모(茅:띠)의 끝도 절단하여 간추리지 않았다"
>
> (『일본서기』「인덕 원년(313)」 1월 3일)

---

18 안춘배, 「고고학상에서 본 고대 한일교섭」, 단국대한국민족학연구소, 『한국민족학연구』 제1권, 1993

인덕 원년은 『일본서기』 기년으로 서기 313년이지만 일본에서는 2주갑 인상해서 431의 사건으로 파악하고 있다. 한반도에 대규모 병력을 파견해서 신라를 정벌하고 임나를 건설할 수 있는 나라의 왕궁이 칠도 하지 않고 장식도 없으며 기와도 아니고 지푸라기 같은 것으로 덮었다는 것이니 비록 인덕의 검소함을 강조하기 위한 구절이기는 해도 사실상 왕궁이 존재하지 않았음을 의미한다.

같은 『일본서기』 「인덕 4년」의 기사도 마찬가지이다.

> "이날부터 옷이나 신은 해어져 떨어지게 될 때까지 사용하고 음식물은
> 썩지 않으면 버리지 아니하여 (중략) 백성의 부담을 덜어주었다. 궁전
> 의 울타리는 망가져도 만들지 않고 지붕의 띠는 파손되어도 잇지 않았
> 다……"
>
> (『일본서기』 「인덕 4년(316)」 3월 21일)

『일본서기』는 인덕이 백성들의 궁핍하다는 것을 알고 모범을 보이기 위한 것이었다고 설명하고 있지만 왕궁 지붕이 띠, 즉 지푸라기나 갈대로 만들었다는 자체가 모범을 보이기 위한 것이 아니라 원래부터 야마토왜의 왕궁 수준이 그 정도였다는 것을 말해주는 것이다. 이는 야마토왜의 왕권의 크기가 실제 왕이 존재했는지 의심스러울 정도의 수준이었음을 시사한다.

『일본서기』에서 강력한 고대 국가로 묘사하는 임금이 21대 웅략(雄略)이다. 웅략은 무수히 많은 신하들을 죽이고, 심지어 백제에서 보낸 채녀(采女) 지진원을 불태워 죽이는 식으로 막강한 왕권을 지닌 전제군주로 묘사하고 있다. 그러나 웅략에 대한 아래의 『일본서기』 기사는 과연 웅략이 그런 권력을 지닌 임금인지를 의심하게 하고 있다.

"소근사주(小根使主)가 누워서 사람들에게 말하기를 '천황(웅략)의 집
〔城〕은 견고하지 않다. 우리 아버지 집이 견고하다.'고 하였다. 천황이
사람을 통해서 이 말을 듣고 사람을 파견하여 근사주(根使主)의 집을
보게 히였다. 정말로 그러하였다."

(『일본서기』, 「웅략 14년(470)」)

웅략 14년은 470년인데, 이때까지도 야마토왜의 한 호족의 집이 일왕의
집보다 더 견고하고 웅장했다는 것이다. 이 역시 이 시기에 실제로 야마토
왜에 왕이 존재했는지를 의심하게 하는 것이다.

『일본서기』는 일왕의 권력이 막강하다는 사례를 장황하게 실었지만 차마
은폐하지 못했거나 어쩌면 일부러 남겨두었을지도 모르는 이런 사료들은
야마토왜왕의 실제 권력의 크기에 대해서 짐작할 수 있게 하고 있다.

『일본서기』「안한(安閑) 원년」조의 다음 기사도 마찬가지다.

"천황은 칙사를 파견하여 양전(良田)을 구하게 하였다. 근사주(根使主)
는 명을 받들어 대하내직미장(大河內直味張)에게 말하기를 '지금 그대
의 비옥한 양전(良田)을 내놓아라'고 하였다. 미장(味張)이 갑자기 아
까워서 칙사를 속이고 말하기를 '이 논은 고립되면 물 대기 어렵고 일
수(溢水:물이 넘침)가 있으며 침수되기 쉽다. 고생하는 일이 대단히 많
으며 수확은 대단히 적다.'고 하였다. 칙사는 그 말을 그대로 복명하여
비밀히 할 수가 없었다."

(『일본서기』「안한 원년(534)」)

이때가 서기 534년으로서 269년부터 가야를 점령해 임나일본부를 세웠다는 임나일본부설이 사실이라면 야마토왜가 한반도 남부에 임나라는 식민지를 건설한 지 165년이 지난 때이다. 이 기사의 하내(河內)는 야마토왜의 바로 이웃 지역이다. 그런데 왜왕 안한이 하내의 기름진 땅을 욕심내어 달라고 했지만 거절당했다는 기사이다. 야마토왜가 대한해협 건너 식민지를 건설하고 경영할 막강한 군사가 있다면 굳이 바다 건너 한반도까지 올 것이 아니라 그 이웃의 하내부터 정벌했을 것이다. 바로 곁에 기름진 땅을 두고 험한 파도 건너 한반도까지 정벌했을 이치는 없다. 야마토왜왕이 사신을 보내 땅을 요구했는데 하내의 호족이 거절했다는 것은 6세기 중엽까지도 야마토왜의 왕권이 일개 호족과 다르지 않았을 정도로 미약했음을 말해준다.

7세기 중엽의 『일본서기』 「황극(皇極) 2년」조의 기사도 마찬가지다.

> "권궁(權宮:임시거처)에서 아스카(飛鳥)에 있는 회(檜)나무 껍질로 이
> 은 신궁(新宮)으로 옮겼다"
>
> (『일본서기』, 「황극 2년(643)」 4월 28일)

이 기사는 7세기 중엽에야 일왕의 거처가 띠 지붕에서 회나무 껍질 지붕으로 발전했다는 사실을 말해준다. 그러나 이때까지도 기와지붕이 아니라 겨우 회나무 껍질로 지붕을 이었다는 것이다. 정복전쟁 운운할 수준의 정치권력이 아니었다는 사실을 잘 알 수 있다.

설사 역사적 상식과는 다르게 제철기술이 없는 야마토왜가 바다건너 정복전쟁을 수행할 수 있는 군사강국이었다고 치더라도 문제는 남는다. 수많은 군사를 배에 실어 보내려면 조선술과 항해술이 발달했어야 한다. 그러나

「제명(齊明) 3년」조의 다음 기사는 야마토왜의 항해술의 수준을 잘 보여주고 있다.

> "이해 사인(使人)을 신라에 보내 사문(沙門) 지달(智達), 간인연어구(間人連御廐), 의망연치자(依網連稚子) 등을 신라국의 사인에 붙여 대당(大唐)에 보내고 싶다고 하였으나 신라가 듣지 않아 사문 지달 등이 그대로 귀국하였다."
>
> (『일본서기』「제명(齊明) 3년(657)」)

7세기 중엽에 승려 지달 등을 신라의 사신에게 붙여서 당나라에 보내려고 했지만 신라에서 거절해서 당나라에 가지 못했다는 기사이다. 이는 7세기 중엽 야마토왜는 당나라까지 사람을 보낼 항해술이 없었음을 말해준다. 항해술이 발달하지 못했다는 것은 곧 조선술이 발달하지 못했다는 것과 마찬가지 의미이다. 『속일본기(續日本記)』에는 이런 기사도 있다.

> "견당사(遣唐使)가 배를 타고 안예국(安藝國: 현재의 오카야마(岡山))에서 난파(難波: 현재의 오사카(大阪)) 강구(江口)에 도착하였는데 여울에서 배가 뜨지 않고 끌어도 여의치 않아 출발하지 못하다가 파도에 동요하여 선미(船尾)가 파열되었다."
>
> (『속일본기』「천평보자(天平寶字) 6년(762)」4월 17일)

8세기 중엽에 일본이 배를 건조해 견당사를 승선시켰지만 큰 바다로 나가기도 전에 내해(內海)에서 배가 파손될 정도로 조선술과 항해술이 미숙했음을 말해주는 것이다. 8세기 중엽에도 이런 상황인데, 4세기 후반에 대

규모 군사를 배에 싣고 대한해협 건너 출병시켜서 신라와 가야를 정벌하고 임나라는 식민지를 건설한다는 것은 3류 SF소설 속에서나 가능한 일일 것이다.

2) 임나일본부에 대한 『일본서기』의 자체 모순

① 가야 6국과 임나 7국, 10국은 이름 자체가 다르다

임나일본부는 일본이 메이지 이후 제국주의로 변질되어 가면서 강조하기 시작한 이론이다. 이론이라기보다는 정치선전이기 때문에 조금만 자세히 살펴보면 그 모순이 금방 드러난다. 나가 미치요(那珂通世) 이래 정한론을 주창한 일본인 식민사학자들은 '가야=임나'라고 주장했지만『삼국사기』·『삼국유사』와『일본서기』를 조금만 자세히 분석하면 그 모순을 금방 드러난다. 위의〈표-4〉를 보면『삼국유사』가야 6국과『일본서기』가야 7국, 임나 10국은 별개의 나라라는 사실을 명확히 알 수 있다.『삼국유사』에 나오는 가야 6국과,『일본서기』「신공 49년」조에 나오는 가라 7국과『일본서기』「흠명(欽明) 23년」조에 나오는 임나 10국의 국명을 비교해보면 가야가 임나와 다른 정치세력이라는 사실이 일목요연하게 드러난다.『삼국유사』의 가야 6국과 『일본서기』의 가라 7국이나 임나 10국과 같은 정치세력이라면 먼저 국명이 일치해야 하는 것은 기본이다. 과연 그런지 살펴보자. ○표시는 해당 사료에 나오는 지명을 뜻한다.

〈표-4〉에서 알 수 있는 것처럼『삼국유사』의 가야 6국과『일본서기』「신공 49년」조의 가라 7국 및『일본서기』「흠명(欽明) 23년」조의 임나 10국의 국명은 단 한 곳도 일치하지 않고 있다. 물론 일본인 및 그들을 추종하는 한국인 식민사학자들은 이런 사실에 대해서는 전혀 언급하지 않고 얼버무리고 있다. 앞에서 살펴봤듯이『일본서기』의 '침미다례'를 일본어 '도무다례'라고

국 명	『삼국유사』 가야 6국	『일본서기』 가라 7국	『일본서기』 임나 10국
금관(金官:김해)	○		
아라(阿羅:함안)	○		
소가야(고성)	○		
대가야(고령)	○		
성산(星山)·벽진(碧珍)	○		
고령(高靈:함녕)	○		
비자발(比自㶱)		○	
남가라(南加羅)		○	
녹국(㖨國)		○	
안라(安羅)		○	○
다라(多羅)		○	○
탁순(卓淳)		○	
가라(加羅)		○	○
사이기(斯二岐)			○
졸마(卒麻)			○
고차(古嗟)			○
자타(子他)			○
산반하(散半下)			○
걸찬(乞湌)			○
염례(稔禮)			○

읽으면서까지 전남 강진으로 비정하지만 가야와 임나의 소속 국명이 지닌 이런 모순에 대해서는 눈감고 있을 뿐이다. 다만『삼국유사』의 아라(阿羅)를 『일본서기』의 안라(安羅)로 보아야 한다고 주장한다. 그러나 그 근거는 아라와 안라가 발음이 비슷하다는 것뿐이다. 아라와 안라가 다르다는 것은 굳이 설명할 필요도 없다.

　『일본서기』는 많은 조작과 변개가 행해진 역사서지만『일본서기』만 자세히 분석해도 '가야=임나'라는 주장은 허위임을 알 수 있다.『삼국유사』의 가야 6국은『일본서기』의 가라 7국이나 안라 10국과는 전혀 다른 나라들이

그림 9 사이토바루 고분에서 출토된 철모(좌)와 고령 지산동에서 출토된 가야 철모(우)
사이토바루 고분군은 천황가의 발상지라고 불린다. 이 고분군의 시기는 3세기부터 7세기에 걸쳐 축조되었다.

다. 메이지 이후 황국사관론자들은 『일본서기』가 고대 야마토왜가 고구려, 백제, 신라들을 정벌했던 것처럼 제멋대로 해석했지만 『일본서기』의 지명들은 일본 열도 내의 지명들을 기록한 것으로 바라보고 해당 지명들을 찾아야 할 것이다. 그래야 대부분의 모순이 해결된다.

② 일본부라는 명칭은 5세기 후반에 나타난다.

『일본서기』 「신공 49년(369)」조에 신라를 공격해서 가라 7국을 멸망시키고 임나를 설치했다고 서술하고 있다. 그런데 정작 '일본부(日本府)'라는 명칭은 5세기 후반에 처음 등장한다. 『일본서기』 「웅략(雄略) 8년(464)」 조에 등장하는데, 그것도 신라왕의 입에서 가장 먼저 '일본부'라는 이름이 등장한다. 신라왕은 고구려군사가 신라에 들어온 것을 알고 임나왕에게 사신을 보내 "일본부 행군원수(行軍元帥) 등의 구원을" 청했다는 것이다.

369년에 가라 7국을 점령하고 임나를 세웠다면 그 통치기관인 일본부 역시 이때 설치했어야 할 것이다. 일제는 대한제국을 완전히 점령하기 4년 전인 1906년 이미 통감부를 세워서 이토오 히로부미를 초대 통감으로 보냈다. 그리고 1910년에 총독부를 세워서 대한제국을 완전히 장악했다. 통감부 시절에는 '통감'이 있었고, 총독부 시절에는 '총독'이 있었다.

그런데 369년에 임나를 건설했는데 일본부라는 용어는 95년 후인 「웅략(雄略) 8년(464)」에 처음 등장한다. 그것도 임나 내부의 어떤 관직 체계에 의한 것이 아니라 고구려왕의 침략을 당한 신라왕이 도움을 청하는 형태로 처음 언급되는 것이다. 일왕 「웅략 8년(464)」은 신라 자비왕 7년이고, 고구려 장수왕 52년인데, 물론 『삼국사기』에는 일언반구도 없는 내용들이다.

『일본서기』는 신라 등이 야마토에 조공을 바치지 않아서 문제가 발생했다는 식의 기사가 많은데 이 기사도 마찬가지이다. 일왕 웅략 즉위 후 신라에서 8년 동안 야마토왜에 공납을 바치지 않았다는 것이다. 신라는 야마토왜가 문책할 것을 두려워해서 고구려에 군사지원을 요청했다는 것이다. 신라의 군사요청을 받은 고구려에서 신라를 지키기 위해 군사를 파견했는데 이때 고구려가 보낸 군사가 겨우 100명이라는 것이다.

> "그래서 고구려왕이 정병 100명을 보내서 신라를 지키게 했다. 얼마 후 고구려 군사 한 명이 잠시 귀국했는데, 이때 신라인을 전마(典馬:마부)로 삼았다. 그가 돌아보며 '너의 나라가 우리나라에 파괴되는 때가 오래지 않아 올 것이다.'라고 말했다. 전마가 듣고 거짓으로 배가 아픈 척하면서 뒤쳐졌다가 신라로 돌아가 그 이야기를 해주었다.
>
> 그래서 신라왕은 고구려가 거짓으로 지켜주는 것을 알고 급하게 사신을 보내 나라(신라) 사람들에게 '집안에서 기르는 닭 중에 수놈을 죽여라'라고 말했다. 나라 사람들이 그 뜻을 알고 나라 안의 고구려 사람들을 다 잡아 죽였다. 오직 한 고구려 사람이 틈을 타서 탈출해 고구려로 돌아가 모든 일을 갖추어 설명하니 고구려왕이 즉시 군사를 일

으켜 축족류성(筑足流城)에 모였다. 노래하고 춤추면서 흥겹게 놀았다. 그래서 신라왕은 밤에 고구려군사가 사방에서 노래하고 춤추는 것에서 고구려 군사가 신라 땅에 이미 진입한 것을 알고, 임나국왕에게 사신을 보내서 말하길,

'고구려왕이 우리나라를 정벌하려고 하는데, 이때를 당하니 깃발에 매단 끈이 흔들리는 것 같이 나라가 위태롭고, 달걀을 쌓은 것보다 더해서 목숨의 길고 짧음을 예측할 수 없습니다. 엎드려 청하건대 일본부 행군원수(行軍元帥) 등의 구원을 청합니다.'라고 했다."[19]

(『일본서기』 「웅략 8년」)

이것이 '일본부'라는 이름이 『일본서기』에 처음 등장하는 기사이다. 임나를 세웠다는 369년에서 95년이 지난 464년에야 '일본부'라는 명칭이 처음 등장하는 것이다. '일본'이라는 명칭 자체가 7세기 후반 무렵에야 처음 등장하기 때문에 이 '일본부'도 후세에 끼워 넣은 용어이다.

'일본부'가 등장하는 맥락은 이렇다. 신라가 야마토왜에 8년 동안 조공을 바치지 않자 왜에서 신라를 정벌하려고 했다. 신라는 고구려에 구원을 요청했는데, 고구려가 신라를 보호하기 위해서 보낸 군사가 100명이라는 것이다. 서기 464년은 신라 자비왕 7년이고, 고구려는 장수왕 52년이다. 고구려 장수왕이 재위 15년(427) 평양으로 천도하자 위기를 느낀 신라와 백제는 신백동맹(나제동맹)을 맺어서 고구려의 남하에 공동대응하려 했다. 그래서 신라의 눌지왕과 백제의 비유왕은 서기 433년 우호관계를 맺고 고구려에 맞서서 신백동맹을 맺었다. 신라와 백제가 신백동맹을 맺고 고구려의 남하에 대응하던 때에 『일본서기』는 신라가 야마토왜의 정벌이 두려워 고구려에 군

---

19 乃使人於任那王曰「高麗王征伐我國,當此之時,若綴旒然,國之危殆,過於累卵,命之脩短,太所不計。伏請救於日本府行軍元帥等」(『日本書紀』, 雄略 8年)

사지원을 요청했다는 것이다. 『삼국사기』의 시각으로 보면 이 시기 야마토 왜는 존재 자체가 없었다.

더구나 『일본서기』에서 신라왕은 한 마부가 고구려 한 군사에게 전해 들었다는 말을 듣고 고구려군사를 습격해서 모두 죽였고, 고구려왕은 군사를 보내 신라를 정벌하게 했다고 설명하고 있다. 군사작전은 은밀히 수행하는 것이 기본 중의 기본이다. 그런데 고구려 군사들은 신라에 들어와서 노래하고 춤을 추었다는 것이다. 그래서 신라왕은 고구려군사가 신라 땅에 들어왔다는 사실을 알고 임나국왕에게 사신을 보내 도움을 요청했다는 것이다. 고구려 군사가 노래하고 춤추지 않았다면 신라는 고구려 군사가 자국에 들어온 사실 자체를 몰랐을 것이다. 어쨌든 고구려 군사가 노래하고 춤추는 것에서 고구려 군사가 자국 내에 진입했다는 사실을 안 신라왕이 임나왕에게 '일본부 행군원수' 등을 보내달라고 빌었다는 것이 '일본부'라는 용어가 처음 등장하는 『일본서기』의 내용이다.

이 기사의 임나를 한반도 남부의 가야로 볼 수도 없고 『삼국사기』에 나타나는 왜로 볼 수도 없다. 『삼국사기』의 신라, 고구려도 아니다. 『삼국사기』 「신라본기」 자비마립간 2년(459), 5년(462), 6년(463)에는 왜군들이 신라를 거듭 쳐들어와서 공방전을 벌렸다. 『삼국사기』 자비마립간 6년(463)조는 "왕은 왜인이 여러 번 국경을 침범하므로 변방을 따라 두 성을 쌓았다"고 기록하고 있다. 한 해 전까지 왜인들과 여러 차례 공방전을 벌이고 성을 쌓아서 왜인을 막다가 이듬해에는 그 왜에 구원을 청할 수는 없는 것이다.

이때는 신백동맹 기간이니 고구려가 신라를 공격했다면 신라는 임나가 아니라 백제에 원군을 요청했을 것이다. 『일본서기』는 이런 모든 국제정세를 무시하고 나홀로 관점에서 서술한다. 그러니 『삼국사기』 등 다른 기록과 비교하기를 두려워하는 것이다. 다른 사서와 비교하면 『일본서기』의 기사는 대부분 조작, 변개이거나 일본 열도 내에서 벌어진 소국 사이의 일을 기록한 것으로 해석할 수밖에 없기 때문이다. 실제로 앞의 『일본서기』「웅략(雄略:유랴쿠) 8년」조에 이어지는 기사 역시 황당하다. 임나왕이 선신반구(膳臣斑鳩:카시하데노오미이카루가) 등의 장수를 보내 신라를 구원하게 했는데, "고구려의 장수들은 싸우기도 전에 모두 두려워했다"고 기록하고 있기 때문이다. 100명의 군사를 보내서 신라를 지켜주겠다고 했던 일본 열도 내의 소국 고구려라면 그럴지도 모르겠지만 연왕(燕王) 풍홍(馮弘)이 나라를 들어서 망명하고, 또 풍홍이 다른 생각을 품자 죽여 버렸던 장수왕의 고구려라면 있을 수 없는 일이다. 그러나 『일본서기』는 야마토왜나 임나 군사가 나타나면 상대는 거의 대부분 싸우지도 않고 항복했다는 기록이 태반이다. 이는 싸움 자체가 없었음을 뜻한다. 그런데도 임나가 신라를 구원했다고 결론짓고 있다. 그리고 임나의 선신반구 등이 신라에게 이렇게 타일렀다고 말하고 있다.

> "선신 등이 신라에게, '너희들은 지극히 미약한데 지극히 강한 것과 맞서야 했다. 관군이 구하지 않았으면 반드시 격파되었을 것이다. 이번 싸움에서 거의 남의 땅이 될 뻔했다. 지금 이후에 어찌 천조(天朝:야마토)를 배신하겠는가?' 라고 말했다."
>
> (『일본서기』「웅략 8년」)

『일본서기』는 망할 뻔한 신라를 임나가 구원해주었다고 주장하고 있다. 그런데 『일본서기』는 이듬해인 「웅략 9년(465)」 3월에 웅략이 직접 신라를 정벌하려 했다고 기록하고 있다. 신라가 "고구려의 공물을 막고 백제의 성을 삼켰다"는 이유 때문이었다. 한 해 전에 나라가 망할 뻔 했다가 임나의 구원으로 겨우 살아나서 임나에게, "지금 이후에 어찌 천조(天朝)를 배신하겠는가?"라는 훈계를 들은 신라는 이듬해에 고구려가 야마토에 조공을 바치려는 것을 막고 백제의 성을 삼키는 강국으로 부활했다. 그러다가 야마토가 공격하자 신라왕은 사방에서 들리는 관군(야마토군)의 북소리에 놀라서 수백 명의 군사와 더불어 도주했다고 적고 있다.

반전에 반전을 거듭하는 『일본서기』의 이런 기사는 무엇을 뜻할까? 무엇보다 『삼국사기』·『삼국유사』에서 말하는 고구려·백제·신라·가야 본국(本國) 사이에서 벌어진 일은 아니다. 『일본서기』의 이런 기사가 사실을 반영하고 있다면 이는 본국들이 일본 열도 내에 세운 분국(分國)들 사이의 일을 기술한 것이다. 『일본서기』 편찬자들은 때때로 이런 사실들이 마치 본국들에서 벌어진 것처럼 여겨지는 식으로 서술해서 후세인들을 혼동시켰던 것이다.

③ 『일본서기』의 임나와 백제·신라는 동네국가 수준

『일본서기』 「웅략 8년」과 「웅략 9년」조의 기사에서 등장하는 고구려·신라·임나는 동네국가 수준이라는 사실을 말해주고 있다. 『일본서기』에 등장하는 고구려·백제·신라·임나 등이 동네국가 수준이라는 사실을 말해주는 것은 웅략기만이 아니다. 『일본서기』에는 이들 나라들의 강역의 크기를 알 수 있게 하는 기사들이 다수 등장한다. 몇 가지 기사를 살펴보자.

> Ⓐ 이 4현(임나국의 상다리[上哆唎]·하나리[下哆唎]·파타[娑陀]·모루[牟婁] 4현)은 백제와 가깝게 이웃해 있고, (중략) 조석(朝夕)으로 통행하기 쉽고 닭과 개의 주인도 구별하기 어려울 정도이다.
>
> (『일본서기』 「계체(繼體) 6년(512)」 12월)

『일본서기』「계체기」는 임나 소속의 4현과 백제와의 거리에 대해서 설명하고 있다. 임나 4현과 백제는 아침저녁으로 통행이 가능할 정도로 가깝다는 것이다. 임나가 가야이고 백제가 『삼국사기』의 백제라면 있을 수 없는 일이다. 또한 임나와 백제는 닭이나 개의 주인도 서로 구별하기 어려울 정도로 가까이 인접해 있다고 설명하고 있다. 경상도의 가야와 충청도, 전라도의 백제가 닭이나 개의 주인을 구별하지 못할 정도로 가까울 수는 없다. 비유적 표현이라고 하더라도 사방이 몇 십리, 즉 몇 km 정도에 불과한 나라들을 묘사할 때 닭이나 개의 주인을 구별하지 못한다고 할 수 있지 백제나 가야처럼 강역의 크기가 천 리를 넘거나 천 리에 육박하는 나라들을 이렇게 묘사할 수는 없다.

ⓑ 적신(的臣)들이 신라에 왕래하면서 경작을 할 수 있었다.

(『일본서기』「흠명(欽明) 5년(544)」 3월)

ⓒ 매일 신라의 땅[城]에 가는 것이 공적(公的)으로나 사적(私的)으로나 왕래하고 꺼리는 바가 없다.

(『일본서기』「흠명(欽明) 5년(544)」 3월)

ⓓ 우리 병사로 충당하고 신라가 경작하지 못하게 괴롭히면 구례산(久禮山)의 5성(城)은 자연히 병기(兵器)를 버리고 항복할 것이다.

(『일본서기』「흠명(欽明) 5년(544)」 11월)

ⓔ 신라가 봄에 녹순(㖨淳: 탁순[卓淳])을 빼앗고 우리의 구례산(久禮山)의 수비병을 축출하고 점령하였다. 안라(安羅)에 가까운 곳은 안라

가 경작하고 구례산에 가까운 곳은 신라가 경작한다. 각각 스스로 경작하여 서로 침탈하지 않았다. 그런 것을 이나사(移那斯)·마도(麻都)가 남과의 경계를 넘어 경작을 하고서는 6월에 도망갔다.

(『일본서기』「흠명(欽明) 5년(544)」3월)

앞의 사료 Ⓐ가 백제와 임나의 거리가 대단히 가깝다는 사실을 말해준다면 사료 Ⓑ~Ⓔ는 임나와 신라의 거리도 대단히 가깝다는 사실을 말해주고 있다. 사료 Ⓑ는 임나의 적신들이 신라에 왕래하면서 경작을 할 수 있다고 기록하고 있는데 이는 마치 이웃마을에 농사지으러 가는 모습을 연상케 한다. 사료 Ⓒ는 임나에서 매일 신라 땅에 갈 수 있을 정도로 가깝다고 말하고 있다. 사료 Ⓓ, Ⓔ는 신라와 임나의 분쟁이 경작지 분쟁임을 나타내는 사료의 일부이다. 거점 성을 점령하면 그 주위의 모든 지역이 점령당하는 전쟁의 형태가 아니라 일부 경작지를 지키는 형태의 분쟁으로 설명하고 있다. 이 역시 신라와 가야 본국의 관계를 기록한 것은 아니라는 사실을 알 수 있다.

Ⓕ 마도(麻都) 등이 신라와 마음이 맞아 그 옷(신라 예복)을 입고 조석으로 왕래하여 몰래 간악한 마음을 갖고 있었다.

(『일본서기』「흠명(欽明) 5년(544)」3월)

Ⓖ 신라가 해마다 안라(安羅)와 하산(荷山)을 습격하려고 하였다는 것을 들었다. (중략) 빠른 군사를 자주 보내어 때에 맞게 구원하고 있다. 그러므로 임나는 사철에 따라 경작하고 있다. 신라가 감히 침범하지 못한다.

(『일본서기』「흠명(欽明) 5년(544)」3월)

사료 ⑤는 신라와 임나가 조석으로 왕래할 수 있을 정도로 가까운 거리에 있다는 사실을 말해주고 있다. 사료 ⑥는 역시 임나와 신라 사이의 분쟁이 경작지 분쟁임을 말해주고 있다. 그 경작지에 대해서『일본서기』「흠명 5년」3월조는 "신라가 봄에 탁순을 침공해서 구례산의 우리 수비병을 쫓아내 버렸습니다……이나사와 마도가 남의 경계를 넘어 경작을 하고 6월에 도망갔습니다"라고 말하고 있는 것처럼 신라와 임나는 그다지 크지도 않은 경작지를 가지고 서로 갈등하고 싸우는 관계이다. 이는 나라 사이의 분쟁이라고 볼 수 없다. 또한 사료 ⑥는 '임나 10국'의 하나인 안라(安羅)를 하산(荷山)이라는 산 하나의 크기와 같게 묘사하고 있다. 안라국의 규모와 강역도 산 하나 또는 마을 하나 정도에 불과했다는 사실을 알려주고 있다.

『일본서기』는 때로는 임나가 큰 규모의 국가인 것처럼 호도하고 있지만 실제 신라와 갈등이 벌어진 이유는 작은 경작지 때문이라고 말하고 있다. 또한 백제와도 닭과 개의 주인도 구별할 수 없을 정도로 지척에 있었다고 말하고 있다. 고구려와의 거리도 마찬가지다.

> ⑭ 기생반숙녜(紀生磐宿禰)가 임나를 걸쳐 넘어서〔跨據〕고구려에 내왕하였다.
>
> 　　　　　　　　　　　　　　　　　　　（『일본서기』「현종(顯宗) 3년(487)」）

임나와 고구려도 서로 맞붙어 있음을 나타내는 사료이다. 임나가 가야 본국이라면 신라를 통하지 않고는 고구려로 갈 수 없다.『일본서기』에 나오는 임나, 백제, 신라, 고구려는 그 강역이 한 마을 정도의 작은 규모임을 알 수 있다. 임나와 백제, 신라, 고구려 4국간의 거리도 같은 마을이나 이웃 마을 정도에 불과함을 알 수 있다. 그리고 이들 사이의 분쟁 원인도 경작지 분쟁들이다. 이들 임나, 백제, 신라, 고구려를 『삼국사기』의 가야, 백제, 신라, 고구려라고 볼 수는 없는 것이다. 쓰다 소키치처럼 임나가 김해일대를 중심으로 경상남도 상당수를 차지한 것으로 보는 것도 이치에 맞지 않고, 이마니시 류처럼 임나가 경북까지 차지한 것으로 보는 것은 더욱 이치에 맞지 않다. 더구나 스에마쓰 야스카즈처럼 임나 강역을 경상도에서 전라도까지 걸쳐 있는 것으로 보는 것은 말할 것도 없다. 『일본서기』의 임나·고구려·백제·신라는 모두 마을 단위 규모의 소국일 뿐이다.

④ 가야와 임나의 멸망시기가 서로 다르다

일본인 식민사학자들 주장의 핵심은 '임나=가야'라는 것이다. 그래서 이 주장이 무너지면 다른 논리는 모두 무너진다. 그런데 가야가 임나라면 『삼국사기』·『삼국유사』에서 기록하고 있는 가야 건국기사나 멸망 기사가 『일본서기』에서 기록하고 있는 임나 건국 기사나 멸망 기사와 일치해야 한다. 『삼국사기』·『삼국유사』는 가야가 서기 42년에 건국했다고 말하고 있다. 『일본서기』는 임나가 언제 건국했다는 말은 없고, 숭신(崇神) 65년에 이미 존재했다고 말하고 있는데, 이때는 서기전 33년이다. 가야가 건국하기 90여 년 전에 임나가 이미 존재하고 있다는 것이다.

『삼국사기』·『삼국유사』는 532년 금관가야가 신라에 항복했고, 562년에 남은 가야세력이 신라에 멸망했다고 기록하고 있다.

『삼국사기』법흥왕 19년(532) '금관국의 왕 김구해'가 항복했다고 '금관가야'가 항복했음을 적시했지만 『삼국사기』진흥왕 23년(562) 기사는 '대가야'라고 표현하지는 않고 "가야가 배반하자[加耶叛]" 진흥왕이 이사부와 사다함에게 군사를 주어 정벌했다고 말하고 있다. 562년 멸망한 가야를 대가야라고 많이 해석하는데, 이때 신라와 싸웠던 가야가 대가야인지 금관가야의 잔존세력과 다른 가야의 연합세력인지는 분명하지 않지만 562년 이후『삼국사기』·『삼국유사』에는 이후 더 이상 가야에 관한 기사가 나오지 않는다. 『삼국사기』·『삼국유사』에서 562년 가야정벌 이후 가야는 실제로 역사에서 사라졌다. 그러나『일본서기』는 다르다.『일본서기』의 임나가『삼국사기』·『삼국유사』의 가야와 같다면『일본서기』에도 562년 이후에는 더 이상 임나에 관한 기사가 나오지 않아야 하지만 그렇지 않다. 〈표-5〉를 통해서『삼국사기』의 가야 멸망 기사와『일본서기』의 임나 관련 기사를 비교해보자.

〈표-5〉『삼국사기』의 가야멸망 기사와『일본서기』의 임나관련 기사 [20]

국 명	『삼국사기』	『일본서기』
법흥왕 19년(532)	금관가야 멸망	
흠명(欽明) 21년(560)		임나 멸망(흠명 23년 분주〔分註〕)
진흥왕 23년(562)	대가야 멸망	신라가 임나의 일본 관가를 쳐 없앰(흠명 23)
추고(推古) 8년(600)		신라와 임나가 서로 공격
동상(同上)		신라·임나가 왜에 사신을 보냄
동상(同上)		신라가 또 임나 침공
추고 18년(610)		신라와 임나의 사신이 축자(筑紫)에 도착
동상(同上)		사람을 보내 신라·임나의 사신을 초청
동상(同上)		왜(倭)가 선신대반(膳臣大伴)에게 임나 사신 영접케 함
동상(同上)		왜의 간인연염개(間人連鹽蓋) 등이 임나 사신을 조정으로 안내
동상(同上)		임나 사신 귀국길에 오름
추고 19년(611)		임나가 사신을 왜에 파견
추고 31년(623)		임나가 사신을 왜에 파견
동상(同上)		신라가 임나를 공격
동상(同上)		신라와 임나가 함께 왜에 사신을 보내 조공함
동상(同上)		신라가 임나를 정벌해서 임나를 부속시킴
서명(舒明) 10년(638)		백제·신라·임나가 사신을 왜에 보냄
황극(皇極) 1년(642)		왜에서 관본길사장형(板本吉士長兄)을 임나에 파견
대화(大化) 원년(645)		고구려·백제(임나 사신 겸임)·신라가 사신을 왜에 파견
대화(大化) 2년(646)		고구려·백제·임나·신라가 사신을 왜에 파견

---

20 최재석,『고대한일관계가 연구』, 49~50쪽 참조

〈표-5〉에서 알 수 있는 것처럼 『삼국사기』는 법흥왕 19년(532)에 금관가야가 항복하고, 진흥왕 23년(562)에 대가야가 멸망한 기사 이후 더 이상 가야가 등장하지 않는다. 법흥왕 19년 금관가야의 마지막 구형왕이 신라에 항복해서 진골 귀족으로 편입되고, 진흥왕 23년 신라에서 이사부를 보내 남은 가야세력을 멸망시킨 것으로 가야는 역사에서 사라진 것이다. 따라서 일본인 식민사학자들과 그들을 추종하는 남한 강단사학자들의 주장대로 '가야＝임나'라면, 즉 『일본서기』의 임나가 『삼국사기』의 가야와 같은 나라라면 562년 이후에는 『일본서기』에도 더 이상 임나가 기록되어서는 안 된다.

　그러나 위의 표에서 확인할 수 있는 것처럼 가야가 멸망 84년 후인 646년에도 『일본서기』에는 임나가 여전히 살아서 왜에 사신을 파견하고 있다. 임나 관련 기사를 다루면서 『일본서기』 편찬자는 교묘한 수단을 사용했다. 흠명 23년(562)에 신라가 임나의 일본 관가를 쳐 없앴다고 기록해서 이해에 신라가 남은 가야 세력을 멸망시킨 것과 혼동시킨 것이다. 이처럼 임나와 가야를 혼동시켜 놓았지만 그 이후에도 임나는 『일본서기』에 버젓이 등장한다. 그 다음 기사가 추고 8년(600)에 신라와 임나가 서로 공격했다는 기사이다. 신라가 임나의 관가를 쳐 없앤 38년 후에 임나는 신라와 서로 공격하는 나라로 멀쩡하게 존재하고 있다. 그 후로도 임나는 신라와 싸우거나 신라와 함께 야마토왜에 조공을 바치는 나라로 거듭 등장하고 있다. 앞뒤가 전혀 맞지 않는 것이다. 이는 비록 여러 혼동스러운 장치를 마련했지만 『삼국사기』의 가야와 『일본서기』의 임나가 서로 다르다는 것을 『일본서기』 스스로가 말하고 있는 것이다.

　심지어 추고 31년(623) 신라가 임나를 정벌해서 복속시켰다고 말해 놓고는 5년 후에는 임나가 다시 살아나서 사신을 야마토왜에 보냈다고 말하고 있다. 이는 임나가 가야와 다르다고 『일본서기』 편찬자들이 말하고 있는 것이다.

이를 더 명확하게 알 수 있는 것은 『일본서기』 「계체기 21년(527)」에 이미 남가라가 멸망한 것으로 나온다는 점이다.

> "계체 21년(527) 여름 6월 초하루 근강모야신(近江毛野臣)이 군사 6만을 이끌고 임나(任那)에 가서 신라에게 멸망당한 남가라(南加羅)와 탁기탄(㖨己呑)을 다시 세워 임나에 합치고자 하였다."[21]

일본의 식민사학자들과 남한의 강단사학자들은 「신공 49년」에 나오는 이른바 '임나 7국' 중의 남가라를 김해의 금관가야라고 설명하고 있다. 『삼국사기』 법흥왕 19년(532)조는 이렇게 말하고 있다.

> "법흥왕 19년(532)에 금관국(金官國)의 왕 김구해(金仇亥)가 왕비와 세 아들, 즉 맏아들 노종(奴宗), 둘째 아들 무덕(武德), 막내아들 무력(武力)과 함께 나라창고의 보물을 가지고 와서 항복하였다. 진흥왕은 예로써 대우하고, 상등(上等)의 관등[位]을 주었으며, 본국(금관가야)을 식읍(食邑)으로 삼게 하였다. 아들 무력은 벼슬이 각간(角干)까지 이르렀다."[22]
>
> (『삼국사기』 법흥왕 19년조)

---

21 『日本書紀』「繼體紀」 21년, "近江毛野臣率衆六萬 欲往任那爲復興建新羅所破南加羅 㖨己呑而合任那"

22 『삼국사기』「법흥왕」 19년, "金官國主金仇亥與妃及三子 長曰奴宗 仲曰武德 季曰武力 以國帑寶物來降 王禮待之 授位上等 以本國爲食邑 子武力仕至角干"

이처럼 『삼국사기』는 금관가야가 532년에 망했다고 하는데, 『일본서기』는 5년 전인 527년에 이미 망한 것으로 기록하고 있다. 『일본서기』의 이 기사는 단순한 실수가 아니다. 2년 후인 529년에도 남가라가 멸망한 상태인 것으로 거듭 시술하고 있기 때문이다.

> "계체 23년(529) 봄 3월, 근강모야신을 안라(安羅)에 사신으로 보내어 신라에 천황의 조칙을 내려 남가라와 탁기탄을 다시 세우라고 권하게 하였다. 백제는 장군 군윤귀(君尹貴)와 마나갑배(麻那甲背)·마로(麻鹵) 등을 보내어 안라에 가서 조칙을 받게 했다. 신라는 번국의 관가(官家)를 무너뜨린 것이 두려워서 대인(大人)을 보내지 않고 부지나마례와 해나마례 등을 안라에 보내어 조칙을 듣게 했다"[23]
>
> (『일본서기』 「계체 23년」)

이 기사는 527년에 망한 남가라가 529년에도 계속 망한 상태인 것으로 서술하고 있다. 『일본서기』의 남가라가 『삼국사기』의 금관가야라면 있을 수 없는 일이다. 『일본서기』의 남가라는 『삼국사기』·『삼국유사』의 가야가 아니다.

⑤ 멸망과 존속을 거듭하는 임나 관련 기록

임나의 멸망과 관련된 기록을 보면 『일본서기』 편찬자들의 의도가 궁금해지지 않을 수 없다. 이 문제에 대해서 일관된 인식을 갖고 있지 못했음을 짐작할 수 있다. 『일본서기』는 과거의 역사사실을 그대로 기록한 사서가 아

---

23 『日本書紀』 「繼體紀」 23년 봄 3월, "是月 遣近江毛野臣使于安羅 勅勸新羅更建南加羅 喙己吞 百濟遣將軍君尹貴 麻那甲背 麻鹵等 往赴安羅 式聽詔勅新羅 恐破蕃國官家 不遣大人而遣夫 智奈麻禮 奚奈麻禮等 往赴安羅 式聽詔勅"

니라 편찬자들이 뚜렷한 목적을 가지고 왜곡과 변개를 서슴지 않은 사서이다. 그래서 가야 잔존세력이 신라에게 멸망한 진흥왕 23년(562)조의 사실과 비슷한 내용의 '신라가 임나의 일본 관가를 쳐 없앴다'는 기사를 「흠명 23년(562)」조에 배치해서 가야가 임나인 것처럼 혼동되게 만들었다. 그리고는 38년 후에는 임나가 다시 살아나서 신라와 싸우는 내용의 기사를 실었다. 『일본서기』는 이렇게 되살아난 임나가 계속 존속하고 있는 것으로 그리지 않고 존립과 멸망을 반복한 것으로 기록하고 있다. 바로 이런 점들이 임나의 실체를 파악하는데 큰 장애요소가 되고 있다. 『일본서기』에서 임나가 존립과 멸망을 반복한 기사를 정리하면 아래 〈표-6〉와 같다.

〈표-6〉 임나의 존립과 멸망의 반복 기사 [24]

연대	임나멸망	임나 존립	연대	임나 멸망	임나 존립
계체(繼體) 23년 (529)		○	민달 12년(583)	○	
선화(宣化) 2년 (537)		○	민달 14년(585)	○	
흠명(欽明) 2년(541)	○		숭준(崇峻) 4년(591)	○ (8월)	○ (11월)
흠명 4년(543)	○ (10여 년 전부터 멸망)		추고(推古) 8년(600)		○
흠명 5년(544)			추고 9년(601)		○
흠명 6년(545)		○	추고 18년(610)		○
흠명 9년(548)		○	추고 19년(611)		○
흠명 13년(552)		○	추고 31년(623)		○
흠명 23년(562)	○		서명(舒明) 10년(638)		○
흠명 32년(571)	○		황극(皇極) 원년(642)		○
민달(敏達) 4년 (575)	○ (2월)	○ (4월)	대화(大化) 원년(645)		○

---

24 최재석, 『고대한일관계사 연구』, 53쪽 참조

『일본서기』에서 임나가 존속하고 있는 「계체 23년(529)」의 기사는 "임나왕(任那王) 기능말다간기(己能末多干岐)가 내조했다(기능말다라는 아리사등(阿利斯等)일 것이다)"는 기사를 뜻한다. 또한 『일본서기』 「선화 2년(537)」의 기사는 "천황은 신라가 임나를 노략질했기 때문에 대반금촌내련(大伴金村大連)에게 조서를 내려서 그 아들 반(磐)과 협수언(狹手彦)을 보내서 임나를 돕게 했다"는 내용을 뜻한다. 『삼국사기』는 금관가야가 532년 신라에 항복했다고 말하는데, 『일본서기』는 그 5년 후에 신라가 또 임나를 공격했다는 것으로 이때도 임나는 존속하고 있었다는 뜻이다.

그러나 「흠명 2년(541)」 4월조에는 백제의 성명왕이 "일본 천황께서 조서를 내리신 것은 모두 임나를 다시 세우라는 것이다"라고 임나가 망했다고 기록하고 있다. 그런데 한 해 전인 「흠명 원년(540)」 8월에는 "고구려·백제·신라·임나가 다 같이 사신을 보내고 공물을 보냈다"고 기록하고 있다. 『일본서기』는 그 다음 달인 9월에는 일왕이 "얼마의 군사가 있으면 신라를 칠 수 있는가?"라고 신하들에게 물었다는 것이다. 신하들은 "적은 군사로는 신라를 칠 수 없습니다"라고 대답했다는 것인데 이는 한 달 전에 신라가 사신과 공물을 보냈다는 것이 거짓임을 스스로 실토하는 것이다. 이런 식의 반전이 끝없이 이어지는 것이 『일본서기』의 임나 관련 기사들이다. 멸망했다가 다시 살아나기를 반복하는 『일본서기』의 기사를 정리하면 아래와 같이 된다(최재석, 『고대한일관계사 연구』, 53쪽 참조).

529년(계체 23)~537(선화 2)·············9년간 임나 존립

541(흠명 2)~544(흠명 5)············4년간 임나 멸망

545(흠명 6)~552(흠명 13)············8년간 임나 존립

562(흠명 23)~575(민달 4) 2월··········약 13년간 임나 멸망

575(민달 4) 4월~583(민달 12)·········약 8년간 존립

583(민달 12)~591(숭준 4) 8월·········약 8년간 멸망

591(숭준 4) 11월~645(대화 원년)·········약 54년간 임나 존립

529년부터 645년까지 116년 동안 임나는 7번이나 멸망했다가 다시 살아나고 있다. 『일본서기』에서 말하는 임나는 『삼국유사』의 가야와 다른 세력이라는 것은 굳이 설명할 필요도 없을 것이다. 그러면 『일본서기』의 이런 기사들은 어떻게 해석해야 할 것인가? 『일본서기』 전체의 모순뿐만 아니라 같은 국왕의 같은 해의 기록에도 모순이 있다.

「민달(敏達) 4년(575)」 2월조에는 일왕 민달이 "신라가 아직 임나를 세우지 않았기 때문에 황자와 대신들에게 조서를 내려서 '임나의 일을 게을리하지 말라'고 했다"고 기록해 놓고는 곧바로 이어지는 4월조에는 "길사목련자(吉士木蓮子)를 임나에 사신으로 보냈다"고 말하고 있다. 두 달 전에는 '신라가 아직 임나를 세우지 않았다'고 말해놓고, 바로 그 다음 기사인 두 달 후의 기사에는 '임나에 사신을 보냈다'는 것이니 무슨 말인지 이해하기 힘들다. 이런 기사는 이뿐만이 아니다. 『일본서기』 「숭준(崇峻) 4년(591)」조의 기사를 보자.

Ⓐ 천황은 여러 군신들에게 조서를 내려서 말하기를 "짐은 임나를 세우려고 생각하고 있는데, 경 등의 생각은 어떤가?"라고 말하자 여러 신하들이 상주해서, "임나 관가를 세우는 것에 대해서는 모두 폐하의 생각과 같습니다."라고 말했다.

(『일본서기』 「숭준 4년」 가을 8월)

ⓑ 길사금(吉士金)을 신라에 보내고, 길사련목자(吉士木蓮子)를 임나
에 보내서 임나의 일을 묻게 했다.

(『일본서기』 「숭준 4년」 가을 11월)

「숭준 4년」 8월에는 임나 관가를 세워야 한다고 말해서 임나가 멸망했다
고 말해놓고, 같은 해 11월에는 임나에 사신을 보내서 임나의 일을 묻게 했다
고 말하고 있다. 한 해에도 임나가 멸망했다가 다시 존속하는 이런 기록들에
나오는 임나를 가야로 본다면 모두 허구에 불과한 것이다. 이 임나의 실체를
정확하게 설명하기는 힘들지만 분명한 것은 『일본서기』의 임나는 한반도 남
부의 가야가 아니라 일본 열도 내에 있던 정치세력이었다는 사실이다.

6. 호남가야설 비판

1) 호남가야설의 시작

앞서 서술한 것처럼 쓰다 소키치는 가야가 임나라면서 그 강역을 경상남
도 일대라고 비정했고, 이마니시 류는 이를 경상북도 일대까지 확대시켰다.
가야의 강역은 경상도에 국한되었다고 보는 것이 일연의 『삼국유사』 및 김
부식의 『삼국사기』 이래의 전통적이고도 일반적인 인식이었는데, 근래에는
호남지역도 가야 강역이었다는 이른바 '호남가야설'이 횡행하고 있다. 『삼국
사기』 및 『삼국유사』가 간행된 이래 천여 넌 님세 호남지역도 가야강역이었
다고 비정한 학자는 아무도 없었다. 그렇다면 이 역시 일제가 대한제국을
점령한 이후에 등장한 학설임을 시사한다. 문제는 호남가야설이 한 번도 제
대로 된 학문적 검증을 받은 적도 없이 '사실'이라는 전제로 일본 극우파

역사학자들 및 그들을 추종하는 남한의 강단사학자들이 한 목소리도 주창한다는 점이다. 이에 대해서 북한 학계의 조희승은 이렇게 분석했다.

"지난날 일제 어용사가들은 고대시기 남부조선 일대가 일본(야마또)의 '식민지'였다는 것을 조작하고 가야의 영역을 혹심하게 외곡 날조하였다. 그들은 가야의 영역을 '일본서기' 임나관계 기사에 나오는 지명들에 '기초'한다고 하면서 오늘의 전라도나 심지어 충청도까지 포괄한다고 억지 주장을 하였다. 그것은 가야의 영역이 넓어야 일본의 이른바 '식민지' 지배영역이 넓어진다는 지배주의 관점에 바탕을 둔 궤변이었다."[25]

(조희승,『북한학계의 가야사연구』)

조희승의 말처럼 '호남가야설'은 일본 제국주의의 지배주의 관점의 궤변에 불과하지만 일본은 물론 남한 강단사학계까지 한 목소리로 이를 추종하고 있다. 이런 현상에 대해서도 조희승은 이렇게 분석했다.

"1970년대에 들어와서 일본학계에서는 지난날의 독선적 주장들을 철회하거나 반성하는 움직임이 있었다. 그러나 1980년대에 들어와서는 일시적으로 반성하는 척하던 체면도 벗어던지고《이전의 주장들이 옳았다》고 우기는 데까지 이르렀다. 그러한 대표적 실례로 최근에 나온 『대가야련명의 흥망과 임나』(다나까 도시아끼 저, 요시까와 홍문관, 1992년)를 들 수 있다."[26]

(조희승,『북한학계의 가야사연구』)

---

25 조희승,『북한학계의 가야사연구』, 도서출판 말, 60쪽.
26 조희승,『북한학계의 가야사연구』, 도서출판 말, 396~397쪽.

일본학계의 반성적인 움직임이 다시 제국주의 시절로 회귀한 데는 몇 가지 이유가 있을 것이다. 가장 큰 이유는 남한 역사학계가 여전히 일본 제국주의 역사학을 추종하는 현상에 있다. 남한 역사학계가 북한 역사학계의 분국설을 시시하거나 더 깊게 연구했다면 일본도 제국주의 역사학으로 회귀하지는 못했을 것이다. 또 다른 요인으로 일본의 사사카와 재단 등 극우 전범들이 세운 재단들이 한국인 학자들과 대학원생들을 일본으로 불러들여 막대한 자금을 뿌리는 것으로 카르텔을 형성한 현상이 있다. 그래서 이미 관 속에 들어갔어야 할 '임나일본부설'의 각종 변형이론과 심지어 '호남가야설'까지 등장한 것이다. 이들이 말하는 '호남가야'는 곧 '호남임나'를 뜻한다.

북한학계는 1963년 이래 '분국설'에 서 있지만 남한의 대학 사학과와 역사관련 국가기관을 장악하고 있는 강단사학계는 총론에서는 '임나일본부설을 극복했다'고 자평하지만 본론으로 들어가면 '임나=가야설'을 교리처럼 신봉한다. 곧 총론과 본론이 다른 모순이 남한 강단사학계의 특징이다.

2012년 10월 14일 경남연구원과 가야사학회는 공동학술대회를 열었는데, 그 제목이 '임나일본부설 극복과 가야사 복원'이었다. 제목과 내용이 명실상부하려면 '분국설'에 관한 발표논문들로 채워져야 하는데, '임나=가야설'에 관한 논문들 일색이었다. 가야사학회 회장 이영식은 개회사에서 "극단적 민족주의에 호소하는 '비학문적 가야일본진출론'등이 YouTube나 SNS에 횡행하면서, 가야사복원 정책의 방향 설정과 방법에 좋지 못한 영향을 행사하기도 합니다"라고 하였다. '가야일본진출론'을 '비학문적'이고 '극단적 민족주의'라고 성토했다. '가야일본진출론'이 곧 '분국설'이다. 그러면 학술대회제목을 '임나일본부설 천명과 가야사 왜곡', 또는 '임나=가야설과 가야사 왜곡' 등으로 붙여야 하는데, 제목은 '임나일본부설 극복과 가야사복원'을 내걸고 내용은 임나일본부설에 맞서는 '분국설'에 대한 극단적 저주, 폄하와 '임나=가야사'로 채워 넣었다. 이런 이율배반적 행태가 국고로 진행되는 것이 남한의 현실이다.

반면 북한학계의 조희승은 『가야사연구』에서 일본 열도 내에 지금도 남아 있는 구체적인 가야계 지명을 115곳이나 열거하고 있다.[27] '가야', '가라', '아라' 등 일본열도 내의 가야계 지명들은 고대 가야인들이 일찍이 일본열도 곳곳에 진출해 살았음을 지명으로 증명하고 있다. 조희승은 "남조선 학자들이 공부도 안 하면서"라고 비판하는데 공부를 안 하는데서 나아가서 일본 학자들의 "호남가야설"을 추종하는 형태로 변질되었다.

최근에는 특히 가야고분군을 유네스코에 세계 문화유산으로 등재 신청하면서 경남 합천의 옥전고분군을 이른바 '임나 7국'의 하나인 '다라국'으로, 전북 남원을 『일본서기』의 '기문국'으로 표기하는 일까지 벌어졌다. 문제의 '다라국과 기문국'은 모두 '임나=가야설', 즉 '임나일본부설'에서 파생된 것이자 야마토왜의 식민지인 임나(가야)의 영역이 경상도뿐만 아니라 전라도까지 차지하고 있었다는 악화된 임나일본부설의 일종이다.

'임나가야설'은 앞서 말한 것처럼 『일본서기』 「신공 49년(249)」조를 중심 근거로 삼고 있다. 야마토왜의 신공왕후가 군사를 보내 신라를 공격하고 '비자발·남가라·탁국·안라·다라·탁순·가라' 등 7국을 평정했다는 내용

27　조희승, 『북한학계의 가야사연구』 도서출판 말, 265~270쪽.

인데, 이른바 이 '임나 7국'의 위치가 경상도였다는 것이 '임나=가야설'의 핵심인데, 야마토왜의 지배영역이 경상도뿐만 아니라 전라도까지 확장되었다는 논리가 '호남가야설'이다.

『일본서기』「신공기」의 기사를 다시 정리하면 크게 몇 가지 사건으로 나뉜다.

첫째, 「신공 9년(209)」에 신공왕후가 신라를 직접 정벌하자 고구려·백제왕이 자기발로 찾아와 항복했다는 '삼한 정벌설'이다. 둘째, 「신공 46년(246)」에 백제의 초고왕이 야마토왜의 사신 사마숙녜의 시종 이파이를 통해 조공을 바치면서 신하국이 되기를 자처했다는 것이다. 셋째, 「신공 47년(247)」에 백제와 신라국이 서로 야마토왜에 조공을 바쳤는데, 신라가 백제의 조공품을 자국의 것으로 속여서 바쳤다는 '조공품 사기사건'이다. 그래서 넷째, 「신공 49년(249)」에 야마토왜군이 신라를 공격하고 '비자발·남가라·탁국·안라·다라·탁순·가라'를 정벌했는데, 이것이 '임나 7국'이고 '임나일본부'라는 것이다. 이 기사의 기년을 120년 끌어올려 「신공 9년(209)」은 329년, 「신공 46년(246)」은 366년, 「신공 47년(247)」은 367년, 「신공 49년(249)」은 369년이라고 주장한다. 그러나 「신공기」는 120년을 끌어올려 해석할 수 없다.

『일본서기』「신공 40년」조는 "『위지(魏志)』에서 말하기를 '정시(正始) 원년 건충교위 제휴(梯携) 등에게 조서와 인수를 받들고 왜국에 이르게 했다'라고 한다."[28]고 덧붙이고 있다. 정시(正始)는 중국의 삼국시기 위(魏)나라 소제(少帝) 조방(曹芳)의 연호로서 서기 240년이다. 『일본서기』 편찬자들은 「신공 40년」은 서기 240년이라고 말하고 있는 것이다. 뿐만 아니라 『일본서기』 편찬자들은 「신공 43년」은 "정시 4년(243)"이라고 덧붙였다.[29] 『일본서

---

28 『일본서기』「신공 40년」 "魏志云 正始元年 遣建忠校尉梯携等 奉詔書印綬 詣倭國也"
29 『일본서기』「신공 43년」 "魏志云 正始四年 倭王復遣使大夫伊聲者掖耶約等八人上獻"

기』 편찬자들이 「신공 40년」은 서기 240년이고, 「신공 43년」은 243년이라고 연대를 적어 놓았는데, 1,300여 년 후의 학자들이 연대를 멋대로 120년을 끌어올려서 해석할 수는 없는 노릇이다.

그 이후 『일본서기』, 「계체기(繼體紀)」·「흠명기(欽明紀)」 등 야마토왜가 임나를 지배하고, 백제를 신하국으로 삼았다는 전제로 나오는 모든 내용들은 「신공기」를 근거로 삼은 것들이다. 신공왕후가 임나와 백제를 식민지로 삼았으니 이후 야마토왜왕들이 이들 땅을 마음대로 백제에 주기도 하고, 빼앗기도 한다는 것이다. 이 땅들에 대해서 "분국설"은 일본 열도 내의 소국들로 보는데 비해 "임나=가야설"은 한반도 내로 보면서 경상도뿐만 아니라 전라도까지도 야마토왜의 식민지라고 주장하는 것이다. 『일본서기』 자체를 보더라도 "임나=가야설"은 성립될 수 없음에도 불구하고, 이를 전제로 임나가 가야고, 야마토왜가 가야를 점령했거나 막강한 영향력을 갖고 있었고, 전라도까지 야마토왜의 식민지였다고 주장하고 있다. 그럼 『일본서기』의 다라국과 기문국을 한반도 남부로 비정할 수 있는지 구체적으로 살펴보자.

2) 다라국의 실체는 무엇인가?

『삼국유사』·『삼국사기』에는 '다라(多羅)'라는 지명이 안 나온다. 그런 지명이 신라·고구려·백제·가야에는 없었다는 뜻이다. '다라'는 『일본서기』 「신공 49년」조에 신라를 정벌하고 비자발·남가라·탁국·안라·다라·탁순·가라 7국 중의 하나로 나온다. 이 기사의 7국을 이른바 임나 7국으로 해석하는데, 정작 이 기사에는 '임나'라는 용어는 나오지 않는다. 이 기사의 요체는 야마토왜가 249년에 신라를 깨뜨리고 '비자발·남가라·탁국·안라·다라·탁순·가라' 7국을 점령했다는 기사다. 즉, 이 기사는 신라국 산하의 '비자발·남가라·탁국 ·안라 ·다라 ·탁순 ·가라' 7국을 점령했다는 기사지 가야를 점령했다는 기사가 아니다. 그런데 한일 식민사학자들이 '임나 7국'이라고 부르면서 국내로 비정한다. 일본인과 남한 학자들의 위치비정을 〈표-7〉로 비교해보자.

〈표-7〉 『일본서기』 「신공 49년」조 7국에 대한 한일 학자들의 위치비정

임나 지명	아유카이 후사노신	이마니시 류	스에마쓰 야스카즈	김현구	김태식
비자벌	창녕	창녕	창녕	창녕	창녕
남가라	김해	김해	김해	김해	김해
탁국	경산	대구	경산	경산	영산~밀양
안라	함안	함안	함안	함안	함안
다라	합천	진주	합천	합천	합천
탁순	대구	창원	대구	대구	창원
가라	고령	고령	고령	고령	고령

이들은 모두 이른바 '임나 7국'을 한반도 내로 비정한다. 표면상 국적은 한일로 나뉘어있지만 그 역사관은 대동소이하다. 한국 강단사학자들은 대체로 일본인 식민사학자 아유카이 후사노신(鮎貝房之進) ·이마니시 류(今西龍) ·스에마쓰 야스카즈(末松保和)의 설을 추종한다. 그런데 '다라'에 대한 위치비정은 서로 다르다. 아유카이 후사노신과 스에마쓰 야스카즈는 '합천(陜川)'으로 비정했지만 이마니시 류는 '진주(晉州)'로 비정했다.

그런데 호남가야설을 처음 주창한 인물은 아유카이 후사노신이다. 아유카이는 1895년 경복궁에 침입해 명성황후를 시해하는데 가담한 낭인깡패다.[30] 이 야쿠자가 역사학자를 자처하면서 『일본서기 조선지명고』를 썼는데, 이른바 임나 7국을 '비자벌(창녕), 남가라(김해), 탁국(경산), 안라(함안), 다

---

30 아유카이 후사노신에 대한 연구는 거의 없다시피 한 현실이다. 이덕일, '명성황후 시해한 낭인깡패 칭송하는 국사편찬위원회', 《경기신문》(2020. 7. 13일자)를 참조할 수 있다.

라(합천), 탁순(대구), 가라(고령)'이라고 비정했다.[31] 이 낭인깡패가 '임나=가야'라면서 야마토왜의 지배지인 임나가 경상도뿐만 아니라 충청도 및 전라도까지 지배했다고 주장했는데, 그의 이런 연구 결과에 대해 대한민국 국사편찬위원회는 이렇게 칭송했다.

> "아유카이 후사노신(鮎貝房之進)은 방대한 문헌고증을 통하여 임나의
> 지명 비정 범위를 경남·경북 및 충남·전남까지 확장시켜서, 임나는
> 경주지방 부근과 부여·공주 일대를 제외한 한반도 남부 전역을 가리
> 키게 되었다. 그것은 『일본서기』에 왜의 한반도내 지배 영역이었다고
> 상정된 「임나」의 범위를 넓혀잡기 위해 그가 문헌 비교 및 언어학적 추
> 단을 거듭함으로써 얻어진 연구 결과였다고 여겨진다."[32]
>
> (국사편찬위원회, 『한국사 7-삼국의 정치와 사회 Ⅲ-신라·가야』)

이는 전 홍익대 교수 김태식이 쓴 것이다. 아유카이 후사노신이 야마토왜의 지배지인 임나의 강역을 신라 수도 경주와 백제 수도 부여·공주 일대를 제외한 한반도 남부 전체라고 주장한 것을 "문헌 비교 및 언어학적 추단을 거듭함으로써 얻어진 연구 결과"였다고 칭송했다. 아유카이 후사노신의 위치비정은 일제 패전 후인 1949년에도 한국 재점령의 꿈을 버리지 않고『임나흥망사(任那興亡史)』를 쓴 스에마쓰 야스카즈(末松保和)가 그대로 추종했다.[33] 북한학자 조희승은 "그(스에마쓰)는 아유가이 후사노신의 『잡고』에 실은 『일본서기 조선지명고』를 통째로 삼키어 『일본서기』 임나관계 기사에

---

31 鮎貝房之進, 『日本書紀 朝鮮地名攷』, 昭和 12年(1937), 필자가 인용한 것은 昭和 46年(1971, 國書刊行會)의 재판본이다.

32 국사편찬위원회, 『한국사 7-삼국의 정치와 사회 Ⅲ-신라·가야』, 1997. 277쪽.

33 末松保和, 『任那興亡史』, 吉川弘文館, 1949년.

나오는 가야 땅을 충청도, 전라도에까지 확대하였던 것이다."[34]라고 말했다. 현재 남한의 역사학자들은 이 두 식민사학자의 위치비정에 약간의 자기 의견을 추가한 아류에 불과하다.

『일본서기』의 7국 중에서 비자벌(창녕), 남가라(김해), 안라(함안), 가라(고령)에 대한 위치비정은 한일학자들이 모두 같다. 남한 학자들이 낭인 야쿠자 아유카이 후사노신과 조선총독부 및 경성제대에서 근무했던 이마니시 류(今西龍)와 조선총독부 직속의 조선사편수회 간사이자 경성제대 교수였던 스에마쓰 야스카즈(末松保和)의 견해를 대략 추종한 결과이다. 해방 후에도 서울대학교를 들락거리면서 사학과 교수들을 지도했다는[35] 스에마쓰 야스카즈가 남한의 강단사학계에 끼친 영향은 절대적이다. 남한의 김현구는 "특별한 경우가 아니면 지명 비정(比定)은 스에마쓰 설을 따랐다"[36]고 자백한데서도 이를 알 수 있다. 스에마쓰는 『임나흥망사』에서 이렇게 말했다.

> "기사년(신공 49년으로 369년, 괄호는 필자)의 기사를 중요시하는 이
> 유는 그해에 평정했다고 기록된 지역의 넓이에서 알 수 있다. 먼저 신
> 라를 공격해서 평정했다는 7국에 관해서 보면, 다음과 같이 낙동강
> 중류 이남의 태반에 걸쳐 있었던 지역이다."[37]

스에마쓰는 369년에 야마토 왜가 군사를 보내 신라를 공격해서 7국을 평정했는데, 그 지역이 낙동강 중류 이남의 대부분이라고 말했다. '가야고

---

34 조희승, 『북한학계의 가야사연구』 도서출판 말, 396쪽.

35 김용섭, 『역사의 오솔길을 가면서』, 2011년, 768쪽.

36 김현구, 『임나일본부설은 허구인가』, 창비, 2010, 43쪽.

37 末松保和, 앞의 책, 46쪽.

분군 세계유산등재추진단'에서 발행한
『가야사총론』에서 부산대학교 백승충
이 작성한 「가야의 성립과 발전」은 "한
편 (신공) 49년조 기사에 서술된 7국명
의 분포를 보면 하나의 공통적인 특징
이 있음을 살필 수 있는데, 모두 낙동강
중·하류 하한에 남북 종적으로 연결하
여 위치하고 있다는 점이다."[38]라고 스에

그림 11 아유카이 후사노신(鮎貝房之進) 사진.
명성황후 시해에 가담한 낭인 깡패인데, 대한민
국 국사편찬위원회는 학자로 칭송하고 있다.

마쓰 야스카즈의 설을 그대로 따르고 있다. 야마토왜가 낙동강 중류 이남
을 점령했다는 것이다. 다시 말해서 『삼국유사』에서 말하는 6가야, 곧 '금
관가야·대가야·고령가야·아라가야·성산가야·소가야'는 이때 모두 망했
다는 주장이다. 서기 369년에 낙동강 중류 이남에는 가야 6국인 '금관가
야·대가야·고령가야·아라가야·성산가야·소가야'가 있든지 야마토왜의 식
민지인 '비자발·남가라·탁국·안라·다라·탁순·가라'가 있든지 둘 중 하나
만 존재할 수 있다. 둘 다 존재할 수는 없다. 남한 강단사학자들은 남가라
를 금관가야라고 비정한다. 『일본서기』 「신공 49년」의 기사가 가야 멸망기
사면 이때 금관가야의 왕통이 바뀌었어야 하는데, 『삼국유사』 「가락국기」
는 이시품왕이 346년에 즉위해서 407년까지 재위에 있다가 사망하고 아들
좌지가 즉위했다고 말하고 있다.[39] 369년에 한반도 남부에 야마토왜가 이른
바 임나 7국을 정벌한 사건 따위는 없었다는 것이다.

그러나 『일본서기』에 나오는 국명들을 한반도 내로 비정하려는 한일역사
학자들의 의지는 집요하다. 국립중앙박물관은 2019년 12월 3일부터 이듬해

---

38 백승충, 「가야의 성립과 발전」, 가야고분군 세계유산등재추진단, 『가야사총론 1권』, 2018년, 63쪽.

39 『삼국유사』 「가락국기」 "伊尸品王 金氏 永和二年即位 治六十二年 義熙三年丁未四月十日崩 王
妃司農卿克忠女貞信 生王子坐知"

3월 1일까지 「가야본성」이라는 가야 유물전시회를 열었는데, 그 설명문 중 「가야와 왜」 항목에서 "왜와의 교류를 주도하던 가락국은 366년 왜가 백제와 정식으로 외교관계를 맺자 입지가 좁아졌"다고 썼다. 국립중앙박물관이 『일본서기』 「신공 46년」조를 가지고 이렇게 해석한 것이다. 『일본서기』는 이렇게 말하고 있다.

> "신공 46년 춘3월 을해삭(1일)에 (신공왕후가) 사마숙녜(斯摩宿禰:시마노스쿠녜)를 탁순국(卓淳國)에 보냈다[사마숙녜는 어떤 성(姓)의 사람인지 알 수 없다]. 이때 탁순국왕 말금한기(末錦旱岐)가 사마숙녜에게 고하였다. '갑자년(신공 44년) 7월 중에 백제인 구저(久氏)·미주류(彌州流)·막고(莫古) 세 사람이 우리 땅에 와서 「백제왕이 동방에 일본귀국(日本貴國)이 있다고 듣고는 신 등을 보내 지금 그 귀국에 조공을 바치게 했습니다. 따라서 길을 찾다가 이 땅에 이르렀습니다. 만약 신등에게 길을 통할 수 있게 가르쳐주실 수 있다면 우리 임금께서 군왕의 깊은 덕에 반드시 감사할 것입니다.」라고 해서 이때 (탁순국왕이) 구저 등에게 이르기를 「본래 동쪽에 귀국이 있다고 들었지만 아직 통하지 못했기 때문에 그 길을 알지 못한다. 다만 바닷길이 멀고 파도가 거칠어서 큰 배를 타야 겨우 통할 수 있을 것이다. 비록 길과 나루가 있다고 해도 어찌 통할 수 있겠는가」라고 했습니다. 그러자 구저 등이 「그렇다면 지금 당장은 갈 수 없겠습니다. 다시 돌아가 선박을 준비한 후에 통하는 것만 못하겠습니다.」라고 말하고 또한 「만약 귀국의 사신이 오면 반드시 우리나라에 알려주십시오」라고 말하고 곧 돌아갔습니다.'" [40]

---

40 『일본서기』 「신공 46년」 "卌六年春三月乙亥朔 遣斯摩宿禰 于卓淳國 斯麻宿禰者 不知何姓人也 於是 卓淳王末錦旱岐 告斯摩宿禰曰 甲子年七月中 百濟人久氏彌州流莫古三人 到於我土曰

이 기사의 요체는 이런 내용이다. 2년 전인 신공 44년 백제왕이 구저 등 3인을 탁순국에 보내서 일본으로 조공을 바치러 가고 싶으니 길을 가르쳐 달라고 부탁했다는 것이다. 그러나 탁순국도 일본으로 가는 길을 몰랐기 때문에 알려주지 못했다는 것이다. 그러자 구저 등은 일본 귀국(貴國)의 사신이 오면 반드시 알려달라고 부탁하고 돌아갔다는 것이다.

해양 제국 백제가 야마토왜로 가는 길을 몰라서 내륙인 대구까지 걸어가서 야마토왜로 가는 길을 물었다는 논리다. 그래서 김태식은 이 탁순이 대구가 아니라 창원이라고 비정했다.[41] 대구고 창원이고 아무런 사료적 근거가 없는 자의적 위치비정에 불과하다. 국립중앙박물관이 "366년 왜가 백제와 정식으로 외교관계"를 맺었다는 기록은 무엇을 근거로 삼은 것인지 알아보자. 『일본서기』「신공 46년」조는 이 소식을 들은 사마숙녜가 자신의 겸인(傔人:시종)을 백제에 파견했다고 서술한다.

> "이에 사마숙녜는 즉시 겸인 이파이(爾波移)와 탁순인 과고(過古) 두 사람을 백제국에 보내어 그 왕을 위로했다. 이때 백제의 초고왕(肖古王)은 매우 환대하고 기뻐하면서 두텁게 대우했다. 이에 오색 채견(綵絹) 각 한 필씩, 각궁전(角弓箭), 그리고 철정(鐵鋌) 40매를 이파이에게 예물로 주었다. 다시 보물 창고를 열어서 여러 진귀한 보물들을 보여주면서 '나의 나라에는 이런 진귀한 보물이 많이 있는데, 귀국에 조공을 바치려고 하여도, 길을 알지 못해서 뜻은 있었지만 따를 수가 없었소. 그래서 지금 사신들에게 부탁해서 공물을 바치는 길을 찾겠소.'라고

百濟王 聞東方有日本貴國 而遣臣等 令朝其貴國 故求道路以至于斯土 若能教臣等令通道路 則我王必深德君王 時謂久氏等曰 本聞東有貴國 然未曾有通 不知其道 唯海遠浪嶮 則乘大船 僅可得通 若雖有路津 何以得達耶 於是久氏等曰 然卽 當今不得通也 不若更還之備船舶而後通矣 仍曰 若有貴國使人來 必應告吾國 如此乃還."

41 김태식, 『한국사 7-삼국의 정치와 사회 Ⅲ-신라·가야』, 국사편찬위원회, 1997, 345쪽.

말했다. 이에 이파이가 그 일을 받들어서 돌아와 지마숙네(志摩宿禰)

에게 보고했다. 지마숙네가 탁순국에서 돌아왔다."[42]

야마토왜의 사신 사마숙네가 자신의 시종 이파이를 보내자 백제의 초고

왕이 각종 예물을 주고, 조공품을 따로 주면서 대신 바쳐달라고 했다는 것

이다. 어디 있는지도 모르는 나라를 황제국으로 섬기면서 조공을 바치고 싶

어 안달 난 백제왕 초고가 근초고왕이라는 것이고, 그가 보지도 않고 황제

로 섬기는 인물이 야마토왜의 신공왕후라는 것이다. 이 기사가 남한의 국립

중앙박물관의 눈에는 "366년 왜가 백제와 정식으로 외교관계"를 맺은 것으

로 보인다는 것이다.

이른바 임나 7국 중 '다라'를 누가 합천으로 비정했을까? 1895년 일본도

와 석유통을 들고 경복궁 담을 넘어 명성황후 시해에 가담한 낭인 깡패 아

유카이 후사노신과 스에마쓰 야스카즈이다. 아유카이 후사노신은 "다라는

경상남도 합천의 옛 이름인 '대야(大耶)'를 가리킨다"[43]고 말했는데, 이 낭인

깡패의 위치비정을 조선총독부 조선사편수회 간사이자 경성제대 교수였던

스에마쓰 야스카즈가 그대로 추종해서 이렇게 설명했다.

"(5) 다라(多羅)는 삼국사기의 대량주(大良州) 또 대야주(大耶州)로서

다벌(多伐)이라고도 쓴다. 지금의 경상남도 합천이다."[44]

---

42 『일본서기』 「신공 46년」, "爰斯摩宿禰 卽以傔人爾波移與卓淳人過古二人 遣于百濟國 慰勞其王
時百濟肖古王 深之歡喜而厚遇焉 仍以五色綵絹各一匹及角弓箭幷鐵鋌冊枚 幣爾波移 便復開
寶藏 以示諸珍異曰 吾國多有是珍寶 欲貢貴國 不知道路 有志無從 然猶今付使者 尋貢獻耳 於
是爾波移 奉事而還告志摩宿禰 便自卓淳還之也."

43 鮎貝房之進, 『日本書紀 朝鮮地名攷』, 昭和 12年(1937), 昭和 46年(1971, 國書刊行會), 302쪽.

44 末松保和, 앞의 책, 47쪽.

『삼국사기』「지리지」에 신라 강양군(江陽郡)이 나오는데, 강양군을 지금 합천으로 비정한다. 『삼국사기』는 강양군에 대해서 "대량주군(大良州郡)〔량(良)은 야(耶)라고도 쓴다〕 경덕왕(景德王)이 이름을 고쳤다. 지금은 합주(陜州)이다."[45]라고 말했고, 『신증동국여지승람』의 합천군 건치연혁도 이를 그대로 인용해서 "본래 신라의 대량주〔량(良)을 야(耶)라고도 한다〕"라고 썼다. 아유카이 후사노신은 '다라(多羅)'의 '다(多:ta)'와 '대(大:tay)'의 발음이 비슷하다는 것을 근거를 댔는데,[46] 스에마쓰는 이 논리만 가지고는 약하다고 봤는지 '다벌(多伐)'을 하나 더 끼워 넣었다. 스에마쓰는 "다라(多羅)는 삼국사기의 대량주(大良州) 또 대야주(大耶州)로서 다벌(多伐)이라고도 쓴다."라고 썼다. 『삼국사기』에서 합천을 '다벌(多伐)'이라고도 쓴 것처럼 사료 조작한 것이다.

『삼국사기』에 '다벌국(多伐國)'이 나오기는 나온다. 그러나 합천 관련 사료로 나오는 것이 아니다. 『삼국사기』「신라본기」'파사이사금 29년(108)'조에 "이해 여름 5월 군사를 보내어 비지국(比只國), 다벌국(多伐國), 초팔국(草八國)을 정벌하여 병합하였다."고 나온다.[47] 이에 대해서 이병도는 대구를 '달벌(達伐)'이라고 했다면서 다벌국을 대구로 비정했다.[48] 이병도 역시 일본인 스승들의 영향을 받아서 『역주 삼국사기』에서 발음 한 자만 같으면 같은 곳이라고 비정하는 비학문적 태도를 자주 보이고 있다. 그런데 정작 『삼국사기』「지리지」는 "삼국의 이름만 있고, 그 위치를 알 수 없는 곳"[49]의

---

45 『삼국사기』「지리지」 신라, 江陽郡, 本大良〔一作耶〕州郡, 景德王改名. 今陜州.
46 鮎貝房之進, 『日本書紀 朝鮮地名攷』, 앞의 책, 302쪽.
47 『삼국사기』「신라 파사 이사금 29년」, "遣兵伐比只國·多伐國·草八國幷之."
48 이병도, 『역주 삼국사기』, 을유문화사, 1977, 17쪽.
49 『삼국사기』「지리지」 4, 백제, "三國有名未詳地分"

하나로 "다벌국(多伐國)"을 써 놓고 있다. 다벌국의 위치는 모르겠다는 것이다.

스에마쓰는 『일본서기』의 다라국을 경남 합천으로 비정하려다가 합천의 옛 이름이 '대량주·대야주'이기 때문에 다라국이라고 주장하기에는 논리가 약해보이니까 『삼국사기』에서 합천을 '다벌'로도 불렀던 것으로 사료조작해서 '다(多)' 자 한 글자를 같게 만들었다. 분국설을 제창했던 북한의 김석형은 "이와 같은 일본학자들의 비정은 억지를 면치 못한다. 당시의 야마또 군대가 경상, 전라 두 도를 무인지경으로 돌아쳤다고 전제하고 그 일대 고지명에 비슷한 글자가 여러 글자 중에서 하나라도 있으면 주어 맞춘 것에 불과하다"[50]라고 비판했는데, 여기에서 한 발 더 나아가 "비슷한 글자가 한 자도 없으면 조작도 한다"고 비판해야 할 지경이다.

남한은 식민고고학도 성행하고 있다. 1992년 전 동아대 교수 김연학은 합천의 옥전 고분군을 임나 10국의 하나인 다라국 유적이라고 주장했다. 옥전 고분군을 『일본서기』의 다라국 유적으로 볼 근거는 물론 전혀 없다. 그래서 전 고려대 최재석 교수는 다라국은 큐슈 아리아케우미 연안의 다라촌(多良村:다라 마을), 다라산(多良山:다라산) 일대라고 반박했다.[51]

경상대학교 사학과 교수인 조영제는 자신의 저서인 『옥전고분군과 다라국』에서 『일본서기』와 중국의 「양직공도(梁職貢圖)」에 나오는 '다라(多羅)' 관련 사료를 나열한 후 이렇게 결론짓고 있다.

"이상의 사료를 통해 다라국에 대하여 알 수 있는 것은 나라국이 가야 한 소국이었다는 점, 다라국에는 하한기(下旱岐)와 이수위(二首位)와 같은 관직 또는 관등이 존재했다는 것이고, 그밖의 여러 사정, 즉 다

50 김석형, 『초기조일관계사(하)』, 평양, 사회과학출판사, 1988, 179쪽.
51 《조선일보》 1992년 2월 26일.

라국의 영역과 중심지, 성립과 발전, 사회구조, 대외관계 등에 대해서
는 전혀 알 수 없다."[52]

　"다라국의 영역과 중심지, 성립과 발전, 사회구조, 대외관계 등에 대해서
는 전혀 알 수 없다"는 말은 맞는 말이다. 「양직공도」·『일본서기』 등에 나오
는 다라국을 가지고 위치를 추정하는 것 자체가 불가능하기 때문이다. 그럼
조영제는 무슨 근거로 다라국을 합천으로 비정했는지 살펴보자.

　　"다만 일찍이 문헌학자들은 다라(多羅)와 대야(大野[성(城)])가 음이 서
　　로 통하기 때문에 대야성(大野城)이 있었던 오늘날의 합천 일대에 다
　　라국이 있었을 것으로 추정해 왔다.
　　그러다가 경상대학교에 의해 1985년 이래 다섯 차례에 걸쳐서 옥전고
　　분군이 대규모로 조사되고 3,000여 점의 유물과 함께 독특한 구조의
　　유구 및 갑주, 마구, 보관을 비롯한 귀금속제 장신구 등 어떤 가야 고
　　분 출토품과 비교해도 뒤지지 않을 정도의 우수한 유물이 발견됨으로
　　써 옥전고분군이 다라국 지배집단의 묘역임이 밝혀지게 되었다. 특히
　　고분군과 1km 정도 떨어진 곳에 다라국(多羅國)과 이름이 꼭 같은 다
　　라리(多羅里)가 존재함으로써 이 점은 더욱 분명해졌다."[53]

　조영제가 대야성(大耶城)을 대야성(大野城)으로 거듭 잘못 쓰고 있는 것
은 실수라고 넘어갈 수 있다. 그러나 그가 옥전고분군에서 발굴된 가야 유
물을 다라국 지배집단의 묘역으로 특정한 것은 논리적 비약에 지나지 않
는다. 조영제는 합천을 『일본서기』의 다라국으로 단정하고 "제2부 다라국

52　조영제, 『옥전고분군과 다라국』, 혜안, 2007년, 188쪽.
53　조영제, 『옥전고분군과 다라국』, 혜안, 2007년, 188쪽.

사(多羅國史)"까지 장황하게 서술해 놓았다. 근거는 근처에 다라리(多羅里)가 있다는 것뿐이다. 합천군 쌍책면(雙冊面)에 다라리가 있었다는 것과 옥전고분군이 『일본서기』의 다라국이라는 것과는 전혀 다른 문제다. 한일 강단사학자들이 말하는 『일본서기』의 다라국은 369년 야마토왜군이 점령해서 562년까지 지배했다는 임나일본부 산하의 다라국이다. 만약 369년부터 562년까지 야마토왜가 합천에 다라국을 세우고 지배했다면 『삼국사기』·『삼국유사』에 그런 흔적이 나타나야 하는데 전혀 나오지 않는다. 뿐만 아니라 1895년경에 발간한 방대한 『경상도읍지』의 경상도 '합천'조의 건치연혁조에도 "군의 이름은 대량(大良), 강양(江陽), 합주(陜州), 대야(大耶)다"[54]라고 썼지 야마토왜의 지배지였던 다라는 나오지 않는다.

앞서 말한 것처럼 북한학계는 1963년 김석형이 「삼한 삼국의 일본열도 분국설」을 제창[55]했는데, 이 분국설을 계승한 북한 학계의 조희승은 합천의 '다라'에 대해서 이렇게 설명하고 있다.

"가야사람들의 일본렬도 진출 정형은 비단 가야(기라) 지명 하나에 한하지 않는다. 가야지명은 어디까지나 6가야의 소국명에 준하여 지었을 뿐이다. 6가야 외에도 가야지명이 있을 수 있다. 실례로 합천 일대에는 고령대가야를 구성하고 있었을 다라(多羅)국이 있었던 것으로 보인다. 현재도 합천 옥전무덤떼와 얼마 떨어지지 않은 곳에 다라의 지명이 남아 있다. 일본렬도에는 이 다라에서 유래한 지명도 적지 않게 남아 있는데 이것은 다라사람들의 신출과 정착에 무관세한 것이 아니

---

54 『경상도읍지(慶尙道邑誌)』 4책, 합천

55 김석형, 「삼한 삼국의 일본 렬도 내 분국들에 대하여」, 『력사과학』 63-1, 1963. 김석형, 『초기조일관계 연구(하)』, 사회과학원출판사, 1966.

다. 일본렬도에는 다라지명은 문헌과 그 밖의 자료에 의해 가야와 직

접 관련된다는 것이 밝혀지고 있다."[56]

조희승은 합천에 고령대가야에 속했던 '다라국'이 있었는데, 이 다라국 사람들이 일본열도에 진출해서 다라라는 지명이 붙은 분국과 각종 지명을 남겼다는 것이다. 일본열도에 전해지는 '다라'와 관련된 지명에 대해서 이렇게 서술하고 있다.

"일본렬도에 전해오는 다라지명을 대충 들면 찌꾸젠(후꾸오까현 일대)
의 다다라(多多良) 마을과 해변가 이름, 히젠(사가현)의 다라산(多良岳,
託羅之峰), 후지쯔군 다라촌(多良村), 히고(구마모또현) 구마군의 다라
기(多良木), 오오구마(나가사끼현) 이사군 다라(太良), 나가또(야마구
찌현) 다라마을과 다라강(多羅川), 빙고(히로시마현) 아시시나군 다라
(柞麻), 비젠(오까야마현) 다다라(多多羅), 야마시로(교또부) 쯔쯔끼군
다다라(多多羅), 와까사(후꾸이현) 오뉴군 다라(太良庄), 오오미(시가
현) 고오가군 다라오(多羅尾), 이가(미에현) 아야마군 다라노(刺萩野),
미노(기후현) 요로군 다라의 이름을 가진 강과 고을 등이다. 이밖에도
『화명초』에는 가이(야마나시현) 쯔루군과 수와(야마구찌현) 사하군에
다라향(多良鄕)이 있다는 것을 밝히고 있다. 다라지명은 이밖에도 많
다. 이러한 다라지명이 가야의 다라와 직접 관련이 있다는 것은 론할
여지가 없다."[57]

---

56 조희승, 『북한학계의 가야사연구』 도서출판 말, 276쪽.

57 조희승, 『북한학계의 가야사연구』 도서출판 말, 276~277쪽.

일본열도에는 수를 셀 수 없는 '다라'와 관련된 지명이 수두룩한데, 숫적으로도 압도적인 일본열도 내의 '다라'는 외면하고 합천 쌍책면에 다라리가 있었다는 것만 가지고 『일본서기』의 '다라국'을 합천으로 비정할 수는 없다. 조희승은 또 이렇게 말한다.

> "물론 그 가운데는 고대 제철야장과 관계된 지명도 있을 것이다. 즉 풀무에 쓰는 송풍장치를 다다라(踏鞴)라고 하였는데 고대 제철터가 있은 데로부터 그러한 지명이 붙은 것도 있었을 것이다. 그러나 그런 경우에도 당시로서는 가장 선진적인 제철기술을 가진 집단이 가야수공업자들이었다는 것을 고려해볼 때 송풍장치를 다다라라고 이름 짓게 된 것도 가야(다라)와 련관시켜 보아야 할 것이다. 말하자면 5세기 전반기 가야 이주민집단이 일본에 건너갈 때 함께 따라갔던 쇠부리 수공업집단이 진출 정착한 곳이 다라 또는 다다라마을이 아니였겠는가. 합천 옥전무덤떼에서 드러난 우수한 제철유물들은 다라 일대의 발전된 야금수공업의 일단을 잘 보여주고 있다."[58]

일본에서 곧 제철 때 사용하는 송풍장치인 풀무(踏鞴:답비)를 다다라(たたら)라고 하는데, 이것이 가야수공업자, 특히 합천사람들이 일본열도에 진출해서 전수했기 때문일 것이라는 주장이다.

아직도 황국사관(皇國史觀)에서 벗어나지 못한 한일 강단사학자들은 『일본서기』의 다라를 합천이라고 비정하는 반면 북한의 조희승이나 남한의 최재석 같은 민족사학자들은 가야사람들이 일본열도에 진출해 수많은 '다라'라는 지명을 남겼다고 본다. 어느 주장이 옳은지는 지금도 일본 열도에 무

---

58 조희승, 『북한학계의 가야사연구』 도서출판 말, 277쪽.

수히 남아 있는 '다라'라는 지명과 풀무를 뜻하는 '다다라'라는 용어가 말해주고 있는 것이다.

유네스코에 가야고분군을 등재하면서 합천을 '다라국'이라고 명기하는 것은 한 지역에 국한된 문제가 아니다. 합천을 다라국이라고 명기한다는 것은 『일본서기』 「신공 49년」조의 기록을 한반도 정벌기사로 인정한다는 것이고, 이때부터 2백여 년간 경상도 일대는 야마토왜의 식민지였다고 인정한다는 것이다. 이것이 임나일본부설의 핵심이다. 임나일본부설이 일본 극우파 학자들뿐만 아니라 남한 학자들에 의해서 되살아나고 있는 것이다.

3) 기문가야 가능한가?

다음으로 기문(己汶)에 대해서 살펴보자. 기문은 『일본서기』 「계체(繼體) 기」 7년조에 처음 등장한다.

> "계체 7년 여름 6월, 백제에서 저미문귀(姐彌文貴) 장군, 주리즉이(洲利卽爾) 장군을 파견하고, 수적신압산(穗積臣押山)[『백제본기』는 위(委)의 의사이마기미(意斯移麻岐彌)라고 하였다]을 딸려 보내어 오경박사 단양이(段楊爾)를 바쳤다. 백제에서 따로 임금께 주(奏)를 올려서 '반파국이 신의 나라인 기문(己汶)의 땅을 약탈해갔습니다. 엎드려 원하옵건대 하늘의 은혜로 판단하셔서 본래대로 환속하게 해 주소서'라고 빌었다. 가을 8월 계미삭무신에 백제 태자 순타(淳陀)가 세상을 떠났다."[59]

> (『일본서기』 「계체기」 7년)

---

59 『日本書紀』 「繼體紀」 7년, "七年夏六月 百濟遣姐彌文貴將軍洲利卽爾將軍 副穗積臣押山[百濟本記云 委意斯移麻岐彌]貢五經博士段楊爾 別奏云 伴跂國 略奪臣國己汶之地 伏願 天恩判還本屬 秋八月癸未朔戊申 百濟太子淳陀薨"

일본과 남한의 강단사학자들은 이때의 백제왕을 무령왕이라고 보면서 오경박사 단양이를 공물로 바치면서 반파국이 "신의 나라 기문의 땅"을 약탈해갔으니 황제인 일왕 계체에게 하늘의 은혜로 판단해서 돌려달라고 빌었다고 해석한다. 이 기문이 남원이고, 반파가 고령이라는 것이 이마니시 류(今西龍)의 주장인데,[60] 근래 군산대학교 곽장근은 기문은 남원이 맞지만 반파는 전북 장수라고 새롭게 주장했다. 『일본서기』에 반파국에 봉후(烽候)가 있었다고 나오는데, 장수의 봉화가 반파국의 봉화라는 것이다. 그러나 장수의 봉화는 대부분이 조선시대 것이고, 설혹 삼국, 또는 사국시대의 봉화라고 할지라도 신라, 백제, 가야의 봉화를 구별할 수 없기 때문에 전북 장수의 봉화를 반파국의 것으로 볼 수 있는 근거는 전혀 없다. 『일본서기』는 백제에서 주청한 문제를 야마토왜에서 11월에 결정했다고 말하고 있다.

> "겨울 11월 신축삭을묘, 조정에서 백제 저리문귀 장군, 사라(斯羅)의 문득지(汶得至), 안라(安羅)의 신이해(辛已奚) 및 분파위좌(賁巴委佐), 반파(伴跛)의 기전해(既殿奚) 및 죽문지(竹汶至)를 죽 늘어 세워놓고 은혜로운 조칙을 선포해서 기문과 대사(帶沙)를 백제국에 하사했다. 이달에 반파국에서 집지(戢支)를 보내서 진귀한 보물을 바치면서 기문의 땅을 달라고 빌었지만 끝내 하사하지 않으셨다."[61]

이마니시 류는 기문은 남원, 반파는 고령이라고 비정했고,[62] 스에마쓰 야스카즈는 반파를 경북 성주(星州)에 비정하면서도 이는 백제국이 기문 할여

---

60 今西龍, 「己汶伴跛考」 『史林』 제7권 제4호, 大正 11년(1922).

61 『日本書紀』 「繼體紀」 7년, "冬十一月辛亥朔乙卯 於朝庭 引列百濟姐彌文貴將軍斯羅汶得至 安羅辛已奚及賁巴委佐 伴跛既殿奚及竹汶至等 奉宣恩勅 以己汶帶沙賜百濟國 是月 伴跛國 遣戢支獻珍寶 乞己汶之地 而終不賜"

62 今西龍, 「己汶伴跛考」 『史林』 제7권 제4호, 大正 11년(1922), 12(520)쪽.

(割與)를 청구하는 것이지 "반파 운운은 문헌상의 조작에 지나지 않는다"[63] 면서 반파는 조작이라고 주장했다. 식민사학자 스에마쓰 야스카즈가 보더라도 이 기사는 말이 안 되는 것이었다.

그런데 『일본서기』의 기문(己汶)을 전북 남원이라고 주장하는 한일 학자들은 '기문(己汶)'이 『일본서기』에만 나오는 것이 아니라 중국은 물론 한국 사료에도 나온다고 주장한다. 기문(己汶)은 '몸 기(己)'자와 '강이름 문(汶)'자이다. 기문이 『삼국사기』 「악지(樂誌)」의 우륵이 지은 12곡 중에 나온다 것이다. 『삼국사기』의 해당 기사를 찾아보자.

> "우륵(于勒)이 지은 12곡은 첫째 하가라도(下加羅都), 둘째 상가라도(上加羅都), 셋째 보기(寶伎), 넷째 달이(達已), 다섯째 사물(思勿), 여섯째 물혜(勿慧), 일곱째 하기물(下奇物), 여덟째 사자기(師子伎), 아홉째 거열(居烈), 열째 사팔혜(沙八兮), 열한째 이사(爾赦), 열두째 상기물(上奇物)이다."[64]

여기에 나오는 상기물(上奇物)·하기물(下奇物)의 기물(奇物)이 기문(己汶)이라는 것이고, 그래서 상기문, 하기문으로 볼 수 있다는 것이다. '기이할 기(奇)'자와 '만물 물(物)'자의 기물(奇物)이 '몸 기(己)'자와 '강이름 문(汶)'자의 기문(己汶)이 될 수는 없다. 기물(奇物)을 기문(己汶)으로 둔갑시킨 것은 의견이 일치하지만 남원이 상기물인지 하기물인지에 대해서는 의견이 맞지 않는다. 김태식·백승충·이영식과 사가현립대 명예교수인 다나카 도시아키(田中俊明)는 하기물을 남원으로 본다. 상기물에 대해 김태식·이영식은 임실,

---

63 末松保和, 『任那興亡史』, 吉川弘文館, 125쪽.

64 『삼국사기』 「악지」 "于勒所製十二曲 一曰下加羅都 二曰上加羅都 三曰寶伎 四曰達已 五曰思勿 六曰勿慧 七曰下奇物 八曰師子伎 九曰居烈 十曰沙八兮 十一曰爾赦 十二曰上奇物"

백승충은 남원, 다나카 도시아키(田中俊明)는 장수라고 비정했다.[65] 상기물이고 하기물이고 위치 비정하는 근거는 전혀 없다. 그야말로 시골 장터의 골라잡기 수준의 지명비정이다.

상기문·하기문 운운하는 원조는 조선총독부 및 경성세대 교수였던 이마니시 류의 「기문 반파고」이다.[66] 이마니시 류는 기문(己汶)이라는 용어를 『일본서기』 외에는 찾기 힘들자 일본에서 820년경에 편찬한 『신찬성씨록(新撰姓氏錄)』에 나오는 "삼파문(三巴汶)"의 '파(巴)'자가 '기(己)'자와 같은 글자라고 우겼다. 『신찬성씨록』에 이런 내용이 나온다.

> "『신찬성씨록』 좌경황별(左京皇別)하 길전연(吉田連)조 : 임나국에서 아뢰기를, '신의 나라 동북쪽에는 삼파문(三巴汶)〔상파문(上巴汶)·중파문(中巴汶)·하파문(下巴汶)〕의 땅이 있는데 사방 3백리 토지이고 인민들이 부유하고 풍요로워서 신라와 서로 싸워서 피차 다스리기가 어렵습니다.…"[67]

이마니시 류는 『속일본기(續日本記)』에는 삼기문(三己汶)이라는 용어가

---

65 백승충, 「가야사의 시기구분과 공간적 범위」, 가야고분군 세계유산등재추진단, 『가야사총론 1권』, 2018년, 32쪽.

66 今西龍, 「己汶伴跛考」, 『史林』 제7권 제4호(1922). 무서운 아이 위가야는 2016년 이마니시 류(今西龍)의 이 논문을 번역해서 경희대인문학연구원에서 발간하는 『인문학연구』에 실었다. 위가야는 해제에서 이마니시 류가 문헌자료는 물론 고고자료를 중시하는 학자라면서 "1920년에 발표한 「가라강역고」의 내용에 그가 1917년 9월부터 1918년 1월까지 선산·달성·고령·성주·김천·함안·창녕 등 이른바 가야지역의 고분과 산성을 조사한 결과가 충실하게 반영되어 있는 것을 통해서도 알 수 있다"고 칭찬했다. 이때 창녕고분에서만 도굴하다시피 한 유물을 열차 화차로 일본으로 실어간 사실은 도외시한 채 이마니시 류가 발굴결과를 학문에 충실하게 반영하고 있는 것으로 호도하는 것이다. 진정 '무서운 아이'라고 하지 않을 수 없다.

67 『新撰姓氏錄』左京皇別 下 吉田連, "任那國奏曰 臣國東北有三巴汶地〔上巴汶·中巴汶·下巴汶地方三百里土地人民亦富饒 與新羅國相爭 彼此不能攝治"

나온다면서 『신찬성씨록』의 삼파문은 삼기문으로 해석해야 한다고 주장했다. 기문(己汶)을 파문(巴汶)으로 적은 용례가 있고 없고를 떠나서 이를 전북 남원에 비정할 수 있는 근거는 전혀 없다. 그래서인지 이마니시 류가 『신찬성씨록』에서 인용한 파문씨(巴汶氏)조에는 의미심장한 내용이 담겨 있다.

> "파문씨(巴汶氏)는 춘야련(春野連)과 조상이 같다[춘야련은 백제 속고왕(速古王)의 후손 비류왕(比流王)의 후예이다] 속고왕의 후손 문휴원(汶休爰)의 후예이다."[68]

이마니시 류는 파문씨가 기문씨라는 주장인데, 파문씨는 백제 속고왕의 핏줄이라는 것이다. 이는 백제계가 일본열도에 진출해 야마토왜의 지배층이 되었다는 사료일 수는 있어도 『일본서기』의 기문을 전북 남원으로 비정하는 근거는 되지 못한다. 기문이고, 파문이고를 떠나서 『신찬성씨록』은 임나국에서 "신의 나라 동북쪽에 삼파문"이 있다고 했다. 임나가 경상도라는 한일 강단사학자들의 비정을 따르면 그 동북쪽 삼파문은 강원도 동쪽 바닷가 근처에 있어야지 남원이 경상도 동북쪽일 수는 없다.

『일본서기』의 기문(己汶)을 전북 남원이라고 주장하는 학자들은 『한원(翰苑)』 「백제전」에 나오는 웅진하를 금강, 기문하를 섬진강이라고 해석한다. 『한원』은 당(唐)의 장초금(張楚金)이 편찬하고 당(唐)의 옹공예(雍公叡)가 주석을 달았는데, 이런 구절이 있다.

> "『괄지지』에서 말하기를, '웅진하(熊津河)는 수원(水源)이 나라의 동쪽
> 경계에서 나오고 서남쪽으로 흐르다가 나라 북쪽으로 백리를 흘러가

---

68 『新撰姓氏錄』巴汶氏 春野連同祖[春野連 百濟 速古王孫比流王之後也]速古王孫汶休爰之後也

다가 서쪽으로 바다로 들어간다. 강의 폭이 넓은 것은 3백보이다. 그
물이 아주 맑다. 또 기문하(基汶河)가 있는데 수원이 그 나라의 남산
에 있고 동남쪽으로 흘러서 바다로 들어간다. 그 강 속의 어족들은 중
국과 같다.'고 하였다."[69]

『한원』은 웅진하의 수원이 나라 동쪽 경계에서 나온다고 했다. 그러니 이
웅진하를 금강으로 볼 수 없다. 금강은 공주(웅진)의 동쪽에서 발원하는 것
이 아니라 한참 남쪽인 전북 장수에서 발원하기 때문이다. 또한 기문하는
수원이 나라의 남산에 있다고 했으니 이 기문하를 섬진강으로 볼 수 없다.
섬진강은 공주 남산이 아니라 전북 진안군 백운면과 장수군 장수읍의 경계
인 팔공산(八公山:1,151m)에서 발원하기 때문이다. 『한원』의 편찬자가 섬진
강의 어족이 중국과 같은지 다른지 어떻게 알 수 있었겠는가? 물론 섬진강
의 어족은 중국과는 전혀 다르다는 점에서도 기문하는 섬진강이 아니다.

또한 『한원』 「백제전」은 "구태(仇台)의 사당을 받든다"[70]고 말하고 있다.
구태에 대해서 『북사(北史)』 「동이열전」의 '백제'조에는 "동명의 후예 중에
구태(仇台)가 있는데, 어질고 믿음에 돈독해서 대방고지(帶方故地)에 처음
나라를 세웠으며, 한나라 요동태수 공손도(公孫度)의 딸을 부인으로 삼아
서 동이의 강국이 되었다"[71]고 말하고 있다. 요동태수 공손도의 활동근거
지는 지금의 하북성 일대의 고대 요동이라는 점에서 『한원』에서 말하는
백제는 대륙백제 이야기이지 반도백제 이야기가 아니다. 『한원』 「백제전」
을 근거로 『일본서기』의 기문을 남원으로 볼 수는 없다.

---

69 『한원』 「백제전」 "括[地]地志曰 熊津河源出國東界 西南流 經國北百里 又西流入海 廣處三百步
　　其水至淸 又有基汶河 源出其國南山 東南流 入大海 其中水族與中夏同"

70 『한원』 「백제전」 "奉仇台之祠纂夫餘之曹"

71 『북사』 「동이열전」 백제, "東明之後有仇台 篤於仁信 始立國于帶方故地 漢遼東太守公孫度以女
　　妻之 遂爲東夷強國"

남조 양(梁)나라 무제(武帝)의 일곱 번째 아들로서 원제(元帝)가 되는 소역(蕭繹:재위 552~555)이 왕자시절 그린『양직공도(梁職貢圖)』도 마찬가지이다. 이 기사에는 한일 학자들이 주장하는 것처럼 상기문(上己汶)이 아니라 상사문(上巳文)으로 나온다. 상기문(上己汶)과 상사문(上巳文)이 다르다는 것 또한 굳이 설명할 필요도 없다. 나아가『양직공도』는 "백제는 옛날 구이(九夷)로서 마한에 속해 있었는데, 진(晉)나라 말 고구려가 요동을 공략하자 낙랑(백제) 역시 요서 진평현을 영유했다."[72] 라고 말하고 있다. 고구려는 요동에 있었고, 백제는 요서에 있었다는 설명이니 역시 대륙백제 이야기지 전북 남원 이야기가 아니다.『양직공도』는 이렇게 말하고 있다.

> "나라를 다스리는 곳을 고마(固麻)라고 이르고 읍을 담로(檐魯)라고 이르는데, 중국의 군현과 같다. 22개 담로가 있는데 왕의 자제와 종족들이 나누어 한다. 나라 곁에 소국들이 있는데 반파(叛波), 탁(卓), 다라(多羅), 전라(前羅), 사라(斯羅), 지미(止迷), 마련(麻連), 상사문(上巳文), 하침라(下枕羅) 등이 부용하고 있다. 언어와 의복은 고구려와 대략 같다."[73]

백제가 광대한 제국을 22개 담로제를 사용해서 다스리고 있는 상황을 말하고 있는 것이다. 북한 학자 김석형은『일본서기』의 기문을 둘러싼 기사에 대해서 이렇게 말하고 있다.

---

72 『梁職貢圖』「百濟傳」"百濟舊來夷馬韓之屬 晉末駒驪略有遼東樂浪亦有遼西晉平縣"

73 『梁職貢圖』「百濟傳」"所治城曰固麻 謂邑檐魯於中國郡縣 有二十二檐 魯 分子弟宗族爲之 旁小國有 叛波 卓 多羅 前羅 斯羅 止迷 麻連 上巳文 下枕羅等附之 言語衣服略同高麗…"

"백제국이 요구한 것은 고몽(기문) 땅인데 야마또는 이에 덧붙여 《다
사》 땅까지 주었다는 것이다…아무튼 『일본서기』의 서술이 사실대로
라고 하면 흥미 있는 것은 백제사신이 야마또로부터 자기나라로 떠나
갈 때 신라로부터 즉, 신라를 통해 갔다는 서술이다. 이 서술은 일본
학자들이 말하는 것과는 달리 여기 나라들은 조선본국이 아니라 기비
지방에 있는 조선소국들임을 시사해 주고 있다. 조선본국의 백제라면
그 사신이 야마또로부터 돌아올 때 신라를 거칠 수 없는 것이다. 기비
시라기[74] 서쪽에 있는 구다라(백제)라고 해야 말이 맞는다. 기비백제는
기비시라기의 서쪽, 기비미마나(임나)의 서쪽에서 남쪽 바다 건너 시고
꾸의 북부에 걸쳐 있었다고 보아왔다."[75]

『일본서기』는 백제사신이 야마토왜에서 본국으로 귀국할 때 신라를 통해
서 갔다고 말하고 있으니, 이를 통해서도 『일본서기』에 나오는 백제나 신라
는 본국들이 아니라 일본 열도에 있던 분국임을 알 수 있고, 그 위치는 현
재의 오카야마현 길비(吉備)라는 것이다.

또한 김석형은 기문을 둘러싼 『일본서기』의 기록을 이렇게 해석한다.

"하히(반파)와 고몽(기문)은 어디겠는가? 일본학자들은 하히를 경상북
도 성주의 본 이름이 본피(本彼)라고 해서 이곳으로 잡고 고몽은 섬진
강 유역으로 잡는다. 야마또세력이 남부조선 깊숙이 뻗쳤다고 보는 데
서 그렇게 잡는다. 그러나 하히, 고몽이 다 조선반도에 있었다고 하더
라도 여기의 하히, 고몽은 기비지방으로, 소쟈시[76]의 미나나 중심지

---

74 기비시라기는 길비신라(吉備新羅)로서 오카야마현에 있던 고대 신라 분국을 뜻한다.

75 김석형 『초기조일관계사(하)』 사회과학출판사, 1988. 228~230쪽.

76 오카야마(岡山)현 소쟈(總社)시이다.

의 북쪽으로 하히를 잡아야 하고, 고몽은 기비 서쪽 백제와 그곳 사이를 잡아야 할 것이다. 다사 또는 다사강은 여기에 하히가 성을 쌓고 야마또로부터의 위협을 막았다고 하고 수군 500여 명을 거느리고 다사강에 이르렀다고 한 것으로 미루어서는 아사히강(오까야마현)의 하구 같기도 하다…백제-하히(반피) 소국들 사이의 고몽 땅을 둘러싼 분쟁사건은 렬도통합문제와 어떻게 관련되는가. 『일본서기』의 글발을 통해서는 내용을 잘 알 수 없으나 이 분쟁 사건에 야마또가 간섭했다는 사실 자체와 그리고 6세기라는 시기자체가 야마또에 의한 렬도통합과 관련된 사건이라고 말할 수 있게 한다. 이 사건을 통해서도 야마또는 그 권력을 이 지방에 침투시켰고 이렇게 침투시키는 자체가 통합사업 추진의 한 고리였을 것이다."[77]

이 사건을 야마토왜의 열도통합 사건의 하나로 보는 북한 학계의 견해가, 아무런 맥락도 없이 야마토왜가 백제에게 준 땅이라는 전제로 남원이니, 고령이니 성주니 장수니 하는 남한 학계의 주장보다 설득력이 있는 것은 말할 것도 없다.

『일본서기』 「신공기」의 다라국을 경남 합천으로, 「계체기」의 기문국을 전북 남원으로 비정하는 주장들은 전혀 사료적 근거가 없다. 또한 『일본서기』 「신공기」의 다라국을 경남 합천으로 비정하는 것은 비단 합천에 국한되는 지역적 문제가 아니라 『일본서기』 「신공기」 49년 조에 신라를 공격하고 정벌했다는 '비자발·남가라·탁국·안라·다라·탁순·가라'의 위치를 모두 한반도 남부로 비정하는 결과로 이어진다. 야마토왜가 가야를 점령하고 임나일본부를 설치했다는 임나일본부설이 그대로 재연되는 것이다.

---

77 김석형 『초기조일관계사(하)』 사회과학출판사, 1988. 230~231쪽.

또한 『일본서기』 「계체기」의 기문국을 전북 남원으로 비정하는 것도 비단 남원에 국한되는 지역적 문제가 아니다. 이 역시 『일본서기』 「신공기」에 야마토왜군이 이른바 임나 7국을 점령하고 기수를 서쪽으로 돌려서 빼앗은 땅을 백제에게 주었고, 백제는 야마토왜에 영원한 충성을 맹세했다는 기사에 나오는 지명들을 지금의 전라도로 비정하는 전국적 결과가 된다. 이것이 용인된다면 한일 강단사학자들은 경상도는 물론 전라도와 충청도까지 야마토왜의 강역이었다고 주장할 것이다. 지금은 전라도 강역 일부만 야마토왜의 식민지로 비정했지만 "기문=남원설"이 받아들여질 경우 남원을 넘어서는 것은 시간문제이다. 벌써 『일본서기』의 이른바 임나 4현을 한일 강단사학자들은 영산강 유역이네, 섬진강 유역이네 비정하고 있지 않다. 이는 결국 고대 한국 남부가 모두 야마토왜의 식민지였으니 한국을 다시 점령하는 것은 "위대한 과거사의 복원"이라는 과거 일본군 참모본부의 논리가 되살아나게 되는 것이다.

가야사복원을 둘러싼 현재의 논쟁을 푸는 방법은 간단하다. 『일본서기』의 허황된 논리로 가야사를 보지 말고 『삼국유사』·『삼국사기』의 시각으로 보는 것이다. 『일본서기』를 인용할 경우 한일 강단사학계처럼 한반도 내의 일로 보지 말고 북한학계와 남한 민족사학계처럼 일본 열도 내의 일로 보는 것이다. 이 경우 시대에 역행하는 일본 군국주의자들의 한국 재점령 기도를 좌절시키는 한편 고대 한국인들이 이주해서 일본이라는 나라를 만들었다는 역사적 사실에 기초한 바람직한 한일관계사가 복원될 것이다.

7. 임나일본부설의 정리

지금까지 살펴본데서 알 수 있는 것처럼 임나는 한반도 남부에 존재하던 가야가 아니다. 다시 말해서 임나는 한반도 남부에 존재하지 않았다. 현재 스에마쓰 야스카즈 등의 이론으로 대변되는 임나일본부설은 서기 369년 야마토왜가 신라를 공격해서 가라 7국을 점령하고 임나를 설치했다는 것이다. 그리고 그 임나가 562년까지 한반도 남부를 지배했다는 것이다. 369년 임나 건설은『일본서기』「신공(神功) 49년(249)」조의 기사를 2주갑 인상해서 369년의 일로 해석하는 것이다. 이것이 사실이라면 369년에 금관가야는 멸망하고 다른 왕가가 들어섰어야 한다. 그러나『삼국사기』및『삼국유사』에는 그런 내용이 전혀 기재되어 있지 않다. 또한『일본서기』「신공(神功) 49년(249)」조에도 가라 7국을 평정했다는 이야기만 나오지 임나일본부를 설치했다는 이야기는 나오지 않는다.『일본서기』에 '일본부'라는 명칭은 5세기 후반에야 등장한다.『일본서기』에 '임나(任那)'라는 이름이 처음 등장하는 것은「숭신(崇神) 65년(서기전 33)」조이다. 그 다음으로 등장하는 것은「수인(垂仁) 2년(서기전 28)」조인데, 이는 모두 김수로왕이 가야를 건국하는 서기 42년보다 훨씬 전이다. 따라서 임나를 가야라고 볼 수는 없다. 일본인 식민사학자들과 한국인 식민사학자들이 서기 369년에 임나가 설치되었다고 주장하는 것은 서기 전에 이미 임나가 등장하는『일본서기』자체에 의해서도 모순임을 알 수 있다. 또한 임나의 위치에 대해서 설명하는「숭신(崇神) 65년」조는 임나의 "북쪽이 바다로 막혀있다"고 설명하고 있으므로 가야가 될 수는 없다.『일본서기』를 따라도 임나는 한반도 남부의 가야일 수없고, 369년에 "임나일본부"가 되었든 "임나"가 되었든 어떤 정치체가 설치되었다는 사실은『일본서기』에도 나오지 않는 이야기이다.『일본서기』는 신공 49년, 곧 249년에 신라를 정벌하고 "비자발(比自烌)·남가라(南加羅)·탁국(㖨國)·안라(安羅)·다라(多羅)·탁순(卓淳)·가라(加羅) 7국을 평정" 했다고만 나오지 '임나'라는 말도 나오지 않는다. 이 기사를 120년 끌어올려 369년으로 만들고, 이해에 야마토왜가 가야를 멸망시키고 임나일본부를 설치했다고 주장하는 것이다. 이는 메이지 이후 일본인 군국주의자들의 정치선전인데 아직도 일본 극우파 학자들과 이들을 추종하는 한국의 강단사학자들이 따르고 있을 뿐이다.

『일본서기』에서 말하는 임나 및 고구려·백제·신라는 『삼국사기』에서 말하는 가야 및 고구려·백제·신라가 될 수가 없다. 『일본서기』에서 말하는 임나 및 고구려·백제·신라는 모두 동네 국가 수준에 불과하다. 따라서 『일본서기』에서 말하는 임나 및 고구려·백제·신라는 『삼국사기』에서 말하는 고구려·백제·신라·가야 본국이 아니라 이들 본국들이 일본 열도 내에 설치한 작은 분국들의 이야기라는 분국설이 설득력을 가진다. 『일본서기』의 고구려·백제·신라·임나는 대부분 고구려·백제·신라·가야계가 일본 열도에 진출해 세운 분국들 사이의 이야기다.

『일본서기』 자체가 많은 혼동을 일으키고 있기 때문에 『일본서기』 편찬자의 의도를 해석해야 한다. 『일본서기』 편찬자는 처음부터 상당수 내용을 조작 내지 변개하려고 마음먹고 『일본서기』를 편찬했다. 그래서 일본 열도 내의 분국들 사이의 기사를 서술하면서 때로는 『삼국사기』의 고구려·백제·신라·가야 본국의 사적인 것처럼 혼동할 수 있는 기사들도 끼워 넣었다. 야마토왜의 시작을 서기전 660년으로 끌어올리다 보니 의도적으로 수많은 창작을 할 수밖에 없었다. 그런 창작 중에는 후대의 인물을 앞으로 끌어와서 한 사람을 두 사람 또는 세 사람의 사적으로 만드는 것도 포함되는데, 신공(神功)왕후도 그런 인물이었다.

그러나 역사 사료 조작은 쉬운 일이 아니기 때문에 『일본서기』에는 진실을 말해주는 사료도 다수 존재한다. 『일본서기』는 진실을 말해주는 이런 사료를 가지고 당시 사회상을 재구성하는 것이 진실에 다가가는 작업이 되는 것이다. 『일본서기』를 비롯한 문헌 사료들과 고고학 사료들이 말해주는 것은 일본 열도에는 서기 6세기 중반까지도 제철기술이 없었고, 따라서 유의미한 국가체제가 존재하지 못했다는 것이다. 369년에 바다 건너 한반도에 진출해 '임나' 따위를 건설할 국가 자체가 존재하지 않았다는 뜻이다. 야마토왜는 백제에서 경영하던 후국(侯國)이나 담로에 불과했다.

『일본서기』는 백제가 신당연합군에게 멸망하는 백강 전투(663) 57년 후인 720년에 백제계가 편찬한 것이다. 백제 본국, 즉 상국(上國)이 이미 멸망했기 때문에 제후국이었던 야마토왜를 상국으로, 백제를 제후국으로 바꾸어 서술했다. 그러나 『일본서기』에는 백제와 왜의 실제 관계를 묘사하는 구절도 다수 존재한다. 그래서 『일본서기』의 사실기사와 허구 및 왜곡기사를 분리해서 당시의 시대상을 인식하는 연구방법에 의한 연구의 축적이 새로운 과제로 등장하게 되었다.

II

『삼국사기』 초기기록 불신론 비판

1. 문제제기

일본인 학자들이『삼국사기』를 위서로 몰기 시작한 것이 정한론(征韓論)과 궤적을 같이 한다는 것은 이 문제의 본질을 그대로 말해주고 있다. 메이지 시대 이후 국력을 신장시킨 일본인들이 한국 점령을 모색하면서 영토 점령 이전에 역사를 조작, 변개하기로 한 것이다. 한국 점령이 단순한 군사침략이 아니라 과거사의 복원이라는 명분을 만들기 위해서 역사 조작에 나선 것이다. 그 핵심은 과거 한반도 남부에 일본의 식민지가 있었다는 것인데, 그 식민지가 가야라는 것이다. 그래서 가야를 임나로 둔갑시키고 고대판 조선총독부인 임나일본부를 만들었다. 그러나『일본서기』에 등장하는 임나 및 임나일본부가『삼국사기』및『삼국유사』에는 등장하지 않는다는 고민이 있었다. 일본인 학자들이 만든 임나일본부설은 서기 369년에 가라 7국을 점령하고 임나일본부를 설치해 562년까지 지배했다는 것이다. 이처럼 2세기 이상 한반도 남부를 지배했다면『삼국사기』본기 및『삼국유사』에 어떠한 형태로든 관련 기사가 기재되어 있어야 했다. 그러나 그런 기사는 전혀 존재하지 않는다. 임나 및 임나일본부는 한반도 남부에 존재했던 적이 없었기 때문에『삼국사기』·『삼국유사』에 등장하지 않는 것이었다. 더구나『일본서기』는 연대부터 맞지 않을 정도로 조작과 변개가 심한 역사서라는 사실은 메이지 시대 이전의 거의 모든 일본인 학자들의 공통된 견해였다. 그래서 일본인 학자들도 그 전까지는『삼국사기』를 비롯한 한국의 역사서를 기준으로『일본서기』의 연대를 보정해왔다. 그러나 메이지 때 사정이 일변했다. 한국 침략을 정당화하는 도구로 역사를 이용하기로 하면서『일본서기』가 맞고『삼국사기』·『삼국유사』가 그르다고 우기기 시작했다. 이른바 '『삼국사기』·『삼국유사』 불신론'이 탄생한 것이다. 한마디로 임나일본부설을 사실이라고 강변하기 위해서『삼국사기』·『삼국유사』를 죽이고『일본서기』를 살린 것이다.

19세기 말 '가야=임나'를 주장했던 나카 미치요(那珂通世:1851~1908)가『삼국사기』 불신론을 시작했다는 자체가『삼국사기』 불신론이 임나일본부설과 궤적을 같이 한다는 사실을 말해준다. 나카 미치요는 고구려는 6대 태조대왕(太祖大王), 백제는 12대 계왕(契王), 신라는 16대 흘해왕(訖解王) 이전의 기년이 조작되었다고 주장했는데, 아무런 근거는 제시하지 못했다. 이후 시라토리 구라키치(白鳥庫吉), 아사미 린타로(淺見倫太郎) 등이 나카 미치요의 뒤를 이어『삼국사기』 비판에 가세했다.『삼국사기』 불신론을 체계화한 인물은 와세다대와 만주철도 출신의 쓰다 소키치(津田左右吉)였다. 이마니시 류(今西龍), 스에마쓰 야스카즈(末松保和) 등 조선총독부 직속의 조선사편수회 출신들도 물론 적극 가담했다.

쓰다 소키치는『삼국사기』 초기기록 전체를 김부식의 창작이라고 주장했다. 그는 「삼국사기 신라본기에 대하여(三國史記の新羅本紀について)」에서는『삼국사기』「신라본기」를 가짜로 몰았고, 「삼국사기 고구려 본기 비판(三國史記 高句麗紀の批判)」에서는 「고구려본기」를, 「백제에 관한 일본서기의 기재(百濟の關する日本書紀記の載)」와 「백제 왕실의 계보 및 왕위 계승에 관한 일본서기의 기재(百濟の王室の系譜及び王び王位の繼承に關する日本書紀の記載)」에서는 「백제본기」를 가짜로 몰았다.

모든 학술이론에서 중요한 것은 사료적 뒷받침이 되어 있는 이론인가 하는 점이다. '『삼국사기』 불신론'도 마찬가지로 『삼국사기』가 조작되었다는 사료적 뒷받침이 있다면 하나의 역사이론으로서 존재할 수 있다고 할 수 있다. 과연 그런가를 살펴보자.

2. 쓰다 소키치의 '『삼국사기』 「신라본기」 불신론' 비판

1) 쓰다 소키치가 '『삼국사기』 불신론'을 주장한 이유

쓰다 소키치는 『삼국사기』의 고구려·백제·신라 본기를 모두 위서로 몰았다. 앞서 인용한 쓰다 소키치의 '『삼국사기』 불신론'에 관한 여러 논문 중에서 「삼국사기 신라본기에 대하여(三國史記の新羅本紀について)」가 가장 중요하다. 임나일본부와 직접 관계되는 나라가 신라이기 때문이다. 쓰다 소키치는 1919년 『고사기 및 일본서기의 신연구(古事記及び日本書紀の新研究)』를 간행하는데, 『고사기(古事記)』와 『일본서기(日本書紀)』를 근거로 신라를 정복한 이야기 등을 사실이라고 서술한 것이다. 「삼국사기 신라본기에 대하여」는 그 부록 성격의 논문인데, 일제 식민사학의 가장 중요한 이론인 '삼국사기 초기기록 불신론'의 대표적 논거가 담겨 있다. '삼국사기 초기기록 불신론'은 사실 '삼국사기 전체기록 불신론'이라고 해도 과언이 아닐 정도로 『삼국사기』의 거의 모든 역사를 부인하고 있다. 가장 중요한 목적은 한반도 남

부에 임나일본부라는 고대판 조선총독부를 사실로 강변하기 위한 것이었다. 그래서 임나가 존속했다면 국경을 맞대고 있었을 신라가 중요했다.

쓰다 소키치는 『삼국사기』 「신라본기」가 임나일본부 및 왜 관련 사실을 어떻게 서술하고 있는가가 가장 큰 관심사였다. 그래서 「삼국사기 신라본기에 대하여」를 집중적으로 분석하면 '삼국사기 초기기록 불신론'이 어떻게 나왔으며, 그 주요 논거는 무엇인지 등을 알 수 있다. 쓰다 소키치의 「삼국사기 신라본기에 대하여」는 이렇게 시작하고 있다.

> "조선반도의 고사(古史)로서 고려시대에 편찬된 삼국사기, 특히 신라본기(新羅紀)의 상대(上代) 부분에는, 소위 왜(倭) 혹은 왜인(倭人)에 관한 기사가 자못 풍부하게 포함되어 있다. 그러므로 그(삼국사기) 기사는, 기기(記紀: 『고사기(古事記)』와 『일본서기(日本書紀)』)와 더불어 우리(일본)가 상대사를 천명(闡明)하는 데에 귀중한 사료인 것 같이 생각되어진다."[78]
>
> (쓰다 소키치, 「삼국사기 신라본기에 대하여」)

쓰다 소키치도 여타 식민사학자들처럼 연역적 방식의 두괄식 서술을 선호한다. 미리 결론을 내려놓고 그 결론에 꿰어 맞추는 방식이다. 윗글은 쓰다 소키치가 『삼국사기』 「신라본기」를 연구한 이유를 잘 설명해주고 있다. 『삼국사기』 「신라본기」 자체를 연구한 것이 아니라 「신라본기」가 왜(倭)에 관해서 어떻게 서술하고 있는지를 알아보기 위해서 연구했다는 것이다. 그러니 뒤이어 『삼국사기』 초기기록에 대한 격렬한 비판이 뒤따른다.

---

78 津田左右吉, 「三國史記の新羅本紀について」, 『津田左右吉全集』別卷 第1, 1966년, 500쪽(여기에서는 특수한 경우를 제외하고는 1966년 간행된 『津田左右吉全集』에서 인용할 것이다.)

"그러나 진실로『삼국사기』상대(上代)부분을 역사적 사실의 기재로 인정하기는 어렵다고 하는 것은, 동방(東方)아시아의 역사를 연구한 현대의 학자들 사이에서는 거의 이론(異論)이 없기 때문에, 왜에 관한 기재 역시 마찬가지로 사료로서는 가치가 없다고 보지 않으면 안 된다. 그런데 얼마나 신용하기 어려운가를 정리해 설명하는 것은 아직 구체적이지 않기 때문에 여기서 신라본기에 관해서 그 대요(大要)를 적어, 독자가 참고할 수 있도록 한다."[79]

(쓰다 소키치, 「삼국사기 신라본기에 대하여」)

쓰다 소키치는 '삼국사기 상대 부분을 역사적 사실의 기재로 인정하기는 어렵다'고 전제했다. 그래놓고는 '그런데 얼마나 신용하기 어려운가를 정리해 설명하는 것은, 아직 구체적이지 않'다고 말했다.『삼국사기』상대 부분을 왜 인정할 수 없는가는 아직 구체적으로 정리되어 있지 않다는 것이다.『삼국사기』를 가짜로 몰 수 있는 연구 성과가 없기 때문에 자신이 처음으로 『삼국사기』「신라본기」를 신뢰할 수 없는지 밝히겠다는 것이다.

서두에서 먼저『삼국사기』상대부분을 믿을 수 없다는 것이 '현대 학자들 사이에서는 거의 이론이 없다'고 전제해 놓고 '구체적으로 정리되어 있지 않'다고 또 모순된 이야기를 하고 있다.

일제는 19세기 중반의 이른바 정한론(征韓論) 이래 침략논리를 개발해왔다. 쓰다 소키치가 말하는 '현대의 학자들'이 '정한론에 입각해 한국 침략논리를 만든 식민사학자들'을 뜻한다면 맞는 말이다. 이들은 이미 한반도 남부에 임나일본부가 있었다는 결론을 내려놓고 있었다. 이 결론과『삼국사기』초기기록이 맞는지를 검토해서 자신들이 갖고 있는 결론과 부합하면

---

79 津田左右吉, 「三國史記の新羅本紀について」, 『津田左右吉全集』別卷 第1, 500쪽, 1966.

『삼국사기』는 진서(眞書)가 되는 것이고, 부합하지 않으면 위서(僞書)가 되는 것이다. 즉 『삼국사기』가 한반도 남부에 임나일본부가 있었다고 쓰고 있으면 진서가 되는 것이고 이를 부인하면 위서가 되는 것이다. 쓰다 소키치의 논리를 계속 검토해보자.

> "한반도 땅〔韓地〕에 관한 확실한 문헌은, 현존하는 것으로는, '위지의 한전(魏志の韓傳: 『삼국지』「위서(魏書) 동이전(東夷傳)」 '한(韓)'조)'[80] 과 그것에 인용되어 있는 『위략(魏略)』이 최초의 것으로, 그것에 의하면 3세기의 상태(狀態)가 알려졌고, 겸하여 거슬러 올라가면 1, 2세기 경의 대체적인 모습을 상상할 수 있게 된다."[81]
>
> (쓰다 소키치, 「삼국사기 신라본기에 대하여」)

『삼국사기』 초기기록을 부인하기로 결론을 내리자 그럼 무엇으로 그 내용을 대체할 것인가의 문제가 대두했다. 그래서 『삼국지』를 언급한 것이다. 쓰다 소키치는 『삼국지』「위서 동이전」 '한(韓)'조와 여기 인용된 『위략(魏略)』이 3세기의 한반도 상태를 알려주는 최초의 문헌이라고 서술했다. 여기에서 한(韓)이란 삼한을 뜻한다. 한국에서 보통 『삼국지』라고 부르는 것은 명나라 나관중(羅貫中)이 쓴 소설 『삼국지연의』이고 쓰다 소키치가 말하는

---

80 『삼국지』「위지 동이전」 '한(韓)'조와 여기 인용된 『위략(魏略)』을 뜻한다. 『위략』은 중요한 내용을 많이 담고 있지만 전문은 현존하지 않고 『삼국지』에 인용된 형태로 전한다. 일제 식민사학은 『삼국사기』 초기기록을 부인하고 난 후 그에 대체하는 내용으로 『삼국지』「위지 동이전(東夷傳)」 '한(韓)'조를 선정했다. 그래서 한국 고대사에 삼한(三韓)시대라는 것이 강조되는데, 대략 서기전 1세기부터 서기 3~4세기 경까지를 삼한시대라고 바라보고 있다. 이 시기 신라·고구려·백제는 삼한의 한 소국에 지나지 않았고, 삼국이 수립된 시기는 3세기 이후부터라는 삼국사기 초기기록 불신론과 동전의 양면적인 관계를 갖고 있다. 이른바 '원삼국'이라는 시기 설정이 삼한시대를 뜻하는 것으로서 아직까지 식민사학이 한국 고대사에 얼마나 뿌리깊게 남아 있는가를 잘 말해준다.

81 津田左右吉, 「三國史記の新羅本紀について」, 『津田左右吉全集』 別卷 第1, 1966년, 500쪽.

위지(魏志)는 『삼국지』 「위서(魏書)」로서 서진(西晉)의 진수(陳壽:233~297)[82]가 편찬한 역사서이다. 진수는 유비(劉備)가 세운 촉(蜀)나라 사람이었지만 서기 263년 촉나라가 위(魏)나라에 멸망해 조국인 촉(蜀)나라가 사라졌다. 게다가 또 265년에는 위나라의 권신(權臣) 사마염(司馬炎)이 위나라로부터 선양의 형식으로 진(晉)나라를 개창하면서 위(魏)나라도 사라졌다. 진수는 진(晉)나라의 사공(司空) 장화(張華)가 효렴(孝廉)으로 천거한 덕분에 저작랑(著作郎)에 제수되고, 이어서 양평령(陽平令)에 보임되어 진나라의 벼슬아치가 되었지만 이때 『촉상제갈량집(蜀相諸葛亮集)』을 간행하자고 조정에 상주할 정도로 촉나라에 깊은 애정을 갖고 있었다.

진수가 벼슬했던 진나라가 위나라의 선양을 받는 형식으로 개국했기 때문에 진수는 삼국 중에서 위나라를 정통으로 삼을 수밖에 없었다. 그래서 『삼국지』에서 위(魏)나라의 임금은 황제의 사적인 본기(本紀)에 서술하고 촉·오(蜀吳)의 임금은 신하들의 사적인 열전(列傳)에 서술할 수밖에 없었다. 그러나 그 속마음은 촉나라에 있었기 때문에 서술 체제는 좌구명(左丘明)의 『국어(國語)』를 따라서 세 나라를 나란히 서술하면서 위(魏)의 임금은 제(帝)라 부르고, 촉(蜀)의 임금은 주(主)라고 불러서 내용상 대등하게 했다. 또한 『위서(魏書)』에 '오환·선비·동이열전(烏丸鮮卑東夷傳)'을 붙여서 위(魏)나라가 이들 지역을 통제한 것처럼 서술했지만 이는 한족(漢族) 이외의 모든 민족과 나라를 신하로 여긴다는 중화사관에 입각한 것이지 사실이 그랬던 것은 아니다.

---

82 진수(陳壽:233~297)는 서진(西晉)의 역사가로서 『삼국지』를 편찬했다. 그의 자(字) 승조(承祚)로서 현재의 사천성(四川省) 남충시(南充市)인 파서군(巴西郡) 안한(安漢縣) 사람으로서 원래 촉(蜀) 사람이다. 촉(蜀)이 멸망한 후 위(魏)나라를 계승한 서진(西晉)에서 벼슬을 했기 때문에 『삼국지』는 형식상 위(魏)나라를 정통으로 삼으면서도 내용상으로는 촉(蜀)나라에 심정적으로 동조하는 내용이 많다.

진수는『위서』'동이열전'에 '부여, 고구려, 동옥저, 읍루, 예(濊), 한(韓), 왜(倭)'를 서술했다. 그러나 삼국시대 이들 북방 지역은 사실상 독립된 지역이었으며 진수 또한 이 지역을 와 본 적이 없다. 따라서 진수는 그가 볼 수 있던 여러 사료를 토대로『삼국지』「동이열전」을 서술했다. 쓰다 소키치는 '위지(魏志)의 한전(韓傳)' 즉『삼국지』「위서(魏書) 동이전」 '한(韓)'조가 3세기 한반도 남부 상황을 설명했다고 말하고 있다. 과연 그런지『삼국지』「위서 동이열전」 '한(韓)'조의 시작 부분을 보자.

> "한(韓)은 대방(帶方)의 남쪽에 있는데, 동쪽과 서쪽은 바다로 한정되어 있고, 남쪽은 왜(倭)와 접해 있는데, 사방 4천리이다. 세 종족이 있는데, 하나는 마한(馬韓), 둘은 진한(辰韓), 셋은 변한(弁韓)인데, 진한은 옛 진국(辰國)이다."[83]
>
> (『삼국지』「위서 동이열전」 '한(韓)'조)

『삼국지』는 한(韓)의 강역이 사방 4천리라고 서술했다. 한의 강역이 사방 4천리라는 말은 한반도 남부를 설명한 것은 아님을 뜻한다. 삼국시대도 한(漢)나라 도척(度尺)을 사용했는데 진한(秦漢)시대의 1리는 약 415m 정도였다. 그러니 방 4천리라는 삼한의 위치를 한반도 남부에 비정할 수는 없다. 그래서 단재 신채호는 전삼한(前三韓)과 후삼한(後三韓)으로 나누어서 전삼한은 만주와 하북성 일대에 있었고, 후삼한은 한반도에 있었다고 본 것이다.

『삼국지』에서 한의 면적을 4천리라고 했다면 전삼한을 말한 것으로 이해해야지 후삼한을 말한 것으로 해석할 수는 없을 것이다. 그러나 식민사학

---

83 "韓在帶方之南, 東西以海爲限, 南與倭接, 方可四千里. 有三種, 一日馬韓, 二日辰韓, 三日弁韓. 辰韓者, 古之辰國也"(『三國志』「魏書」 '烏丸鮮卑東夷傳 韓')

의 특징 중의 하나는 같은 사료에서도 자신들에게 유리한 일부만을 떼어내어 근거로 삼고, 불리한 내용은 모른 체한다는 점이다. 쓰다 소키치도 『삼국지』의 사방 4천리라는 면적 서술은 자의적으로 빼 버리고 '3세기의 한반도 남부를 설명한 것'이라고 주장하고 있는 것이다.

이런 점에서 주목해야 할 사료가 청나라에서 만든 『흠정 만주원류고(欽定滿洲源流考:이하 만주원류고)』이다. 흠정(欽定)은 황제가 직접 저술한 책이나 황제가 저술을 명한 책을 뜻하는데, 황실 차원에서 만주족의 뿌리를 찾으려는 노력의 일환이었다. 청(淸)나라 건륭(乾隆) 42년(1777) 내각의 아계(阿桂)·우민중(于敏中)·화곤(和珅)·동고(董誥) 등의 상주로 청나라 최고의 학자들이 편찬에 참여해 건륭 54년(1789) 완성한 역사서다. 그런데 『만주원류고』는 삼한을 현재의 요동 반도 개평(蓋平)·복주(復州)·영해(寧海) 등지에 비정하고 있다.

> "삼가 상고하건대 삼한(三韓)은 부여와 읍루 두 나라의 남쪽에 있었는데, 무릇 78개 나라를 거느렸고, 사방 4천리였다. 마한(馬韓)은 서쪽에 있고, 진한(辰韓)은 동쪽에 있고, 변한(弁韓)은 진한의 남쪽에 있었다. 마한은 북쪽으로 낙랑과 접해 있었는데, 그 관할하던 곳은 지금의 개평(蓋平)·복주(復州)·영해(寧海)이다."**84**
>
> (『만주원류고』 권8, 「삼한고지·마한도독부·진주·삼한현」)

『만주원류고』는 삼한 중 가장 서쪽에 있던 마한의 북쪽은 낙랑군이었는데, 마한이 관할하던 곳은 개평, 복주, 영해라는 것이다. 개평은 지금의 요

---

84 "謹案三韓在夫餘挹婁二國之南, 所統凡七十八國, 合方四千里. 馬韓在西, 辰韓在東, 弁韓在辰韓之南. 馬韓北與樂浪接, 所轄則在今盖平復州寧海"(『滿洲源流考』 卷8, 三韓故地 馬韓都督府 辰州 三韓縣)

녕성 영구(營口)시 산하의 개주(蓋州)시를 뜻하고, 복주는 요녕성 와방점(瓦房店)시 서북쪽을 뜻한다. 이는 청나라 최고 지식인들이 마한은 요녕성에 있었으며 낙랑군은 그 북쪽에 있었다고 인식하고 있었음을 말해준다. 마한은 충청·전라도고 낙랑군은 평양에 있었다는 일제 식민사학자들의 인식과는 아주 다른 것이다. 쓰다 소키치를 비롯한 일제 식민사학자들은 처음부터 역사를 위조하려는 불순한 의도를 갖고 있었던 반면『만주원류고』편찬자들은 자신들의 정통성 부분과 상충되는 고구려를 서술에서 제외한 것을 제외하면 역사를 왜곡할 의도를 갖고 있지 않았다.『만주원류고』에서 말하는 삼한에 대한 설명이 쓰다 소키치 등의『삼국지』에 대한 자의적 해석보다는 훨씬 사실에 가깝다.

2) 『삼국지』의 삼한에 대한 자의적 해석

쓰다 소키치는『삼국지』의 한의 면적이 4천리라는 서술을 못 본 체하고 이것이 한반도 남부를 설명한 것이란 전제 하에 아래 논리를 전개한다.

> "그 상세한 것을 적을 겨를은 없지만, 3세기에 신라는 진한 12국 중에 하나에 지나지 않는 일개 소부락(小部落)이었고, 게다가 반도의 경우에 당시 문화의 중심지였던 낙랑, 대방으로부터는 가장 먼 동남쪽 모퉁이, 지금의 경주 지역에 있어서, 그 문화의 정도가 낮았을 것으로 상상되어진다. 1, 2세기에는 오히려 말할 것도 없다."[85]
>
> (쓰다 소키치, 「삼국사기 신라본기에 대하여」)

85　津田左右吉, 「三國史記の新羅本紀について」, 『津田左右吉全集』別卷 第1, 1966년, 500~501쪽.

'3세기에 신라는 진한 12국 중의 하나였다'라는 말은 『삼국사기』 「신라본기」의 서기전 1세기~3세기 때까지의 기사를 부인하는 것이다. 3세기에도 신라는 진한 12국 중의 하나에 불과했다는 것이다. 현재 사용 중인 모든 중·고교 『한국사교과서』는 신라는 '사로국'에서 출발했다고 말하고 있다. 『삼국사기』 「신라본기」는 건국 당시 신라의 "국호는 서나벌(徐那伐)"이라고 적고 있는데, 이를 부인하고 신라의 초기 국호가 '사로국'이라고 주장하는 것이다. 『삼국지』 「위서 동이열전」 '한(韓)'조에 변한과 진한에 모두 24개 국이 있었다면서 그중 하나로 '사로국(斯盧國)'을 적고 있는데 이것이 신라의 초기 국명이라는 것이다. 사로국이 신라의 초기 국명이라는 근거는 전혀 없다. 『삼국사기』 초기기록 불신론'에 따라서 신라의 국호가 '서나벌(徐那伐)'이라는 사실을 부인하고는 『삼국지』에서 발음이 비슷한 '사로국'을 끌어와 신라의 초기국호라고 조작한 것이다.

역사서의 특정 서술에 대한 내용을 부정하려면 구체적 근거를 제시해야 한다. 『삼국사기』에 나오는 특정 기사를 다른 사료와 비교해서 다른 사료의 내용이 사실이라는 근거를 제시한 후 부정해야 하는 것이 역사학의 방법론이다. 그러나 쓰다 소키치의 의도는 『삼국사기』 「신라본기」의 초기기록을 조작으로 몰고 『삼국지』 「위서 동이열전」의 '한(韓)'조로 대체시키는 것이었으므로 그런 근거가 있을 까닭이 없었다.

『삼국사기』 본기는 편년체로 서술한 반면 『삼국지』 '한(韓)'조는 개괄 형태로 쓴 것이다. '사로국'이라는 국명은 중국 25사 중에 『삼국지』에 딱 한 번 나온다. '국(國)'자가 빠진 '사로(斯盧)'는 『북사(北史)』에 한 번 나온다.

"혹은 위나라 장수 관구검(毌丘儉)이 고구려를 토벌해서 격파하자 고구
려인들은 옥저로 쫓겨 갔다가 그후에 다시 고국으로 돌아갔는데, 남
아 있던 자들이 마침내 신라를 세웠는데, 또한 사로라고도 한다"[86]

(『북사』「신라열전」)

위나라 장수 관구검이 고구려를 공격한 해를 『삼국사기』는 동천왕 20년
(246)으로 되어 있는데, 「관구검기공비」는 244년으로 기록되어 있다. 『북사』
는 244년 이후에 고구려 유민들이 신라를 세웠는데 그 이름이 신라, 또는
사로라는 것이니 이 역시 대륙 신라 이야기지 반도 신라 이야기는 아니다.
이는 3세기 중후반에 대륙에 들어선 신라를 사로라고도 불렀다는 기록이지
서기전 57년에 건국한 신라의 국명이 사로국이었다는 기록은 아니다.
쓰다 소키치는 진한 12국 중의 하나가 신라라고 말했지만 『삼국지』에서
설명하는 진한에 대한 묘사는 소략하기 그지없다. 전문을 인용해도 그리
길지 않다.

"진한은 마한의 동쪽에 있다. 그 노인들이 대대로 전해서 말하기를, '자
신들은 옛날 진(秦)나라의 부역을 피해서 한국(韓國)으로 망명했는데,
마한에서 그 동쪽 땅을 나누어 주었다'라고 하였다. 성(城)과 책(柵)이
있다. 그 언어는 마한과 같지 않아서 나라(國)를 방(邦)이라 하고, 활
[弓]을 호[弧:활]라고 하고, 적(賊)을 구(寇)라 하고, 술을 돌리는 것[行
酒]을 행상(行觴:잔을 돌림)이라 한다. 서로 부를 때는 모두 도(徒:무
리)라고 하는데, 진(秦)나라 사람들과 흡사하지만 다만 연(燕)·제(齊)
나라에서 쓰는 사물의 명칭은 아니었다. 낙랑 사람들을 아잔(阿殘)이

86 "或稱魏將毌丘儉討高麗破之, 奔沃沮, 其後復歸故國, 有留者, 遂爲新羅, 亦曰斯盧(『북사』「신
라열전」)

라고 부르는데, 동방 사람들이 나(我)를 아(阿)라고 하므로 낙랑 사람들 중에서 남아 있는 사람들을 이른 것이다. 지금도 진한(秦韓)이라고 부르는 사람들이 있다. 처음 6국으로 시작했는데, 점차 12국으로 나뉘어졌다."[87]

(『삼국지』「위서 동이열전」'한(韓)'조)

그리고 변진(弁辰)과 합쳐서 스물 두 개의 나라 이름을 적어놓은 것이 『삼국지』'한(韓)'조에서 본문으로 설명한 진한에 대한 모든 서술이다. 이 짧막한 서술이『삼국사기』「신라본기」수백 년의 편년체 기록을 모두 부인하는 근거가 된 것이다.

앞의 진나라에서 망명한 사람들이란 기록은『삼국지』「동이열전」'예(濊)'조에서 "진승(陳勝) 등이 일어나고, 천하가 진(秦)나라에 반기를 들자 연(燕), 제(齊), 조(趙)나라 백성이 조선 땅으로 피신한 자 수만 명이었다."[88]라는 기록의 연장선상에 있다. 연나라는 지금의 하북성 서쪽의 북경이나 산서성 등지에 있던 나라이고, 제나라는 지금의 산동반도에 있던 나라이고, 조나라는 지금의 산서성과 하남성 등지에 있던 나라였다. 지금의 산서성, 북경 일대, 하남성, 산동반도 일대에 살던 사람들이 진(秦)나라의 난리나 부역을 피해서 머나먼 만주벌판을 지나고, 평안남북도를 지나서 지금의 경상도 지역으로 왔다는 주장이다. 북경이나 산동반도에 살던 사람들이 경상도까지 왔을 리가 없다는 역사의 상식은 통하지 않는다.

---

87 "辰韓在馬韓之東, 其耆老傳世, 自言古之亡人避秦役來適韓國, 馬韓割其東界地與之。有城柵。其言語不與馬韓同, 名國為邦, 弓為弧, 賊為寇, 行酒為行觴。相呼皆為徒, 有似秦人, 非但燕、齊之名物也。名樂浪人為阿殘；東方人名我為阿, 謂樂浪人本其殘餘人。今有名之為秦韓者。始有六國, 稍分為十二國"(『三國志』「魏書」'烏丸鮮卑東夷傳 韓')

88 "陳勝等起, 天下叛秦, 燕、齊、趙民避地 朝鮮 數萬口"(『三國志』「東夷列傳」濊)

쓰다 소키치는 신라는 '문화의 중심지였던 낙랑, 대방으로부터 가장 먼 동남쪽 모퉁이에 있었으므로 문화 정도가 낮았다'고 주장하고 있다. 쓰다 소키치는 낙랑을 평안남도 평양, 대방을 황해도로 전제해 놓고 논리를 전개하는 것이다. 식민사학은 항상 큰 전제를 세워놓고 하위 논리를 전개하기 때문에 큰 전제가 무너지면 나머지 하위논리는 모두 쓸모없게 된다. 식민사학이 학문적 토론을 거부하고 우기기로 일관하는 것은 자신들이 가진 이런 약점 때문이다.

또한 낙랑, 대방의 위치가 한반도 서북부가 아니라는 사실은 제외하더라도 한국 민족은 역사·사회 발전 능력이 없기 때문에 외국의 식민 지배를 받아야 발전할 수 있다는 '한국사 정체성론(停滯性論)'에 따른 서술이다. 낙랑, 대방과 가까이 있으면 문화 정도가 높고 멀리 떨어져 있으면 낮았을 것이란 제국주의적 관점인 것이다. 이런 관점을 그대로 일본사에 적용시키면 이 당시 일본은 문명이라고는 존재하지 않던 미개인들이 살던 사회라는 결론으로 이어져야 한다. 경상도가 낙랑, 대방과 멀리 떨어져 있어서 문화 정도가 낮았다면 경상도에서도 바다를 건너야 하는 일본 사회는 말할 것도 없는 것이 아닌가? 쓰다 소키치는 마한은 낙랑, 대방과 가깝기 때문에 문화정도가 조금 높았고, 진한은 낙랑, 대방과 멀었기 때문에 문화정도가 낮았다는 희한한 논리를 펴고 있는 것이다. 그의 논리를 계속 보자.

> "진한과 낙랑군 사이에 교섭이 있었던 것은 위략(魏略)에서도 보이지만
> 그것은 진한의 서북부, 즉 낙랑군(훗날의 대방군 부분)과 접촉하고 있
> 는 지방, 다시 말하면 현재의 상주(尙州), 함창(咸昌)방면일 것이다. 그

렇다고 치더라도 진한 전체를 통해서는 중국문화의 영향이 그다지 나
타나지 않는다는 것을 위지에 의해서 추측할 수 있다."[89]

(쓰다 소키치, 「삼국사기 신라본기에 대하여」)

　진한이 낙랑군과 접촉이 있었는데, 그 접촉 장소는 지금의 경상도 상주
나 함창(상주의 옛 지명)이라는 것이다. 진한의 위치를 경상도로 전제하고
나머지 논리를 전개한 결과 나오는 위치비정들이다. 이 당시 진한은 경상
도에 있지 않았고, 낙랑군과 접촉 장소도 경상도 상주가 아니었다.

　『삼국지』'한(韓)'조에서 주석으로 인용한 『위략(魏略)』에는 진한의 위치
를 말해주는 내용이 나온다. 진한과 낙랑군과 관련한 사료다. 왕망(王莽)
의 신(新)나라 때 염사착(廉斯鑡)이란 인물이 진한의 거수(渠帥:제후)가 되
었는데, 낙랑의 토지가 비옥하고 백성들이 잘 산다는 이야기를 듣고 망명
하려고 했다. 낙랑으로 가는 중에 참새를 쫓는 한 남자를 만났는데 한인
(韓人)의 말을 쓰지 않았다. 한인(韓人)의 말을 쓰지 않았다는 것은 한인
(韓人)이 아니라 중국인이라는 뜻이다. 이 남자와 염사착이 나누는 대화가
『위략』에 실려 있다.

　"(염사착이 물으니) 남자가 대답했다. '우리들은 한인(漢人)으로서 이름
　은 호래(戶來)입니다. 우리들 1,500명은 나무를 베다가 진한의 습격을
　받아 잡혀서 머리를 깎이고 노예가 된지 3년이나 되었습니다.' 염사착
　이, '나는 마땅히 한나라 낙랑군에 항복하려 하는데, 너도 가겠는가?'

89　津田左右吉, 「三國史記の新羅本紀について」, 『津田左右吉全集』別卷 第1, 1966년, 501쪽.

라고 묻자 호래가, '좋습니다.'라고 대답했다."[90]

(『삼국지』「위서 동이열전」 '한(韓)'조)

호래는 한(漢)나라에서 잡혀온 한나라 사람이다. 쓰다 소키치나 현재의 식민사학의 위치비정에 따르면 진한은 경상도, 낙랑군은 평안도에 있다. 그러니 이들의 논리에 따르면 경상도에 사는 진한 사람들이 충북, 강원, 경기, 황해, 평안 또는 함경도를 거쳐서 만주 땅을 지나 한(漢)나라 강역까지 가서 1,500명의 벌목공을 경상도까지 납치해왔다는 것이다. 육로로는 안 된다. 한반도 북부를 한사군이 차지했기 때문에 1,500명에 달하는 한나라 출신 벌목공들을 몰래 납치해올 수 없기 때문이다. 결론은 하나밖에 없다. 경상도의 진한은 거대한 수송기 수십, 수백 대 갖고 있어야 한(漢)나라 강역까지 가서 벌목공 1,500명을 납치해 올 수 있다. 쓰다 소키치의 논리에 따르면 낙랑, 대방과 가장 먼 지역에 있어서 문화 정도가 가장 저열했던 곳이 진한이다. 그런데 그런 진한 사람들이 한나라까지 가서 벌목공을 납치해올 정도로 강한 힘을 갖고 있었다는 이야기다. 식민사학 논리는 1차 사료를 상식적으로만 해석하면 무너지게 되어 있다. 『삼국지』에서 말하는 진한은 경상도가 아니라 한(漢)나라와 가까운 대륙에 있었다.

이런 상식을 모른 체하고 억지 논리를 펼치려니까 횡설수설할 수밖에 없게 된다. 그래서 이 사건이 경상북도 상주·함창 지역에서 있었던 일이라고 1차 사료적 근거 없이 횡설수설하는 것이다. 이것으로 끝나지 않고, '그렇다고 하더라도 위지(魏志) 전체를 통해서는 중국 문화의 영향이 그다지 나타

---

90 「至王莽地皇時, 廉斯鑡為辰韓右渠帥, 聞樂浪土地美, 人民饒樂, 亡欲來降。出其邑落, 見田中驅雀男子一人, 其語非韓人. 問之, 男子曰, "我等漢人, 名戶來, 我等輩千五百人伐材木, 為韓所擊得, 皆斷髮為奴, 積三年矣」鑡曰, "我當降漢樂浪, 汝欲去不?" 戶來曰, "可」(『三國志』「魏書」'烏丸鮮卑東夷傳 韓')

나지 않는다.'는 횡설수설을 다시 덧붙이는 것이다. 진한을 미개한 소국으로 그려 놨는데 진한이 한(漢)나라 벌목공 1,500명을 납치해올 정도로 강력한 세력이란 사실이 『위략(魏略)』에 나타나자 이를 무시하고 '위지 전체를 통해서는 중국 문화의 영향이 그다지 나타나지 않는다'고 횡설수설하는 것이다. 쓰다 소키치의 논리는 모두 이런 식이다.

> "그런데 신라기(『삼국사기』 「신라본기」)는 그 최초의 국왕(거서간)을 혁
> 거세로 하면서 건국의 해를 전한(前漢)의 선제(宣帝) 오봉(五鳳) 원년
> (서기전 57)으로 했다. 그리고 이로부터 연대기가 만들어졌다. 이것이
> 매우 괴이한 일인데 이런 연대기가 후에 전(傳)할 정도라면, 1, 2세기
> 에 있어서 지나(支那:중국)의 문화는 상당히 신라에 깊숙하게 이식되
> 었다고 보지 않으면 안됨과 동시에 진한(辰韓)의 다른 제국(諸國)들도
> 같은 모습이어야만 한다."[91]
>
> (쓰다 소키치, 「삼국사기 신라본기에 대하여」)

『삼국사기』 「신라본기」에서 신라의 건국이 서기전 57년이라고 서술한 것이 '괴이하다'는 것이다. 중국 문화가 상당히 깊숙이 들어와 있어야 건국이 가능한데 어떻게 서기전 57년에 건국이 가능했겠느냐는 논리이다. 고대 신라는 국가를 수립하려면 '중국문화가 이제 많이 들어왔으니 건국해도 좋겠느냐'고 중국에 보고라도 하고나서 건국해야 한다는 논리다. 쓰다 소키치의 논리를 계속 보자.

---

91 津田左右吉, 「三國史記の新羅本紀について」, 『津田左右吉全集』別卷 第1, 1966년, 501쪽.

"여기에서 말하는 조선(朝鮮)이 위만에 쫓겨난 기씨(箕氏)인지 한 무제에게 멸망당한 위씨(衛氏)인지는 판단할 수 없지만 어느 쪽으로 보더라도 그 유민은 지나인으로 보지 않으면 안 된다. 그러므로 신라는 지나인을 기초로 한 것이라고 하지 않으면 안 된다. 그럼에도 혁거세의 성인 박(朴)이나 거서간(居西干)이라는 그 호칭(號)도 진한인의 말이라고 할 수 있을 뿐만 아니라, 신라인 혹은 그 중심이 된 사람들이 지나인일 것이라는 모습이 (『삼국사기』 「신라본기」에는) 모든 점에 있어서 보이지 않는다. 이것이 매우 불가사의이다."[92]

(쓰다 소키치, 「삼국사기 신라본기에 대하여」)

쓰다 소키치는 『삼국지』에서 묘사한 진한 사람들이 중국인이라는 전제를 갖고 있었다. 그리고 그 진한 사람들이 경상도의 신라인이란 전제도 갖고 있다. 이런 전제 아래에서 『삼국사기』 「신라본기」에서 묘사하는 신라 사람들의 모습이 중국인들의 모습이 아니기 때문에 『삼국사기』 「신라본기」가 조작이라고 주장하는 것이다.

쓰다 소키치는 『삼국지』와 『삼국사기』가 다른 역사서라는 기본 인식조차 갖고 있지 못한 듯한 인물이다. 『삼국사기』 「신라본기」는 신라 사람들에 대해서 기술한 것이지 중국인들에 대해서 기술한 것이 아니다. 『삼국사기』 「신라본기」가 신라인들에 대해서 기술했다고 '불가사의'하다고 보는 쓰다 소키치가 더 '불가사의'한 것이다.

쓰다 소키치는 『삼국사기』 「신라본기」의 내용들을 진지하게 검토할 생각 자체가 없다. 「신라본기」에서 그리는 왜인의 모습이 『일본서기』와 다르고 자

---

92 津田左右吉, 「三國史記の新羅本紀について」, 『津田左右吉全集』 別卷 第1, 1966년, 502쪽.

신의 생각과 다르기 때문이다. 『삼국사기』에 대한 쓰다의 불신은 모두 여기에서 출발한다.

3) 『삼국사기』가 그리고 있는 왜인의 모습

그러면 『삼국사기』 「신라본기」에서 그리는 왜(倭), 혹은 왜인(倭人)은 어떠한가 살펴보자. 『삼국사기』가 그리는 왜인의 모습이 어떻기에 쓰다 소키치가 무조건 부인하는 것일까? 『삼국사기』 「신라본기」에서 개국부터 서기 300년까지 왜(倭)에 관한 사항을 살펴보자.

> ① 혁거세 거서간 8년(서기전 50), 왜인이 군사를 끌고 와서 변경을 침범하려다가 시조에게 신덕(神德)이 있다는 말을 듣고 돌아갔다.
>
> ② 혁거세 거서간 38년(서기전 20), (신라 사신 호공이 마한왕에게) "우리나라는 두 성인이 나라를 세우셨을 때부터 인사(人事)를 닦고 일으키시니 천시(天時)가 화답하여 창고가 가득 차고, 인민들이 서로 공경하고 양보하니 진한 유민들부터 변한(卞韓)·낙랑(樂浪)·왜인들까지 두려워하지 않음이 없습니다."라고 말했다.
>
> ③ 남해 차차웅 11년(14), 왜인이 병선(兵船) 1백여 척을 보내 바닷가의 민가들을 약탈하자 6부의 날랜 군사를 보내 막았다.
>
> ④ 탈해 이사금 원년(57), 탈해는 본래 다파나국(多婆那國) 소생이다. 그 나라는 왜국에서 동북쪽 1,000리에 있다.
>
> ⑤ 탈해 이사금 3년(59), 여름 5월에 왜국과 우호관계를 맺고 사신을 교환했다.
>
> ⑥ 탈해 이사금 17년(73), 왜인이 목출도를 침범하므로 왕이 각간 우오(羽烏)를 보내서 막게 했는데, 우오가 이기지 못하고 죽었다.

⑦ 지마 이사금 10년(121), 여름 4월에 왜인이 동쪽 변경을 침범했다.

⑧ 지마 이사금 11년(122), 여름 4월에 큰 바람이 동쪽에서 불어와서 나무를 꺾고 기왓장이 날아갔는데, 저녁에 이르러서야 그쳤다. 서울 사람들이 "왜병이 크게 쳐들어온다."는 와언을 퍼뜨려 다투어 산골짜기로 피하니 왕이 이찬 익종(翌宗) 등에게 명해서 타일러 그치게 했다.

⑨ 지마 이사금 12년(123), 봄 3월에 왜국과 강화(講和)했다.

⑩ 아달라 이사금 5년(158), 봄 3월에 죽령(竹嶺)을 열었다. 왜인이 예물을 가지고 왔다[来聘].

⑪ 아달라 이사금 20년(173), 여름 5월에 왜의 여왕 비미호(卑彌乎)가 사신을 보내어 예물을 가지고 왔다.

⑫ 벌휴 이사금 10년(193), 6월에 왜인이 대기근 때문에 와서 식량을 구하는 자가 1,000여 명이었다.

⑬ 내해 이사금 13년(208), 여름 4월에 왜인이 변경을 침범하자 이벌찬 이음(利音)에게 군사를 거느리고 가서 막게 했다.

⑭ 조분 이사금 3년(232), 여름 4월에 왜인이 갑자기 금성(金城)을 포위하자 왕이 직접 나가서 싸우자 적이 무너져서 도주하니 날쌘 기병을 보내 뒤쫓아 쳐서 1,000여 급을 베었다.

⑮ 조분 이사금 4년(233), 5월에 왜병이 동쪽 변경을 침범했다. 가을 7월에 이찬 우로(于老)가 왜인과 사도(沙道)에서 싸웠는데, 바람을 타서 불을 놓아 배를 불사르니 적이 물에 빠져서 다 죽었다.

⑯ 점해 이사금 3년(249), 여름 4월 왜인이 서불한(舒弗邯) 우로(于老)를 죽였다.

⑰ 유례 이사금 4년(287), 여름 4월에 왜인이 일례부(一禮部)를 습격해서 불을 놓아 태우고 1,000명을 사로잡아 갔다.

⑱ 유례 이사금 6년(289), 여름 5월에 왜병이 쳐들어온다는 말을 듣고 배와 노를 수리하고 갑옷과 병기를 수선했다.

⑲ 유례 이사금 9년(292), 여름 6월에 왜병이 사도성(沙道城)을 쳐서 함락시키자 일길찬 대곡(大谷)에게 명해서 군사를 이끌고 구원해서 완수하게 했다.

⑳ 유례 이사금 11년(294), 여름에 왜병이 와서 장봉성(長峯城)을 공격했으나 이기지 못했다.

㉑ 유례 이사금 12년(295), 봄에 왕이 신하들에게 하교하기를, "왜인이 자주 우리 성읍을 침범해서 백성들이 안거(安居)하지 못하니 내가 백제와 모의해서 일시에 바다에 떠서 그 나라에 들어가 치려 하는데 어떠한가?"라고 묻자 서벌한 홍권(弘權)이 대답하기를, "우리들은 수전(水戰)에는 익숙하지 못한데 위험을 무릅쓰고 멀리 정벌한다면 예측할 수 없는 위험이 있을 것이고, 항차 백제는 거짓이 많고 늘 우리나라를 집어삼킬 마음을 갖고 있으니 또한 함께 모의하기 어렵습니다."라고 말했다. 왕이 "옳다"고 말했다.

㉒ 기림 이사금 3년(300), 봄 정월에 왜국과 사절을 교환했다.

신라 개국 때부터 서기 300년까지 『삼국사기』 「신라본기」에는 왜 관련 기사가 22개 실려 있다. 왜인이 변경을 공격하려다 시조에게 신덕이 있다는 말을 듣고 돌아갔다는 혁거세 거서간 8년(서기전 50)조 기록부터 왜국과 사절을 교환했다는 기림 이사금 3년(300)조의 기록까지 그 내용은 다양하다. 『삼국사기』 초기기록 불신론 때문에 이 시기에 대한 연구가 활발하지 않기 때문에 왜 이런 기사들이 실렸는지 알기 쉽지 않은 기사들도 있다. 어떤 기사는 현재의 경상도 지방에서 일어난 사건 같지만 어떤 기사는 경상도 지방에서 발생한 사건이라고 보기는 어렵다. 『만주원류고』에서 삼한을 요동반도로 설명한 것처럼 어떤 기사들은 만주에서 발생한 사건처럼 보인다.

이런 기사들을 보고 김부식이 조작했다고 보는 것은 무리다. 김부식은 『구삼국사(舊三國史)』를 비롯해서 그때까지 남아 있는 사료를 바탕으로『삼국사기』를 편찬했다. 역사를 연구하는 학자라면 이런 기사들이 왜 실렸는지를 해명하기 위해서 연구에 몰두해야 정상이다. 자신들이 세운 고정관념과 다르다고 이를 '모두 조작'이거나 '가짜'라고 모는 것은 역사학이 아니다. 『삼국사기』「신라본기」의 위 기사에는 ②, ⑫번처럼 신라에 유리한 사례도 있지만 ⑧, ⑯, ⑲번처럼 신라에 불리하고 왜국에 유리한 사례들도 있다.

『삼국사기』「신라본기」에 나오는 왜는 쓰다 소키치의 생각과 달랐다. 그리 강력하지도 않았을 뿐만 아니라 4세기 때까지 왜와 신라가 공방전을 벌여서는 안 되었다. 왜는 신라를 압도해야 했다. 그래야 신라를 정벌하고 가야를 점령해 한반도 남부에 임나일본부라는 식민통치기관을 둘 수 있기 때문이다. 그래서 쓰다 소키치는 한 기사, 한 기사의 의미를 연구하기보다 모두 가짜로 모는 방식을 택했다. 이런 제국주의 정치선전이 현재까지도 통하고 있는 것이다. 쓰다 소키치의 설명을 계속 들어보자.

> "이것은 확실히 3세기의 신라가 진한 12국 중의 하나라는 위지(魏志)의 기재와 모순된다. 그 당시, 백제라는 나라는 그 존재조차 이 무렵에는 분명하지 않았고, 있다고 하더라도 마한의 일개 소부락에 지나지 않았던 것과 다르지 않다. 그리고 낙랑군이 존재했던 사이에는 충청북도의 주요부분은 낙랑군의 역내였기 때문에(조선역사지리 제1권, 제2,3권 삼한강역고참조), 그곳에서 백제와 충돌할 리도 없다. 또한, 강원도방면에 있던 세력이 적으로 있는 동안에는, 함경도방면의 세력이 북변을

침공하는 것이 불가능하기 때문에, 화려(華麗)·불내(不耐)의 변구(邊寇)는 말갈의 내공(來攻)(이라는 기사)과 모순된다."[93]

(쓰다 소키치, 「삼국사기 신라본기에 대하여」)

쓰다 소키치의 『삼국사기』 초기기록 불신론의 전제는 두 가지이다. 하나는 한사군의 강역이 한반도 내에 있다는 전제이다. 한사군 강역이 한반도 북부가 아니라 만주 서쪽이라면 쓰다 소키치의 논리는 모두 무너진다. 현재의 식민사학도 마찬가지다. 그래서 기를 쓰고 '한사군=한반도설'과 『삼국사기』 초기기록 불신론'을 지키려고 애쓰는 것이다.

또 하나는 『삼국지』 「위지 동이열전」 '한(韓)'조는 3세기의 한반도 남부를 묘사했다는 전제이다. 『삼국지』 「위지 동이열전」 '한(韓)'조의 내용이 한반도의 상황을 묘사한 것이 아니거나, 3세기 때의 모습을 그린 것이 아니라면 쓰다 소키치의 논리는 또 모두 무너진다. 과연 한사군 강역은 한반도 북부에 있었던 것일까? 또한 『삼국지』 '한(韓)'조는 3세기의 한반도 남부를 묘사한 것일까?

쓰다 소키치의 이 두 가지 전제는 기초적인 사료 해석 능력만 있어도 사실이 아니란 점을 분명하게 알 수 있다. '어느 왕 몇 년에 어떤 일이 있었다.'고 편년체로 쓴 『삼국사기』 「신라본기」는 모두 가짜이고, '~라더라'라고 전체적인 상황을 대략 묘사한 『삼국지』 '한(韓)'조의 내용이 모두 사실이라는 주장은 역사학적 방법론으로는 성립할 수 없다. 『삼국사기』를 가짜로 몰려면 '『삼국사기』 「신라본기」의 어느 왕 몇 년 조의 기사를 다른 역사 사료와 비교해보니 사실이 아니다'라는 식으로 비교 검증해야지 편년체의 기록을 모두 가짜라는 식으로 부정할 수는 없다. '백제라는 나라는 3세기에 존재

---

93 津田左右吉, 「三國史記の新羅本紀について」, 『津田左右吉全集』 別卷 第1, 1966년, 503~504쪽.

하지 않았기 때문에 이때 신라와 백제는 충돌할 수 없다'는 논리나, '낙랑군이 충청북도 주요 부분까지 차지하고 있었기에 그곳에서 백제와 충돌할 수 없다'는 논리 등은 잘못된 전제 위에서 내린 결론일 뿐이다. 쓰다 소키치가 『삼국사기』「신라본기」를 가짜로 모는 논리는 모두 이런 식이다.

> "또한, 이때 맥국(貊國)이 신라의 동맹국이란 식으로 쓰여져 있지만, 맥(貊)은 압록강방면의 민족을 부르는 이름이기 때문에, 그것도 완전히 허위이다. 조분이사금(助賁尼師今:230-347) 때에 고구려군이 북변을 침입했고, 첨해이사금(沾解尼師今:247-261) 때에는 고구려와 화의를 맺었다는 것도 위와 같고(허위이며), 이때에 고구려가 신라와 교섭을 해야만 할 리도 없다는 것은 물론이다."[94]
>
> (쓰다 소키치, 「삼국사기 신라본기에 대하여」)

3세기에 신라는 존재하지 않았거나 존재했어도 진한 12국 중의 하나인 소국가에 지나지 않기 때문에 고구려와 충돌했을 리도 없고, 화의를 맺었을 리도 없다는 주장이다.

> "……조분이사금 때에 감문국(甘文國: 지금의 개령(開寧))을 평정했다고 하지만, 이것도 또한 위지(魏志)의 기재에 배치될 뿐만 아니라, 일찍부터 낙랑이나 백제 그리고 소위 말갈 등과 충돌했다는 신라기 자체의 기사와 모순된다. 이러한 지방들이 영토 내에 없다는 것은 낙랑이나 백제, 소위 말갈과 충돌할 리도 없다는 말이다."
>
> (쓰다 소키치, 「삼국사기 신라본기에 대하여」)

---

94 津田左右吉, 「三國史記の新羅本紀について」, 『津田左右吉全集』別卷 第1, 1966년, 504쪽.

쓰다 소키치의 모든 논리는 『삼국사기』 「신라본기」의 초기기록이 가짜라는 전제 아래에서 펼치는 하위 논리들에 불과하다. 그의 논리에 따르면 김부식을 비롯한 고려의 여러 학자들은 『삼국사기』를 편찬하기 위해 매일 춘추관에 출근해서 가짜 사료 조작하기에 여념 없었다는 뜻이다. 『일본서기』는 편찬자들이 마음먹고 조작과 변개를 일삼은 역사서지만 『삼국사기』는 다르다. 그래서 『일본서기』는 편찬자들의 이름도 없는 반면 『삼국사기』는 편찬위원장격인 김부식을 비롯해 모든 편찬자의 이름이 남아 있다. 『삼국사기』는 인종 23년(1145)에 왕명에 따라 김부식(金富軾)을 '편수(編修)'라는 이름의 책임편찬자로 하고, 최산보(崔山甫)·이온문(李溫文)·허홍재(許洪材)·서안정(徐安貞)·박동계(朴東桂)·이황중(李黃中)·최우보(崔祐甫)·김영온(金永溫) 등 8인의 참고(參考)와 김충효(金忠孝)·정습명(鄭襲明) 2인의 관구(管句) 등 총 11명의 편사관이 편찬한 정사이다. 편찬 당시 김부식은 71세의 고령이었으므로 전체적인 방향만 제시하고 실제 집필은 편사관들이 담당했을 것이다. 쓰다 소키치의 논리는 이들 편사관들이 매일 춘추관에 출근해서 고구려, 백제, 신라에 대한 가짜 사실을 만들어내서 『삼국사기』를 편찬했다는 것이다. 고려 사관들이 그때까지 전해지고 있던 『구삼국사』를 비롯해서 『삼국사기』에 책명이 전하는 여러 사료를 가지고 편찬했지 왜 없는 사실을 거짓말로 만들어서 편찬했겠는가? 『삼국사기』 불신론은 공자의 『춘추』, 사마천의 『사기(史記)』로부터 비롯되는 동양 사회의 역사서 편찬 방식에 대해 초보적인 이해라도 갖고 있다면 펼칠 수 없는 주장이다. 김부식은 『삼국사기』를 편찬한 동기를 이렇게 설명하고 있다.

"(성상 폐하께서는) 지금의 학문하는 사대부들은 모두 오경(五經), 제자백가(諸子百家)의 글과 진·한(秦漢)의 역사서에는 혹 널리 통하고 상세히 설명하는 사람이 있지만, 우리나라 사실에 대해서는 문득 까마득히 그 시말을 알지 못하니 심히 가슴 아픈 일이라고 말씀하셨습니다.

더구나 신라·고구려·백제가 3국을 세우고 서로 정립하여 서서 예(禮)로써 중국과 교통했던 까닭으로 범엽(范曄)[95]의『후한서』와 송기(宋祁)[96]의『당서(唐書)』에 모두 삼국에 관한 열전이 있습니다. 그러나 국내(중국)의 사실은 상세히 기재하고 외국의 사실은 간략히 기재하여 상세히 기록하지 않았습니다.

더욱이 고기(古記:우리나라의 옛 기록)는 문장이 거칠어 뜻이 통하지 않고 사적(事跡)이 빠져 없어졌으므로 이것으로는 임금의 착함과 악함, 신하의 충직함과 간사함, 국가의 편안함과 위태함, 인민의 다스려짐과 어지러워짐을 모두 드러내어 뒷사람들에게 권장하고 경계를 할 수 없게 되었습니다.

그래서 마땅히 삼장(三長)[97]의 재주를 얻어 일가의 역사를 이루어 이를 만세에 전해서 해와 달처럼 환하게 밝히고 싶다고 하셨습니다."

(김부식, 「진삼국사표(進三國史表)」)

김부식은 이 「진삼국사표(삼국사를 올리는 표문)」에서 "신의 학술이 이처럼 천박하온데……정신을 다 쓰고 힘을 다하여 겨우 편찬을 완성했으나 마침내 볼만한 것이 없으니 다만 스스로 부끄러워할 뿐입니다"라고 말했다. 김부식은『삼국사기』를 편찬하면서 스스로 능력과 학식이 부족한 것을 한탄했지『일본서기』처럼 사실을 왜곡, 변조할 생각은 하지도 못했다. 또한

---

95 중국 남북조 시대 송나라 사람으로『후한서』 90권을 지었다.

96 송나라 사람으로 구양수(歐陽脩)와 함께『신당서(新唐書)』를 편찬했다.

97 역사가가 되는 데 필요한 세 가지 조건. 당나라의 유지기(劉知幾)가 말한 재(才), 학(學), 식(識)을 말한다.

『삼국사기』는 「본기」 외에도 「연표」, 「지(志)」, 「열전」 등을 갖춘 기전체 사서이다. 편찬자의 이름도, 서문도 없고, 「지」나 「연표」, 「열전」 등도 없는 『일본서기』와는 비교할 수 없는 역사서이다.

그러나 일본인 식민사학자들은 이런 『삼국사기』는 가짜고 『일본서기』는 진짜라고 우기는 것이다. 쓰다 소키치는 『삼국사기』 「신라본기」의 영토 확장 기사를 장황하게 비판하다가 이렇게 결론 내린다.

> "이상과 같이 말한 바를 종합해 보면 신라기의 상대(上代) 부분에 보이는 외국관계나 영토에 관한 기사는 모두 사실이 아닌 것으로 이해된다."[98]
>
> (쓰다 소키치, 「삼국사기 신라본기에 대하여」)

『삼국사기』 「신라본기」 초기기록의 "외국 관계나 영토에 관한 기사는 '모두' 사실이 아니"라는 주장이다. 편년체로 작성한 수많은 기사가 '모두' 사실이 아니라는 과감한 주장의 근거는 『삼국지』 '한(韓)'조의 몇 줄짜리 기사와 쓰다 소키치 자신의 정황논리뿐이다.

> "왕실에 관한 기사에 있어서는, 앞에서 말한 혁거세의 난생설화(이것에서 박씨라는 이름이 설명 되고 있다)외에 탈해에 관한 설화도 비슷한 이야기(그것으로부터 탈해라는 이름 설명을 결합(結合)시키고 있다)가 있고, 김씨 및 계림(鷄林)이란 말의 설명도, 계명(鷄鳴:닭 울음소리)을 듣고 금독(金櫝:금궤)을 얻었다는 설화, 표주박을 차고, 왜로부터 바

---

98 津田左右吉, 「三國史記の新羅本紀について」, 『津田左右吉全集』別卷 第1, 1966년, 505쪽.

다를 건너 온 호공(瓠公)이란 자의 설화 등이 있으나, 이것들이 사실이

아닌 것은 물론이다."

(쓰다 소키치, 「삼국사기 신라본기에 대하여」)

고대 국가의 건국 사화(史話)는 해석이 중요하다. 김부식을 비롯한『삼국
사기』편찬자들은 그때까지 남아 있는 사료 중에서 신라 건국 사화를 취사
선택해서 실었을 뿐이다. 쓰다 소키치의 주장대로 특정 역사서의 해당 부분
을 아무런 논리도 없이 '모두 가짜'라고 주장한다면 모든 건국 사화는 가짜
가 될 것이다.

"또한 앞에서 말한 것과 같이 산천에 제사 드렸다라든가 기림이사금(基
臨尼斯今) 때에 태백산에서 망제(望祭)를 드렸다는 것도 지나적(支那
的)인 정치 종교사상으로서 한인(韓人)의 풍습이 아니다."

(쓰다 소키치, 「삼국사기 신라본기에 대하여」)

쓰다 소키치는『삼국사기』「신라본기」 초기기록의 각종 제사 사적도 위서
의 근거로 제시하고 있다. 중국적인 정치 종교사상이라는 것이다. 그러면서
'한인의 풍습이 아니다'라고 단정 짓고 있다. 쓰다 소키치는 신라인의 풍습
이 어떤지 제시한 적이 없다. 1차 사료에 근거해 고대 신라인의 풍습을 재현
해 내고 그 모습과 「신라본기」의 제사 모습이 다르다고 주장하면 그나마 근
거가 있다고 할 수 있지만 그런 사실은 전혀 제시하지 않는다. 그럼에도 불
구하고 결론은 명확하다. '이것들이 사실이 아닌 것은 물론이다.'라든지 '이
러한 기사들이 모두 사실일리 없다는 것은 물론이다.'라는 따위의 결론을

남발한다. 근거는 없지만 결론만은 명확하게 단정 지어서 사실인 것처럼 호도하는 것이다.

4) 『삼국사기』를 가짜로 모는 논리

쓰다 소키치는 『삼국사기』 「신라본기」가 가짜라고 주장했다. 그러나 그렇게 주장하려면 『삼국사기』 편찬자들이 무슨 근거로 가짜 『삼국사기』를 작성했는지 설명해야 했다. 나아가 왜 『삼국사기』를 가짜로 작성했는지 설명해야 했다. 그의 설명은 이런 것이다.

"그렇다면, 신라기의 기사는 어떻게 작성된 것인가를 보면 첫 번째는 지나(支那)의 사적(史籍)에서 빌려온 것이거나 혹은 그것을 기초로 해서 고안해서 만들어낸[按出] 것이 있다. 신라의 육촌(六村)이 조선의 유민(遺民)으로 구성되어 있다고 한 것은 다분히 앞에서 말했던 위략(魏略)의 기사, 즉 위씨(衛氏)조선의 유민이 한 때 진한(辰韓)으로 왔다는 이야기에서 유래한 것인데 그것을 진한(辰韓)의 육부(六部)라고 말한 것은 위략(魏略)에 진한(辰韓)이라고 쓰여 있기 때문이다."

(쓰다 소키치, 「삼국사기 신라본기에 대하여」)

그림 12 쓰다 소키치(津田左右吉). 쓰다 소키치는 조선총독부의 이마니시 류와 함께 지금도 남한강단 사학자들에게 큰 영향력을 끼치는 인물이다.

쓰다 소키치의 논리는 「신라기」, 즉 『삼국사기』 「신라본기」는 지나, 즉 중국의 사적에서 가져왔다는 것이다. 이것은 『삼국사기』 「신라본기」뿐만 아니라 「고구려본기」 등을 가짜로 몰 때도 쓰다 소키치가 즐겨 사용하는 방법이다. 물론 김부식을 비롯한『삼국사기』편찬자들은 중국 사료를 봤다. 그러나『삼국사기』편찬의 기본 사료는 중국 사료가 아니라『구삼국사』를 비롯한 삼국 전래의 기본 사료였고, 중국 사료는 비교용이나 참고용으로 대조했다. 김부식은 삼국의 인명, 지명이 때로는 훈독(訓讀), 때로는 음독(音讀)으로 되어 있다는 사실을 잘 모른 체 하나만 쓰거나 둘 다를 써준 경우가 있다.

예를 들어서 신라 시조 박혁거세에 대해『삼국사기』「신라본기」는 "성은 박씨이고 이름은 혁거세(赫居世)"라고 기록했다.『삼국유사』는 혁거세왕이란 용어에 대해, "대개 신라 말로서 혹자는 불구내왕(弗矩內王)이라고 하는데, 밝은 빛으로 세상을 다스린다[光明理世]는 뜻이다"[99]라고 적고 있다.『삼국사기』는 혁거세라고 적은 것을『삼국유사』는 '불구내'라고도 읽는다면서 '밝은 빛으로 세상을 다스린다는 뜻'이라고 설명하고 있다. 그런데 '혁거세(赫居世)=불구내(弗矩內)=광명이세(光明理世)'는 모두 같은 뜻이다. 북한의 이두학자 류렬은『세나라 시기의 리두에 대한 연구』에서 '赫居世=弗矩內=光明理世'는 모두 '밝은 누리'라는 뜻을 달리 적은 것이라고 말했다.[100] 즉,『삼국사기』는 뜻으로 읽는 훈독으로 쓴 것이고,『삼국유사』는 음으로 읽는 음독으로 썼다는 것이다. 혁(赫)은 '밝다', '밝은'의 뜻이고, 세(世)는 '누리'라는 뜻으로서 '밝은 누리', 또는 '밝은 빛으로 다스리는 세상[光明理世]'을 뜻한다는 것이다. 즉 밝은 빛으로 세상을 다스리는 임금이란 뜻이 '혁거세'이고 '불구내'라는 것이다.『삼국사기』편찬자들이 창작한 이름이 아니라는 사실을 알 수 있다.

---

99 "蓋鄕言也 或作弗矩內王 言光明理世也"(『三國遺事』「卷一」新羅 始祖 赫居世王)

100 류렬,『세나라 시기의 리두에 대한 연구』, 과학·백과사전출판사, 1983, 428쪽, 여기서는 한국문화사(1995)의 영인본 같은 쪽을 인용했다.

고구려 시조 동명성왕도 마찬가지다. 동명성왕에 대해 『삼국사기』 「고구
려본기」는 "시조 동명성왕의 성은 고(高)요, 이름은 주몽(朱蒙)이다-혹은 추
모(鄒牟)라고도 하고 중모(衆牟)라고도 한다"[101]고 말하고 있다. 그런데 「광
개토태왕릉비」도 "아! 옛날 시조 추모왕께서 창업하신 터전이다[惟昔始祖鄒
牟王之創基也]"라고 설명하고 있다. 김부식은 「광개토태왕릉비」를 보지 못
했는데 『삼국사기』에서 '추모(鄒牟)'라고 쓴 것처럼 「광개토태왕릉비」역시
추모(鄒牟)라고 표기하고 있다. 또한 1935년 중국 길림성 집안에서 발견된
「모두루묘지명(牟頭婁墓誌銘)」에도 고구려의 시조에 대해 "하백의 손자이고
해와 달의 아들인 추모[河泊之孫日月之子鄒牟]"라고 시조를 '추모'라고 쓰
고 있다. 이는 『삼국사기』초기기록이 조작이 아니라 그때까지 전해지던 사
료를 보고 썼다는 사실을 말해주는 증거들이다. 고구려 시조에 대한 여러
표기들이 모두 '활 잘 쏘는 사람'이란 뜻의 이두 표기라고 북한의 리두 연구
결과는 설명하고 있다.[102]

고려 말 이규보는 서사시 「동명왕편(東明王篇)」서문에서 "지난 계축년
(1193, 명종 23) 4월에 『구삼국사(舊三國史)』를 얻어 동명왕본기(東明王本
紀)를 보았다"[103]고 말하고 있다. 이때는 김부식이 왕명을 받들어 고려 인종
23년(1145) 『삼국사기』를 편찬했을 때보다 48년 후인데, 이때까지도 『구삼국
사(舊三國史)』가 전해지고 있었다는 뜻이다. 김부식을 비롯한 편찬자들은
『구삼국사』를 비롯해서 그때까지 고려에 전해지던 여러 사적들을 기본 사료
로 삼아 『삼국사기』를 편찬한 것이다. 이때 중국 사료도 일부 참조했을 것임

---

101 "始祖 東明聖王 姓高氏 諱朱蒙 一云鄒牟 一云衆牟"(『三國史記』「高句麗本紀」始祖 東明聖
王)

102 류렬, 『세나라 시기의 리두에 대한 연구』, 과학·백과사전출판사, 1983, 210~211쪽.

103 "越癸丑四月, 得舊三國史, 見東明王本紀"(『東國李相國集』第3卷 古律詩)

은 물론이다. 중국 사료를 참조했다는 것은 오히려『삼국사기』의 사실성을 높여주는 근거가 될망정 가짜로 모는 근거가 될 수는 없다.

쓰다 소키치의 논리가 상호 모순되는 것은 여럿 있지만『삼국사기』「신라본기」에 대해 '위략(魏略)에서 유래했다'고 쓰는 것도 그 하나이다. 쓰다 소키치는『삼국사기』초기기록을 부인하고『삼국지』「동이열전」'한(韓)'조로 대체시켰다. 즉『삼국지』「동이열전」'한(韓)'조의 내용은 사실이지만『삼국사기』초기기록은 모두 가짜란 이야기다. 그런데 '위략(魏略)'이란 다름 아닌『삼국지』「동이열전」'한(韓)'조에 덧붙인 내용이다. 쓰다 소키치의 논리대로라면『위략』을 보고 썼다면『삼국사기』는 사실이어야 한다. 앞에서는 이렇게 말하고 뒤에서는 달리 말하는 것이 식민사학의 특징이기도 한데 이런 '분절적(分節的) 사고'가 가능한 것은 목적이 앞서기 때문이다.

식민사학은 제국주의의 침략 논리에 부응한다는 정치적 목적을 가지고 논리를 전개한다. 필요한 부분만 자의적으로 취사선택해서 논리를 만든다. 그래서 한 부분을 보면 그럴듯해 보이지만 다른 부분을 보면 상호 모순된다. 무엇보다도 전체를 연결해 놓고 보면 앞뒤가 맞지 않는다. 그래서 식민사학은 역사 전반을 연구하지 못하게 칸막이를 쳐놓고 자신의 세부 전공만 연구하게 한다. 전체를 연결해 놓으면 전제 자체가 잘못되었다는 식민사학의 구조가 드러나서 논리가 파탄나기 때문에 특정 부분만 연구하게 한 것이다.『조선사편수회 식민사관 비판 I-한사군은 요동에 있었다』에서 설명했듯이 대방군에 대한 내용도 대방군만 따로 떼어 설명하면 그럴듯해 보인다. 그러나『삼국지』「위서(魏書)」등에 나오는 공손씨 일가에 대한 전체 상황을 보면 공손씨가 황해도에 대방군을 설치했다는 것은 완전히 불가능한 공상이란 결론이 나올 수밖에 없다. 이런 허점을 갖고 있기 때문에 쓰다 소키치는『삼국사기』「신라본기」의 초기기록을 개별적으로 분석하는 대신 '이러한 기사들이 모두 사실일리 없다는 것은 물론이다'라고 모두 부인하는 방식을 택했다. 그러면서 『삼국지』 「동이열전」 '한(韓)'조가 사실이라고 대체시켰다. 그러면서 『삼국사기』 「신라본기」의 초기기록이 『삼국지』 「동이열전」 '한(韓)'조의 『위략(魏略)』을 베꼈으니 가짜라는 것이다. 『삼국지』 「동이열전」 '한(韓)'조의 내용이 사실이면 그것을 보고 베낀 『삼국사기』 「신라본기」의 내용도 사실이어야 하는데, 그것까지 생각할 겨를이 없다. 『삼국사기』 「신라본기」 초기기록을 가짜로 모는데 몰두하다보니 앞뒤가 모순되는지도 모르고 횡설수설하는 것이다. 이런 횡설수설의 쓰다 소키치가 전후 일본에서 이른바 '쓰다 사학'으로 맹위를 떨쳤으니 일본의 역사학 수준이 왜 아직도 임나일본부설을 폐기하지 않는지를 말해준다.

앞뒤가 맞지 않다보니 쓰다 소키치 스스로도 이상한 것을 느낄 때가 있다. 가끔 제정신이 들 때도 있는 것이다.

> "지나인(支那人)이 소위 이적(夷狄)을 중국인의 후손으로 했던 것과 달리 신라인이 자신들의 선조를 지나인으로 한 것은 이상한 것이지만 탁발(拓跋) 위(魏)가 그 선조를 황제(黃帝)로 한 것[104]과 마찬가지로 사상상(思想上) 지나(支那)를 본위(本位)로 하는 것 역시 당연할 것이다." [105]
>
> (쓰다 소키치, 「삼국사기 신라본기에 대하여」)

---

104 북위(北魏)의 효문제(孝文帝: 재위 471~499)는 태화(太和) 18년(494) 수도를 평성(平城: 현 산서성 대동(大同))에서 낙양으로 천도한 후 선비족의 풍습을 바꾸는 대대적인 한화(漢化) 정책을 수행했다. 선비어를 한어(漢語)로, 선비족의 복장을 한복(漢服)으로 바꾸고, 성도 중국인들의 성으로 바꾸고 탁발씨를 원(元)씨로 바꾸었다. 이런 한화정책으로 다수의 피지배 민족이었던 한인(漢人)들과 융화하는 데는 성공했지만 선비족 사이의 거센 반발을 낳았다. 효문제 사후인 정광(正光) 5년(524) 육진기의(六鎭起義)가 일어나 534년 북위는 동위(東魏)와 서위(西魏)로 분열되고 말았다. 끝내 선비족 자체가 사라지는 계기가 되었다.

105 津田左右吉, 「三國史記の新羅本紀について」, 『津田左右吉全集』別卷 第1, 1966년, 506쪽.

쓰다 소키치가 신라인이 자신들의 선조를 지나인(중국인)으로 했다는 것 또한 억측이다. 그는 『삼국사기』 「신라본기」에서 혁거세가 등장하기 이전에 "조선(朝鮮) 유민이 산곡 사이에 살아서 육촌을 이루었다"고 쓴 것을 가지고 이렇게 견강부회한 것이다. 쓰다 소키치는 "신라의 육촌(六村)이 조선의 유민(遺民)으로 구성되어 있다고 한 것은 아마도 앞에서 말했던 위략(魏略)의 기사, 즉 위씨(衛氏)조선의 유민이 한 때 진한(辰韓)으로 왔다는 이야기에서 유래한 것"이라면서 위만 조선의 유민을 중국인으로 몰고 있는 것이다. 그러면서 신라인들이 사상적으로 중국을 본위로 삼았다고 우기는 것이다. 『삼국사기』가 중국의 사적을 베꼈다고 주장하기 위한 것이다.

그러면서 위나라 탁발씨의 사례를 거두절미하고 끌어들여 자신의 주장을 합리화하는 것이다. 탁발씨는 고구려와 친밀했던 선비(鮮卑)족으로서 위(魏)나라를 건국했다. 조조(曹操)의 위나라와 구분하기 위해 북위(北魏)라고 부르는데, 그 7대 황제 효문제(孝文帝:재위 471~499) 탁발굉(拓跋宏)이 선비족의 정체성을 한족과 비슷하게 바꾸는 한화(漢化)정책을 취하면서 큰 변화가 일어나게 된다. 효문제는 태화(太和) 18년(494) 수도를 현재의 산서성 대동(大同)에서 하남성 낙양(洛陽)으로 천도한 후 선비족의 풍습을 한족(漢族)의 풍습으로 바꾸는 정책을 강하게 추진했다. 선비어 대신 한어(漢語)를 사용하게 하고, 선비족의 복장을 한복(漢服)으로 바꾸고, 성도 중국인들의 성으로 바꾸면서 북위의 종성(宗姓)인 탁발씨를 원(元)씨로 바꾸었다. 이런 한화정책으로 다수의 피지배 민족이었던 한인(漢人)들과 융화하는 데는 성공했지만 선비족을 둘로 분열시키면서 낙양 이외 선비족들의 큰 반발을 낳았다. 그 결과 효문제 사후인 정광(正光) 5년(524) 육진기의(六鎭起義) 또는 육진의 난이라고 불리는 큰 난리가 발생해 북위는 534년 동위(東魏)와 서위(西魏)로 분열되고 말았다. 효문제의 한화정책은 명암이 분명한 정책이고 목적이 뚜렷한 정책이었다. 즉 의도적으로 자신들의 정체성을 버리고 한족과 동화하려 한 것이다. 그러나 초기 신라인들이 자신들의 선조를 중국인으로 조작할 이유는 없었다.

쓰다 소키치는 "신라인이 자신들의 선조를 지나인으로 한 것은 이상한 것이지만"이라고 말했다. 이상하다면 그 원인을 찾아서 분석해야 하는데 쓰다는 그렇게 하지 않는다. 목적 자체가 『삼국사기』 「신라본기」의 초기기록을 가짜로 모는데 있기 때문에 여기에 꿰어 맞추면 되는 것이다. 여기에서도 쓰다 소키치는 『삼국지』 「동이열전」 '한(韓)'조와 『삼국사기』 초기기록을 혼동하고 있다. 『삼국지』 「동이열전」 '한(韓)'조의 내용을 무조건 사실이라고 믿고 다음 논리를 전개하는 것이다.

> "둘째는 후세의 상태를 예전부터 있었던 것으로 해서 후의 사적(史籍)에서 그 기반을 구상(構想)한 것이 있는데 앞에서 언급한 영토의 문제나 고구려나 백제, 가야에 관한 관계 등이 그것에 해당된다. 특히 외국 관계에 관해서 이상의 두 가지 방법에 의해 모든 부근의 민족 또는 국토의 명칭을 열거했음을 상상(想像)할 수 있다. 셋째는 정치도덕에 관한 사상(思想)의 소산(所産)이 지나(支那)의 경전(經典)으로부터 왔다는 것은 말할 필요도 없다."[106]
>
> (쓰다 소키치, 「삼국사기 신라본기에 대하여」)

쓰다 소키치의 논리는 간단하다. 『삼국사기』 「신라본기」 초기기록은 모두 가짜이며 모두 외국의 사적에서 가져왔다는 것이다. 어떤 사실을 어느 기록에서 가져왔는지는 구체적으로 논증하지 않는다. 쓰다 소키치는 "남해차

---

106 津田左右吉, 「三國史記の新羅本紀について」, 『津田左右吉全集』 別卷 第1, 1966년, 507쪽.

차웅 때 북명인(北溟人)이 밭을 갈다 주운 예왕(濊王)의 인(印)을 바쳤다는 것도, 예왕의 인(印)을 언급한 위지(魏志) 부여전(夫餘傳)에서 유래한 것"이라고 주장했다. 이는『삼국사기』남해 차차웅 16년(19) 봄 2월조에 "북명사람[北溟人]이 밭에서 예왕의 인(印)을 얻어서 바쳤다"[107]는 기사를『삼국지』「위지 동이열전」'부여'조에서 따왔다고 주장하는 것이다. 쓰다 소키치는『삼국사기』의 어떤 구절이 중국 기록과 같은 내용을 담고 있으면 거두절미하고 중국 사적에서 베껴왔다고 주장한다. 그럼 과연『삼국지』부여조에서 따왔는지『삼국지』의 부여조를 살펴보자.

『삼국지』「위지 동이열전」'부여'조는 이렇게 말한다.

> "그(부여) 도장에 '예왕지인(濊王之印)'이란 글귀가 있고 나라 가운데에 예성(濊城)이란 고성(故城)이 있다. 대개 본래 예맥(濊貊)의 땅이었는데, 부여가 그 가운데에서 왕(王)이 되었으므로 자기들 스스로 '망명한 사람'이라고 말하는 이유가 여기에 있는 듯 하다."[108]

이 구절을 가지고 남해 차차웅 때 북명 사람이 '예왕의 인'을 바쳤다는 구절을 만들어 냈다는 것이다. 기발한 착상이라 하지 않을 수 없다. 그런데『진서(晋書)』「동이열전」'부여'조에는 "부여국은 현도 북쪽 천여 리에 있고 남쪽은 선비(鮮卑)와 접해 있다……그 왕의 인문(印文:도장의 글씨)을 예왕지인이라고 칭한다. 나라 안에 옛 예성이 있는데 본래 예맥의 성이다"[109]라

---

107 "16년(19) 봄 2월 북명사람이 밭에서 예왕의 인(印)을 얻어서 바쳤다(十六年春二月 北溟人 耕田 得濊王印獻之)"(『삼국사기』남해 차차웅 16년)

108 "其印文言 濊王之印, 國有故城名濊城, 蓋本濊貊之地, 而夫餘王其中, 自謂亡人, 抑有以也"(『三國志』「魏書」東夷列傳 夫餘)

109 "夫餘國在玄菟北千餘里, 南接鮮卑……其王印文稱 濊王之印 國中有古濊城, 本濊貊之城也"(『晋書』東夷列傳 夫餘)

는 구절이 있다. 부여는 현도보다도 1,000여 리 북쪽에 있다는 것이다. 원래 가짜를 만드는 사람은 진짜와 흡사하게 만들려고 노력하는 법이다. 쓰다 소키치의 논리에 따르면 경상도 귀퉁이에 있던 신라의 초기기록을 작성하면서 만주에 있는 현도보다도 북쪽으로 1,000여 리에 떨어져 있는 부여국의 사료를 갖다가 조작했다는 것이니 도무지 앞뒤가 맞지 않는다.

『삼국사기』「고구려본기」 대무신왕(大武神王) 4년(21) 겨울 12월조에는 대무신왕이 부여를 정벌하러 갈 때 여러 사람들이 나타나 도와주는 기록이 나온다. 그중 한 사람이 대무신왕에게 절을 하면서 "신은 북명사람(北溟人) 괴유(怪由)입니다. 대왕이 북쪽으로 부여를 정벌하신다고 엿들었습니다. 신은 따라가서 부여왕의 머리를 취하고자 청합니다."[110]라고 말했다는 기록이다. 북명사람 괴유는 대무신왕의 부여 정벌에 따라가기를 자청해서 실제로 부여왕의 머리를 베는 큰 전공을 세웠다. 그 이듬해 괴유가 위독해지자 대무신왕은 직접 가서 위문하고는 그가 죽자 북명산(北溟山) 양지에 장사 지내고 담당 관리에게 해마다 제사지내게 했다[111]고 기록하고 있다. 여기에서 북명은 북명산이 있는 지역을 뜻한다는 것을 알 수 있다. 또한 『삼국사기』 「지리지」에는 삼국의 이름만 있고 그 지역이 어딘지 상세하지 않은 지명 중에 북명향(北溟鄕)과 북명산(北溟山)이 나온다. 쓰다 소키치는 '예왕의 인'이란 구절을 『삼국지』 부여조에서 베낀 것이라고 주장했지만 예왕의 인을 바쳤다는 북명사람에 대해서 살펴보면 이처럼 다양한 사례들이 나온다. 이 모든 씨줄과 날줄을 김부식을 비롯한 『삼국사기』 편찬자들이 모여서 머리를 짜내서 창작했다는 것이다. 고려 춘추관은 공상 소설을 창작하는 곳이란 주장이다.

---

110 "拜王曰 '臣是北溟人怪由 竊聞大王北伐扶餘 臣請從行取扶餘王頭' 王悅許之"(『三國史記』 「髙句麗本紀」大武神王)

111 "葬於北溟山陽 命有司以時祀之"(『三國史記』「髙句麗本紀」大武神王 5年)

쓰다 소키치는 신라의 건국년이 서기전 57년(갑자년)인 것을 비판하면서 "그 갑자년을 BC 57년으로 한 것은 BC 37년을 시조 동명왕의 즉위년으로 한 고구려, BC 18년을 시조 온조의 즉위년으로 한 백제 건국년보다 오래되게 하려고 한 의도에서 나온 것이 아닐까?"라고 비판했다. 신라 건국년도를 고구려나 백제보다 앞선 것으로 만들려고 조작했다는 이야기다.

「신라본기」를 「고구려본기」나 「백제본기」보다 앞세우기 위해서 조작했다면 「고구려본기」나 「백제본기」는 깎아 내려야 정상이다. 그러나 쓰다 소키치는 「고구려본기」나 「백제본기」도 모두 연대를 조작해서 끌어올렸다고 주장한다. 예를 들어 쓰다 소키치는 「삼국사기 고구려 본기 비판(三國史記 高句麗紀の批判)」에서는 고구려의 초기기록이 모두 조작되었다면서 "궁(宮)과 수성(遂成)과 같은 것은 틀림없이 지나의 사적(史籍)에 기초해서 추가된 것이다."라고 주장했다.[112] 궁(宮)은 고구려 6대 왕 태조왕(太祖王:재위 53~146)이고, 수성은 7대 차대왕(次大王:재위 146~165)이다. 1세기 후반의 고구려 역사도 모두 조작이란 뜻인데, 『삼국사기』「신라본기」는 신라의 건국연대를 끌어올리기 위해서 조작했다면『삼국사기』「고구려본기」는 무슨 목적 때문에 조작까지 하면서 연대를 끌어올렸는지는 설명하지 않는다. 「백제본기」도 연대를 끌어올렸다고 주장할 뿐 왜 끌어올렸는지는 설명하지 않는다.

"이것을 생각해 보면, 전체 기년(紀年)이나 역대 국왕의 세계(世系)도 또한 허구임을 추측할 수 있다. 특히 혁거세의 건국을 갑자년(BC 57)으로 한 것은 간지(干支)의 시작을 맞춰놓은 것으로 이 갑자년 4월에 즉

---

112 津田左右吉,「三國史記 高句麗紀の批判」『滿鮮歷史地理硏究報告』9. 1922년, 406-407쪽.

위하고 다음 갑자년(AD 4) 3월에 죽었다고 했고, 그 재위를 정밀하게 만 60년으로 한 것도, 같은 사상(思想)에서 파생된 듯하다."[113]

(쓰다 소키치, 「삼국사기 신라본기에 대하여」)

『삼국사기』 초기기록을 거짓으로 모는 쓰다 소키치의 논리 중에는 신라의 건국이 서기전 57년, 즉 갑자년이기 때문에 조작이란 것도 있다. 일본에서는 이를 갑자혁명(甲子革命)이라고 해서 신유혁명(辛酉革命)과 함께 중시한다. 한국사에서는 없는 개념이기에 일본에서 그 용례를 찾아야 한다. 갑자혁명설에 대해 『일본대백과전서』는 이렇게 말하고 있다.

"참위설에서 60년에 한 번 오는 갑자년이 변혁이 일어나는 운에 해당한다는 사상.《역위(易緯)》는 갑자혁명이라고 하고, 『시위(詩緯)』는 갑자혁정(革政)이라고 한다. 일본에서는 서기 604년(추고천황[推古天皇] 12년)에 쇼토쿠(聖德)태자가 헌법 17개조를 제정하고, 관위(官位) 26계를 실시한 것이 가장 빠른 예이다"

간지가 시작하는 갑자년에 정치상의 혁명이 일어나는 것이 갑자혁명인데, 일본에서는 쇼토쿠 태자가 서기 604년에 헌법 17개조를 제정한 것 등이 갑자혁명에 해당한다는 것이다. 김부식이 갑자혁명설에 맞춰서 신라의 건국을 서기전 57년 갑자년으로 끌어내렸다는 것이다. 신라는 비록 갑자년에 건국했어도 훗날 갑자년 건국이 허구라는 비판을 피하려면 갑자년에 건국했다고 하면 안 된다는 논리이다.

신유혁명설에 대해서 『일본백과사전』은 이렇게 말하고 있다.

---

113 津田左右吉, 「三國史記の新羅本紀について」, 『津田左右吉全集』 別卷 第1, 1966년, 507쪽.

"신유년에 사회적 변혁이 일어난다는 참위설(讖緯說)의 하나. 7세기 초 3혁설(三革說:갑자·무진·신유혁명)으로 일본에 전해져서 성덕태자(聖德太子)가 17조의 헌법을 발포한 해가 갑자년이고, 『일본서기』의 기년을 정할 당시 신무(神武) 즉위를 신유년으로 하는 영향이 있었다."

(『일본백과사전』)

『일본서기』를 편찬할 때 신유혁명설에 따라서 초대 일왕이라는 신무의 즉위를 서기전 660년 신유년으로 맞추어 끌어내렸다는 고백이다. 갑자혁명이니 신유혁명이니 하는 것은 일본에서 사건의 연대를 조작할 때 사용하던 방식이었지 우리 역사서 저술전통에서는 생소한 이론들이었다. 『일본서기』를 편찬하면서 초대 일왕 신무의 즉위는 신유혁명설에 맞추어 서기전 660년으로 조작했고, 갑자혁명설에 맞추어 쇼토쿠태자의 17조 헌법발포를 서기 604년 갑자년에 맞췄다는 것이다. 한마디로 『일본서기』는 연대를 조작했다는 고백이다. 쓰다 소키치의 이 주장은 내가 도둑이니까 너도 도둑이라는 말에 다름 아니다. 일본에서는 『일본서기』를 편찬할 때 연대를 조작할 필요성이 있었는지 몰라도 김부식 등 고려 사관들이 『삼국사기』를 편찬할 때는 연대를 조작할 필요성이 전혀 없었다. 더군다나 일연 선사가 『삼국유사』를 편찬하면서 연대를 조작해야 할 이유는 더욱 없었다. 『일본서기』는 마음먹고 연대부터 조작했지만 『삼국사기』는 있는 그대로의 역사를 쓴 것이다. 『삼국사기』는 고구려사나 백제사를 자세하게 쓰지 않은 경향은 있지만 없는 사실을 쓴 것은 없다.

5) 『삼국사기』 「신라본기」의 왜에 관한 기록

쓰다 소키치가 『삼국사기』 「신라본기」 초기기록을 가짜로 모는 이유는 「신라본기」의 시각으로 보면 임나일본부설이 성립될 수 없기 때문이다. 이 때문에 『삼국사기』 「신라본기」 초기기록을 가짜로 본 것이다. 쓰다 소키치 는 이렇게 말하고 있다.

> "그런데 이런 기사(記事)를 제외하면 신라기(新羅紀)의 상대(上代) 부분
> 은 대부분 공허(空虛)하다는 것을 알 수 있고 남은 것은 왜에 관한 것
> 뿐이다. 그러나 신라기 전체의 성질이 앞서 말한 것과 같다고 한다면
> 그 왜에 관한 기사의 가치도 당연히 이로부터 유추할 수 있을 것이다.
> 첫째 왜인이 많이 왕성(王城)의 동방(東方)에 있는 해안에서 내공(來
> 攻)한 것처럼 기록되어 있으나 이것은 제1장에서 설명한 것과 같은 이
> 유로 인해 사실로서 수긍하기 어렵다."[114]

(쓰다 소키치, 「삼국사기 신라본기에 대하여」)

쓰다 소키치가 이 논문의 첫 부분에서 『삼국사기』 「신라본기」 초기기록 에 나오는 왜(倭)에 관한 기록에 대해 '사료로서는 가치가 없다고 보지 않으 면 안된다'라고 전제했던 것의 반복이다. 『삼국사기』 「신라본기」 초기기록에 는 신라가 건국 초기부터 왜와 공방전을 전개한 이야기들이 실려 있다. 혁 거세 거서간 때 왜인이 시조에게 신덕이 있다는 말을 듣고 물러갔다는 기사 (서기전 50), 변한·낙랑·왜인들까지 신라를 두려워한다는 기사(서기전 20), 왜인이 병선 1백 척으로 바닷가 민가를 약탈하자 6부의 날랜 군사를 보내 막았다는 기사(14), 왜인이 동쪽 변경을 침범했다는 기사(121), 왜국과 강화

---

114 津田左右吉, 「三國史記の新羅本紀について」, 『津田左右吉全集』 別卷 第1, 1966년, 508쪽.

했다는 여러 기사(59, 123), 왜왕 비미호의 사신이 예방했다는 기사(173) 등이 모두 가짜라는 것이다. 쓰다 소키치는 이 시기 신라는 존재하지 않았거나 존재했어도 진한 12국 중의 하나에 불과한 작은 소국이었다는 것이다. 이런 소국과 왜국이 어떻게 1대 1로 싸우거나 강화하겠느냐는 것이다. 또한 쓰다 소키치는 왜인의 공격로가 왕성, 즉 경주의 동쪽 해안이 아니라 남쪽이어야 한다고 믿고 있는 것이다. 그래야 임나일본부를 사실로 만들 수 있기 때문이다. 그래서 쓰다 소키치는 드디어 『삼국사기』 「신라본기」를 가짜로 모는 진짜 목적을 실토한다.

> "그리고 4세기 후반부터 5세기에 걸쳐 우리나라(일본)가 가야를 근거로 신라에 당도했다는 명백한 사건이 거의 나타나지 않는다는 것은, 더 더욱 왜인에 관한 기사를 찾기가 충분치 않다는 것을 나타내며, 많은 전쟁에 관한 이야기[戰爭譚]는 실제로 있었던 사실(事實)을 잃어버린 이후에 공중(空中)에서 모아서 편찬[結撰]했던 것이리라."[115]
>
> (쓰다 소키치, 「삼국사기 신라본기에 대하여」)

쓰다 소키치가 『삼국사기』 「신라본기」를 가짜로 몰아야 하는 핵심 이유는 '4세기 후반부터 5세기에 걸쳐 우리나라(일본)가 가야를 근거로 신라에 당도했다'는 내용이 보이지 않기 때문이다. 앞서 설명한 것처럼 『일본서기』 「신공(神功) 49년(249)」에 신라를 공격해서 가라 7국을 정벌하고 임나를 세웠다는 것인데, 이 기사에 2주갑 120년을 더해서 369년의 사건이라고 주장하는 것이 임나일본부설이다. 한반도 남부에 고대판 조선총독부인 임나일

---

115 津田左右吉, 「三國史記の新羅本紀について」, 『津田左右吉全集』 別卷 第1, 1966년, 508쪽.

본부가 존재해야 하는데, 『삼국사기』 「신라본기」에는 이런 모습이 보이지 않으므로 가짜라는 것이다.

쓰다 소키치의 말대로 현재도 일본과 한국의 고대사학자들은 '가야=임나'라고 주장하고 있다. 또한 '가야=임나'가 존속했던 시기도 서기 369년부터 562년까지라고 주장하고 있다.

쓰다 소키치는 『삼국사기』 「신라본기」에 4세기 후반부터 5세기에 걸쳐 일본이 가야를 근거로 신라에 당도했다는 기사가 나오지 않는다고 가짜로 몰았다. '가야=임나'가 『삼국사기』에는 나오지 않는다고 가짜로 본 것이다. 그럼 『삼국사기』 「신라본기」에서 4세기부터 5세기 사이의 왜에 관한 기록을 살펴보자.

① 흘해 이사금 3년(312) 춘 3월, 왜국왕이 사신을 보내 아들과 혼인하기를 구해서 아찬 급리(急利)의 딸을 보냈다.

② 흘해 이사금 35년(344) 봄 2월, 왜국에서 사신을 보내 혼인을 청했으나 딸이 이미 출가했다고 사절했다.

③ 흘해 이사금 36년(345) 봄 2월, 왜왕이 국서를 보내 국교를 끊었다.

④ 흘해 이사금 37년(346), 왜병이 갑자가 풍도(風島)에 이르러 민가를 노략질했다. 또 진군하여 금성(金城)을 포위하고 급히 공격했다……문을 닫고 나가지 않으니 적은 식량이 떨어져서 물러가려 했다. 강세(康世:이벌찬)에게 명해 날랜 기병을 거느리고 추격해서 쫓게 했다.

⑤ 내물 이사금 9년(364) 여름 4월, 왜병이 대거 이르렀다. 왕이 듣고 대적할 수 없을까 두려워하여 풀로 허수아비 수천 개를 만들어 옷을 입히고 무기를 지니고 토함산 아래 세워 놓았다. 용맹한 군사 1,000명을 부현(斧峴) 동쪽 들에 매복시켰다. 왜인이 무리가 많음을 믿고 직진

하자 매복했던 군사들이 일어나 불의에 공격했다. 왜인들이 크게 패해서 달아나자 추격해서 거의 다 죽였다.

⑥ 내물 이사금 38년(393) 여름 5월, 왜인이 와서 금성을 포위하고 5일 동안 풀지 않았다……성문을 닫았다. 적이 아무 공 없이 물러가자 왕이 용감한 기병 200명을 보내 그 돌아가는 길을 막고 또 보졸 1,000명을 보내 독산(獨山)까지 추격해서 좌우에서 공격해서 크게 물리치고 죽이거나 사로잡은 사람이 매우 많았다.

⑦ 실성 이사금 원년(402) 3월, 왜국과 우호를 통하고 내물왕의 아들 미사흔을 볼모로 삼게 했다.

⑧ 실성 이사금 4년(405) 여름 4월, 왜병이 와서 명활성을 공격했으나 이기지 못하고 돌아갔다. 왕이 기병을 이끌고 독산 남쪽 길목에서 기다리고 있다가 두 번 싸워서 격파해서 300명을 죽이거나 사로잡았다.

⑨ 실성 이사금 6년(407) 봄 3월, 왜인이 동쪽 변경을 침략했다.

⑩ 실성 이사금 7년(408) 봄 2월, 왕은 왜인이 대마도에 병영을 두고 무기와 군량을 쌓아두고 우리를 습격하려 한다는 말을 듣고 먼저 날랜 군사를 뽑아 적의 군영을 습격하려 했다(서불한 미사품이 정벌은 위험하다면서 방어전을 건의했다)…왕이 그 말을 따랐다.

⑪ 실성 이사금 14년(415) 가을 8월, 왜인과 풍도에서 싸워서 이겼다.

⑫ 눌지 마립간 2년(418) 가을, 왕의 동생 미사흔(未斯欣)이 왜국에서부터 도망쳐 돌아왔다.

⑬ 눌지 마립간 15년(431) 여름 4월, 왜병이 동쪽 변경을 침략해서 명활성을 포위했는데 성과 없이 돌아갔다.

⑭ 눌지 마립간 24년(440), 왜인이 남쪽 변경을 침략해 산사람을 노략질해 돌아갔다.

⑮ 눌지 마립간 28년(444) 여름 4월, 왜병이 금성을 10일 동안 포위했다가 식량이 떨어지자 돌아갔다. 왕이 군사를 내어 추격하려 하자 좌우에서 말렸다…(왕이 추격했다가 패해서 장수와 사졸 반 이상이 죽었다)

⑯ 자비 마립간 2년(459) 여름 4월, 왜인이 병선 100척으로 동쪽 변경을 습격하고 나아가 월성을 포위해서 사방으로 활과 돌을 비처럼 쏘았다. 왕이 성을 지키자 장차 물러가려 했다. 군사를 내어 공격해 쳐부수고 북쪽 해구(海口)까지 이르니 적에 물에 빠져죽은 자가 반이 넘었다.

⑰ 자비 마립간 5년(462) 여름 5월, 왜인이 활개성(活開城)을 습격해 쳐부수고 1,000여 명을 포로로 잡아갔다.

이처럼 『삼국사기』 「신라본기」에는 신라와 왜에 관한 기사가 아주 구체적으로 적시되어 있다. 『삼국사기』 「신라본기」의 4~5세기 기사에는 신라에 불리한 사료도 많다. '왜병이 대거 이르렀다'는 내물 이사금 9년(364)의 기록이나 '왜국과 우호를 통하고 내물왕의 아들 미사흔을 볼모로 삼게했다'는 실성 이사금 원년(402) 기록과 금성을 포위했다는 여러 기록, 그리고 '활개성을 습격해 쳐부수고 1,000여 명을 포로로 잡아갔다'는 자비 마립간 5년(462)의 기록 등이 이를 말해준다. 『삼국사기』 「신라본기」는 이처럼 신라에 불리하고 왜국에 유리한 내용도 다수 쓰여있다. 김부식은 유학자(儒學者)로서 공문(孔門)답게 술이부작(述而不作)의 정신을 살려 『삼국사기』를 편찬한 것이지 창작한 것이 아니다.

4~5세기까지의 『삼국사기』 「신라본기」를 조작으로 몰려면 이 모든 편년체 기사에 대해서 구체적으로 반박해야 한다. 반박할 때는 믿을만한 1차 사료를 근거로 제시해야 한다. 그것이 역사학의 기본이다. 그러나 쓰다 소

키치나 현재의 식민사학자들에게 이런 반박 사료가 있을 리가 없다. 그러니 전체 내용을 두루뭉술하게 비판하면서 모두 베꼈다고 억지를 쓰는 것이다. 그래서 『삼국사기』 초기기록을 모두 가짜로 모는 대신 『삼국지』 「동이열전」 '한(韓)'조로 대체했다. 구체적인 편년체 사서를 모두 가짜로 몰고 총론에 불과한 『삼국지』 「동이열전」 '한(韓)'조로 대체한 것이다. 그리고 『삼국사기』 「신라본기」 초기기록을 모두 거짓으로 몰아부쳤다. 쓰다 소키치는 이렇게 단정 지었다.

> "전체적으로, 왜(倭)라는 문자의 쓰임새가 모두 신라인이 지나(支那)의
> 사적(史籍)을 읽은 후의 소행이다."[116]
>
> (쓰다 소키치, 「삼국사기 신라본기에 대하여」)

『삼국사기』 「신라본기」 초기기록에 나오는 왜에 관한 모든 내용은 중국의 사료를 읽은 후에 창작했다는 주장이다. 그야말로 역사학이 생기고 난 이후에 처음 들어보는 희한한 주장이다. 앞에서 두 차례에 걸쳐 제시한 『삼국사기』 「신라본기」의 왜에 관한 모든 내용들이 중국 사료를 보고 베꼈다는 것이다. 이렇게 주장하려면 중국의 어느 기록과 유사한지를 구체적으로 설명해야 한다. 그러나 그런 사료가 없으니까 '전체적으로'라는 추상적 용어를 내세우는 것이다. 쓰다 소키치에게 뼈아픈 것은 『삼국사기』의 왜국왕과 신라의 결혼 기사였다.

> "또한 흘해이사금(訖解尼師今) 때에, 왜국왕이 혼인을 요청해 신하의
> 딸을 보냈다든가, 이미 출가했다는 이유로 사양했다는 기사가 있지만

---

116 津田左右吉, 「三國史記の新羅本紀について」, 『津田左右吉全集』 別卷 第1, 1966년, 508쪽.

이것은 역대 지나(支那)의 제실(帝室)과 소위 이적(夷狄) 사이에 행해졌
던 이런 관계의 기사를 그대로 사적(史籍)에 빌려 온 것이라는 것은 말
할 필요도 없다."[117]

(쓰다 소키치, 「삼국사기 신라본기에 대하여」)

쓰다 소키치는 앞의 '① 왜국왕이 사신을 보내 아들과 혼인하기를 구함
으로써 아찬 급리(急利)의 딸을 보냈다(312)'는 기록과 '② 왜국에서 사신을
보내 혼인을 청했으나 딸이 이미 출가했다고 사절했다(344)'는 흘해 이사금
조의 기록에 큰 불만을 느꼈다. 아찬은 신라의 17관등 중 6등의 관계(官階)
였다. 쓰다의 고정관념 속에서 신라 공주와 혼인해도 시원치 않은 판국에 6
등 관계에 불과한 아찬 급리의 딸을 보내고, 다시 국혼을 요청하자 이미 출
가했다고 거절했으니 이런 기사를 사실로 인정할 수가 없었던 것이다. 그럼
쓰다 소키치는 『삼국사기』 「신라본기」의 어느 시대부터 사실로 인정하는 것
일까?

"「신라기(新羅紀)」의 상대(上代)에 대한 비판을 반드시 여기에서 모두
쓸 수 있는 것은 아니지만 왜인에 관한 기재(記載)를 가려내어 (진위
를) 증명하기 위해서는 이 정도로 충분하다고 생각된다. 그리고 대체
적으로 말해서 앞에서 서술한 것과 같이 실성이사금(實聖尼師今:재위
402~417) 때에도 명백한 허구로밖에 볼 수 없는 기사가 있기 때문에
그 앞선 내물이사금(奈勿尼師今:재위 356~402) 때, 즉 우리 군(軍:왜
군)이 처음으로 신라를 압박했다고 추측되는 기사도 다른 확실한 사

---

117 津田左右吉, 「三國史記の新羅本紀について」, 『津田左右吉全集』 別卷 第1, 1966년, 508쪽.

료의 기재에 소응(昭應:뚜렷하게 나타남)해야만 하는 것이 아닌 한 신용할 수 없다."[118]

(쓰다 소키치, 「삼국사기 신라본기에 대하여」)

쓰다 소키치는 『삼국사기』 「신라본기」의 17대 내물왕과 18대 실성왕도 조작이고 19대 눌지 마립간(訥祇麻立干:재위 417~458)부터 사실이라고 주장하는 것이다. 즉 신라의 실질적인 건국은 5세기 초라는 것이다. 신라는 『삼국사기』 「신라본기」의 기록대로 서기전 57년이 아니라 그 500년 후인 5세기 초에 건국된 나라라고 주장하고 있는 것이다. 그렇게 주장하는 근거는 전혀 제시하지 않았다. 아무런 근거 제시도 하지 못하고 자신의 생각에 그렇기 때문이라는 것이다. 그러면서 『삼국사기』를 『일본서기』와 비교해 심하게 비판했다.

"그러나 이렇게 작성되어 만들어진 신라기(新羅紀)는 매우 변변치 못하고, 하등(何等)의 생기(生氣)나 광채(光彩)도 없다. 그렇게 심하게 지나화(支那化)되고 형식화(形式化)되어 신라인의 특수한 사상도 감정도 전혀 흔적도 남기지 않았다. 물론 이것은 상당히 후대인 고려조에 편찬되었기 때문이기도 하지만, 그 사료가 되었던 신라인의 술작(述作: 글을 지어 책을 만듦)도 역시 그 비슷한 점도 없었기 때문이 아닌가? 비록 지나(支那) 사상(思想)의 윤색이 농후하고 또한 한문(漢文)으로 썼다고 해도 우리 『일본서기』와 『삼국사기』를 비교해보면 소양(霄壤: 하늘과 땅) 차이다."[119]

(쓰다 소키치, 「삼국사기 신라본기에 대하여」)

---

118 津田左右吉, 「三國史記の新羅本紀について」, 『津田左右吉全集』別卷 第1, 1966년, 509~510쪽.
119 津田左右吉, 「三國史記の新羅本紀について」, 『津田左右吉全集』別卷 第1, 1966년, 510쪽.

이것이 쓰다 소키치의 본심이다. 『일본서기』는 모두 사실이고, 『삼국사기』는 신라인이 남긴 것을 보고 썼든, 고려시대에 썼든 모두 가짜라는 것이다. 그러니 『삼국사기』를 버리고 『일본서기』를 사실로 믿어야 한다고 주장하는 것이다. 그러나 일본에서도 메이지 이전까지 『일본서기』는 『삼국사기』와 비교해서 일치해야 사실로 인정했던 문제 많은 사서이다.

일례로 『삼국사기』는 백제 제25대 무령왕(재위 501~523)에 대해 '재위 23년(523) 여름 5월에 세상을 떠나니 시호를 무령이라고 했다〔夏五月王薨 諡曰武寧〕'고 기록하고 있다. 1971년 공주 송산리에서 우연히 「무령왕릉 지석」이 발견되었다. 그 지석에는 무령왕이 '계묘년(癸卯年:523) 오월병술삭칠일(五月丙戌朔七日:5월7일) 세상을 떠났다.〔崩〕'고 정확히 기록하고 있다. 523년 5월 7일 세상을 떠났다는 것이다. 「무령왕릉 지석」은 날짜까지 적었지만 『삼국사기』는 달까지만 기록하고 날짜는 기록하지 않는 편찬 원칙에 따라 5월까지만 기록했던 것이다. 그럼에도 불구하고 『삼국사기』를 조작으로 몰던 쓰다 소키치는 한국의 민족성까지 들먹이면서 『삼국사기』 「신라본기」 불신론을 주창하면서 글을 끝맺었다.

> "경우(境遇: 사리나 도리)로 순치(馴致: 길들이기)될 것인가? 민족성이 나타난 것인가? 뿔(角)도 없는 반도인의 지식계급은 가련하게 여길 수밖에 없는 지나사상(支那思想)의 노예였다. 어떠한 국민(國民)의 상대사(上代史)에 있어서도 그 한 요소(要素)가 되는 것은 종종 설화(說話)였고, 그 설화에는 그 국민(國民)의 특수한 사상이나 감정 생활상태 등이 나타나 있지만 이러한 것들도 신라기(新羅紀)에는 지극히 빈약하다. 게다가 신라인의 사상에서 나온 특색이 없다. 혁거세나 탈해에 있어서도 알〔卵〕이 이용되었고 그 탈해나 계림(鷄林)의 알지(閼智)에 있어

서도 금궤(金櫃)가 이용되었으며 또한 혁거세나 호공(瓠公)에게도 같은 호(瓠: 표주박)가 나오는 것도 어떻게 봐도 지혜(智慧)가 없는 것처럼 보이지 않는가?"[120]

(쓰다 소키치, 「삼국사기 신라본기에 대하여」)

그림 13 무령왕릉에서 발굴된 「무령왕릉 지석」. 오른쪽에서 4번째 열의 4번째 글자를 보면 황제의 죽음을 뜻하는 '붕(崩)' 자가 적혀있다.

쓰다 소키치는 신라 초기 역사를 진지하게 연구할 생각이 전혀 없었다. 한반도 남단에 고대판 조선총독부인 임나일본부가 있어야 하므로 이를 부인하는 『삼국사기』 초기기록은 가짜가 되어야 했던 것이다.

『삼국사기』 불신론을 꾸준히 비판해온 최재석 교수는 쓰다 소키치의 『삼국사기』 「신라본기」 불신론의 논리를 이렇게 요약하고 비판했다.(괄호는 최재석 교수의 비판이다)

    Ⓐ 신라 상대의 기년, 세계(世系)는 모두 허위이다(왜 허구인지는 하나도 밝히지 못했다. 괄호는 모두 필자)

    Ⓑ 왜와 관련이 있는 기사는 모두 허위이다(왜 허구인지는 역시 밝히지 못했다. 『삼국사기』 「신라본기」에 따르면 임나일본부는 신라 부근에 존재하지 않았으므로 기록하지 않은 것이다. 반면 쓰다 소키치는 '가라=왜'라는 고정관념을 만들어놓고 『삼국사기』에 임나일본부가 나오지 않는다고 조작으로 본 것이다)

---

120 津田左右吉, 「三國史記の新羅本紀について」, 『津田左右吉全集』別卷 第1, 1966년, 510~511쪽.

ⓒ 신라 영토의 범위와 확장에 관련이 있는 것도 모두 허위이다(『삼국 사기』 「신라본기」의 신라 영토 확장 기사에 따르면 임나일본부가 존속 할 수 없으므로 허위로 본 것이다.)

ⓓ 한국은 왕도정치(王道政治)를 베푼 왕이 하나도 없었다. 기록에 나 타난 제사례(諸事例)는 모두 중국의 것을 모사한 데 불과하다(한국에 는 왜 왕도정치를 베푼 왕이 없었는지는 설명하지 못했다. 설명할 수 없었을 것이다. 이런 주장은 한국 국민에게 자국의 역사와 영토에 관 심을 갖지 못하게 하려는 음모로밖에 볼 수 없다.)

『삼국사기』를 가장 체계적으로 비판했다는 쓰다 소키치의 불신론이란 이 런 수준의 논리다. 그럼에도 불구하고 이런 논리들이 아직까지도 사라지지 않고 존속하고 있는 것 자체가 이해할 수 없는 상황일 것이다.

3. 쓰다 소키치의 『삼국사기』 「고구려본기」 불신론

쓰다 소키치는 「삼국사기 신라본기에 대하여」에서 "삼국사기의 고구려본 기(高句麗紀)·백제본기(百濟紀)도 (조작인 것은) 물론이다."라고 말했다. 『삼 국사기』 「고구려본기」와 「백제본기」 초기기록도 위서라는 것이다. 쓰다 소키 치는 「삼국사기 신라본기에 대하여」의 앞 부분에서는 신라 건국이 고구려, 백제보다 앞선 것으로 만들기 위해서 신라 건국 연대를 조작했다고 주장해 놓고는 여기에서는 또 고구려, 백제의 건국 연대도 조작이라고 상반된 주장 을 하고 있다. 『삼국사기』 초기기록은 모두 가짜라는 전제에 경도되다보니 자신이 무슨 이야기를 하고 있는지도 모르는 듯하다. 먼저 「고구려본기」에 대한 쓰다 소키치의 주장을 보자.[121]

> "국왕의 세계(世系)에 관한 고구려인의 기록은 불완전한 채로 후대에 전해져 『삼국사기』「고구려본기」의 재료가 되었다. 그 기록에 있어서 백고(伯固:신대왕, 재위 165~179년) 이후의 부분은 본국(本國:고구려)의 옛 사료에 의한 것이지만 그렇더라도 칭호(稱號)와 같은 것에는 고구려 사가(史家)의 윤색이 행해진 경우가 있는 듯하다. 또한 궁(宮:태조대왕, 재위 53~146년)과 수성(遂成:차대왕, 재위 146~165년)과 같은 것은 틀림없이 지나(支那)의 사적(史籍)에 기초해서 추가된 것이다. 그것보다 앞선 것에 관해서는 본국(本國)에도 전하는 바가 없고 지나의 사적(史籍)에도 보이지 않는데, 혹은 위서(魏書)에 있거나 혹은 광개토왕비문에 기록되어 있는 공상적(空想的) 국왕이 먼 선조(祖先)로서 (적어도 두 사람[二樣]이) 만들어졌는데 그것이 어떤 것이든 주몽(朱蒙:추모)의 이야기에 결합된 듯하다."[122]

(쓰다 소키치, 「삼국사기 고구려본기 비판」)

쓰다 소키치는 8대 신대왕(新大王:재위 165~179) 이후의 부분은 고구려의 옛 사료에 의한 것이라고 주장했다. 그 이전은 모두 창작이라는 뜻이다. 그러나 『삼국사기』「고구려본기」의 8대 신대왕 이전의 기록을 무슨 근거로 가짜라고 주장하는지는 제시하지 않았다. 근거가 있을 턱이 없는 것이다.

---

121 쓰다 소키치의 『삼국사기』「고구려본기」 비판에 대해서는 필자의 『한국사, 그들이 숨긴 진실』, 178~190쪽을 참조할 것.

122 津田左右吉, 「三國史記 高句麗紀の批判」, 『津田左右吉全集-滿鮮歷史地理硏究』 12권, 1913년, 416쪽.

쓰다 소키치가 자신의 주장을 뒷받침할 증거가 부족하면 전가의 보도로 꺼내는 것이 '중국의 사료를 베꼈다'고 주장하는 것인데, 여기에서도 마찬가지로 '지나(支那)의 사적(史籍)에 기초해서 추가'했다고 아무런 물증 없이 주장하고 있다. 그런데『삼국사기』「고구려본기」는「신라본기」보다 위서로 몰기가 쉽지 않았다. 고구려는 건국 초부터 후한(後漢) 등의 중국 왕조와 전투를 거듭했기 때문에 중국 기록에 많이 나오기 때문이다. 중국 기록에도 나오는데 고구려라는 나라가 없었다고 주장할 수는 없었다. 그래서 일제 강점기 때 일본인 학자들 중에서도 오다 아키라(太田亮)처럼 '『삼국사기』「고구려본기」의 연대는 대체로 인정할 수 있다'고 주장하는 경우도 있었다.[123]

그러나 쓰다 소키치는 달랐다. 쓰다 소키치는 막무가내로『삼국사기』「고구려 본기」초기기록을 가짜로 몰았다. 그런데 쓰다 소키치도 고려하지 않을 수 없었던 사료가「광개토태왕릉비」였다. 김부식은「광개토태왕릉비」를 보지 못하고『삼국사기』를 편찬했지만 시조 추모왕이 북부여에서 남하해 엄리대수를 건너는 부분 등이 공통적으로 실려 있었다. 이는『삼국사기』가 조작이 아니라 그때까지 전해지던 사료를 가지고 편찬했다는 중요한 증거였다.「광개토태왕릉비」를 보지 못한 김부식 등『삼국사기』편찬자들이 '물고기나 갈대 등이 다리를 만들어 주몽이 건너는 장면'을 창작할 수는 없었기 때문이다. 쓰다 소키치가「광개토태왕릉비」를 언급한 부분을 보자.

"왕조의 변혁(變革)이 있었는지의 여부도, 이런 국왕의 세계(世系)가 만들어졌을 때의 고구려인들은 알 수 없었던 듯하다. 그것[世系]이 만들어진 광개토왕 때부터 틀림없이 멀리 떨어진 앞선 시대이기 때문이

---

123 오다 아키라(太田亮:1888~1956) : 나라현 출신의 역사학자로서 입명관(立命館)대학 교수를 역임 했다. 일본의 씨족제도(氏族制度)를 연구했는데,「朝鮮古代史年代の硏究と日韓の關係」(『日本古代史硏究』제8집, 1928)에서 고구려본기의 연대는 대체로 신용할 수 있다고 주장했다.

다. 고구려본기의 유리왕(瑠璃王)부터 모본왕(慕本王)까지의 세계는 이 두 사람[二樣]의 기록을 기초로 하여 그것을 결합시켜 윤색을 더한 것이다."[124]

(쓰다 소키치, 「삼국사기 고구려본기 비판」)

쓰다 소키치는 「광개토태왕릉비」를 못 본 체 할 수 없었다. 일제 식민사학이 이 릉비를 이용해서 고대 왜가 한반도에 진출했다고 대대적으로 선전했기 때문이다. 그래서 쓰다 소키치는 '그것[世系]이 만들어진 광개토왕 때'라고 해서 고구려 국왕의 계보가 광개토태왕 때 창작되었다고 서술한 것이다. 그러나 고구려 국왕의 세계(世系)가 광개토태왕 때 만들어졌다는 아무런 근거도 제시하지 못했다. 부인할 수 없는 근거가 나오면 그것은 인정하되 그것에 실려 있는 이전 내용은 모두 창작이라고 모는 것이다. 『삼국사기』보다 731년 전에 고구려인들이 직접 세운 「광개토태왕릉비」의 내용과 이 비를 보지 못하고 편찬한 『삼국사기』의 내용이 왜 같은지에 대해서는 아무 설명도 하지 못했다. 대신 이런 세계(世系)를 만든 것이 광개토태왕 때라고 주장했다.

물론 『삼국사기』와 「광개토태왕릉비」 사이에 의문은 존재한다. 광개토태왕릉비는 광개토태왕이 추모왕의 17세손이라고 서술하고 있지만 『삼국사기』는 12세손이라고 서술하고 있기 때문이다. 그래서 북한학자 손영종은 『고구려사의 제문제』에서 고구려의 건국이 서기전 37년이 아니라 서기전 277년이라고 주장했던 것이다. 『삼국사기』 「고구려본기」는 김부식이 끌어올린 것이 아니라 끌어내린 것이란 주장이다. 이는 여타 사료에 의해 사실 여부를 더 검증해봐야 결론을 낼 수 있는 문제지만 서기전 37년의 고구려 건국 이전에

---

124 津田左右吉, 「三國史記 高句麗紀の批判」, 『津田左右吉全集-滿鮮歷史地理研究』 12권, 416~417쪽, 1913년.

도 중국 고대 사료에 '고구려(高句麗)'란 명칭이 등장한다는 점에서 고구려 건국연대를 실제보다 앞선 것으로 조작했다는 쓰다 소키치의 주장보다는 일리가 있다.

『한서』「지리지」에 나오는 현도군 산하의 속현은 세 개인데, 그 중 하나가 고구려현이다. 현도군에 대해서는 "무제 원봉(元封) 4년(서기전 107)에 설치했는데, 고구려에 대해서 왕망은 하구려(下句麗)라고 했다. 유주(幽州)에 속해 있다."고 설명하고 있다. 이때 현도군에 소속되었던 고구려와 추모왕이 건국한 고구려가 계승 관계인지는 더 연구해야 할 과제지만 최소한 고구려라고 불렸던 정치세력이 서기전 37년 이전에도 있었던 것은 분명하다. 그럼에도 불구하고 쓰다 소키치는 『삼국사기』「고구려본기」도 왕계를 창작해서 끌어올렸다고 물증 없이 주장한 것이다. 삼국은 서기전 1세기에 존재하면 안 되기 때문이다.

쓰다 소키치의 『삼국사기』「고구려본기」의 주장을 요약하면 제8대 신대왕 이후의 『삼국사기』 기록은 고구려인들의 옛 기록에 의한 것이지만 그 이전에 나오는 6대 태조대왕과 7대 차대왕에 대한 기록은 중국 사료를 보고 추가했다는 것이다. 사실을 기록한 것이 역사가 아니라 역사가가 기록을 남긴 것만 사실이라는 가치전도적인 발상이다. 쓰다 소키치의 논리에 따르면 자신들의 기록을 남기지 못한 대제국 흉노, 연연(蠕蠕), 서하(西夏) 등은 존재하지도 않았던 세력이 된다. 설사 기록이 남았더라도 중국 사료를 보고 쓴 것은 모두 조작이라는 논리이기 때문이다.

쓰다 소키치는 「광개토태왕릉비문」에 등장하는 시조 추모왕은 고구려인늘이 만든 공상의 왕이라고 주장했지만 그렇게 해석하는 근거가 무엇인지는 전혀 제시하지 못했다. 게다가 유리왕부터 모본왕까지의 세계는 공상적인 시조 이야기에 윤색을 가해서 만들었다고 주장했다. "그렇기 때문에 역사적 사실로서는 궁(宮:태조대왕)이전의 국왕의 세계는 전혀 알 수 없고"란 말은 그 이전의 국왕에 대해서는 쓰다 소키치 자신이 믿지 않겠다는 억지에 불과하다. 모본왕 때의 일을 인정하면 서기 1세기 무렵 고구려가 강력한 제국이 되니 인정할 수 없었던 것이다.

『삼국사기』「고구려본기」는 모본왕이 재위 2년(49) "장수를 보내 한나라의 북평, 어양, 상곡, 태원을 습격하게 했는데 요동태수 채융(蔡彤)이 은혜와 신의로써 대하므로 이에 다시 화친했다"[125]고 기록하고 있다. '신의로써 대하므로 화친했다'는 많은 전리품이나 배상금을 주고 강화했다는 뜻이다. 중국 사회과학원에서 편찬한 『중국역사지도집』에 따르면, 북평은 현재 북경 서남쪽 하북성 만성(滿城)현 부근이고 태원은 오늘의 산서성 성도(省都)인 태원시이다. 『삼국사기』는 모본왕이 현재의 북경과 태원 부근을 공격했다고 기록하고 있는 것이다.

그런데 이 기록은 『후한서(後漢書)』에도 나온다. 『후한서』「광무제본기」는 "(광무제) 25년(49) 춘정월, 요동 변방의 맥인(貊人)이 북평·어양·상곡·태원을 침략했는데, 요동태수 제융이 불러 항복시켰다"[126]고 전해주고 있다. 『삼국사기』와 『후한서』는 고구려 모본왕이 현재의 북경과 태원 부근을 공격했다고 공통적으로 전해주고 있다. 그러나 쓰다 소키치는 『삼국사기』「고구려본기」의 '유리왕(瑠璃王)부터 모본왕(慕本王)까지의 세계'에 대해 '이 두 사람[二樣]의 기록을 기초로 하여 그것을 결합시켜 윤색을 더한 것'이라고 주장했다. 그의 주장이 맞으려면 『후한서』를 편찬한 범엽(范曄:398~445)이 「광개토태왕릉비」를 보고 베낀 것이 되어야 한다. 그러나 범

---

125 "二年, 春, 遣將襲漢, 北平·漁陽上谷, 太原, 而遼東太守, 蔡彤[祭彤], 以恩信待之, 乃復和親".(『三國史記』, 「高句麗本紀」, '慕本王')

126 "遼東徼外貊人寇右北平·漁陽·上谷·太原, 遼東太守祭彤招降之".(『後漢書』,「光武帝本紀'第一下')

엽(范曄)은 남조(南朝) 송(宋)나라 사람으로 그가 살아 있을 때 북방은 북위(北魏)가 장악하고 있어서 고구려에 가 보지도 못했으니 「광개토태왕릉비」를 봤을 리가 없다. 모본왕 때의 일을 인정하면 고구려가 서기 1세기 때 지금의 북경 부근과 태원 지역까지 진출했던 강력한 고대 국가가 되므로 무조건 부인하는 것이다. 그러니 쓰다 소키치의 논리는 억지에 억지를 거듭할 수밖에 없었다.

> "그렇기 때문에 역사적 사실로서는 궁(宮:태조대왕) 이전의 국왕의 세계는 전혀 알 수 없고, 궁(宮)이 도(駒:또는 추(騶))의 가계(家系)에 속하는 것인지의 여부도 불명(不明)이다. 대체로 『삼국사기』「고구려본기」는) 이런 것이다."[127]
>
> (쓰다 소키치, 「삼국사기 고구려본기 비판」)

'역사적 사실로서는 궁(宮:태조대왕) 이전의 국왕의 세계는 전혀 알 수 없'다는 것은 쓰다 소키치 자신이 믿지 않겠다는 억지를 천명한 것에 불과하다. 「광개토태왕릉비」와 『삼국사기』에 다 나오지만 믿지 않겠다는 것이다. 도(駒)는 『삼국지』「동이열전」에 나오는 고구려 후(侯:제후)의 이름이다. 『한서(漢書)』「왕망열전」에는 추(騶)로 기록되어 있다. 『삼국지』「동이열전」과 『한서』「왕망열전」에 따르면 왕망이 고구려 군사를 동원해 흉노를 공략하려고 고구려 군사를 징발하려 했으나 고구려인들은 거부하고 오히려 신(新)나라를 공격했다. 왕망은 요서대윤(遼西大尹) 전담(田譚)에게 고구려를 공격하게 했지만 오히려 죽음을 당하고 말았다. 이때 엄우(嚴尤)라는 인물이 고구려 후 도(駒)를 유인해 죽이고 그 머리를 베어 장안으로 보냈다. 왕망은 크

---

127 津田左右吉, 「三國史記 高句麗紀의 批判」, 『津田左右吉全集-滿鮮歷史地理研究』 12권, 1913년, 417쪽.

게 기뻐해 천하에 고구려를 하구려(下句麗)라고 부르라고 포고했다는 내용
이다. 바로 이 내용을 『삼국사기』 「고구려본기」 '유리왕 31년(12)조'와 비교하
면 『삼국사기』 「고구려본기」가 조작되지 않았다는 사실을 알 수 있다.

먼저 『삼국지』 「위서 동이열전」 '고구려' 조는 "엄우가 고구려 후(侯) 도(駒)
를 유인해 머리를 베어 그 머리를 장안(長安)으로 전송했다. 왕망이 크게 기
뻐서 천하에 포고를 내려서 고구려를 하구려라고 이름을 바꾸게 했다."[128]
고 전한다.

『한서』 「왕망열전」은 "엄우가 고구려 후(侯) 추(騶)를 유인해서 머리를 베
기에 이르렀는데, 그 머리를 장안으로 보냈다. 왕망이 크게 기뻐서 하서(下
書)해서 말하기를……"[129] 라고 전한다. 이 두 기록과 『삼국사기』를 비교해
보자.

> "엄우는 우리 장군 연비(延丕)를 유인해서 목을 베어 장안에 보냈다―두
> 한서(漢書) 및 남북사(南北史)는 모두 구려의 후(侯) 추(騶)를 유인해
> 목을 벴다고 말했다―왕망이 기뻐서 우리 임금의 이름을 하구려 후(侯)
> 라고 바꾸고 천하게 포고해서 모두 알게 했다. 이로써 고구려가 한(漢)
> 나라 변방을 침범하는 것이 더욱 심해졌다."[130]
>
> (『삼국사기』 「고구려본기」 유리왕 31년)

『삼국사기』 편찬자들은 중국 기록들에 나오는 고구려 후 추(騶), 또는 도
(駒)를 연비(延丕)라고 기록하고 있다. 『삼국사기』 편찬자들이 갖고 있던 사

---

128 "尤誘期句麗侯駒至而斬之, 傳送其首詣長安. 莽大悅, 布告天下, 更名高句麗為下句麗"(『三國
志』「魏書」烏丸鮮卑東夷傳 高句麗)

129 "尤誘高句驪侯騶至而斬焉, 傳首長安. 莽大說, 下書曰"(『漢書』「王莽傳」第 六十九 中)

130 "尤誘我將延丕 斬之傳首京師-兩漢書及南北史 皆云誘句麗侯騶斬之 莽悅之 更名吾王 爲下句
麗 侯 布告天下 令咸知焉 於是 寇漢邊地愈甚"(『三國史記』「高句麗本紀」琉璃王 31年)

료에는 연비라고 기록되어 있다는 뜻이다. 또한『삼국사기』편찬자들은 이 사실에 대해서 두 한서 및 남북사를 모두 보았으며, 또 보았다고 써 놓았다. 두 한서는『한서』와『후한서』를 뜻하는데, 이 사실이『한서』「왕망열전」과 『후한서』「동이열전」에 모두 나오는 것을 봤다는 뜻이다. 남북사는『삼국지』를 뜻한다.

쓰다 소키치가 굳이 말하지 않더라도『삼국사기』편찬자들은 고려 춘추 관에 소장되어 있었던『한서』,『후한서』,『삼국지』등을 보았다. 그리고 쓰 다 소키치 같은 식민사학자들처럼 머리를 싸매고 역사를 조작한 것이 아니 라 춘추관에 소장되어 있던『구삼국사(舊三國史)』를 비롯해서 고려에 전해 지는 여러 사서들과 비교해가면서『삼국사기』를 편찬했다. 그래서 두『한서』 및『삼국지』는 고구려 후(侯) 추(騶), 또는 도(駒)를 죽였다고 기록하고 있지 만『삼국사기』는 이때 죽은 인물이 고구려 장군 '연비(延丕)'라고 기록한 것 이다. 아마 김부식이 본 자료에 연비를 고구려 제후라고 썼을 가능성도 있 지만 고구려를 황제의 나라가 아니라 제후의 나라로 국한시키기 위해 '장군 연비'라고 썼을 것이다.

이는『삼국사기』편찬자들이 쓰다 소키치의 주장처럼 중국의 사료를 보 고 없는 것을 창작해서 꿰어 맞춘 것이 아니라 중국의 사료와 국내 사료를 비교 검토해 가면서 보다 정확한『삼국사기』를 편찬하기 위해서 노력했던 것이다.

중국 사료에 고구려 후(侯)로 나오는 도(駒) 또는 추(騶)가 고구려 장군 연비라는 사실이『삼국사기』에 의해서 명확하게 드러났다. 그러나 쓰다 소 키치는 이런 사실은 짐짓 모른 체 하고 '궁(宮:태조대왕)이 도(駒:또는 추 〔騶〕)의 가계(家系)에 속하는 것인지의 여부도 불명(不明)'이라고 도가 고구 려 임금인 것처럼 서술하고 있는 것이다.

쓰다 소키치는 '궁(宮:6대 태조대왕) 이전의 국왕의 세계는 전혀 알 수 없다'고 주장했지만 이런 주장은 자신이 『삼국사기』를 부인하고 그에 대체시킨 『삼국지』 「동이열전」에 의해서도 무너진다. 『삼국지』 「동이열전」 고구려조에 "후한 광무제 8년(32) 고구려 왕이 사신을 보내 조공했는데, 이때부터 왕을 칭한 것이 보이기 시작한다"[131]라고 서술하고 있기 때문이다. 이때는 고구려 제3대 대무신왕 15년(32)년인데, 『삼국사기』는 그해 12월 조에 "사신을 보내 한(漢)나라에 조공하니 광무제가 다시 그 왕호(王號)를 쓰게 했는데, 이때는 광무제 건무(建武) 8년(32)이다"[132]라고 전하고 있다. 『삼국지』는 '이때부터 왕을 칭한 것이 보이기 시작한다'라고 썼지만 『삼국사기』는 '다시 왕호를 썼다'라고 달리 기록하고 있다. 즉 중국 기록은 이때 처음 왕호를 쓴 것처럼 서술하고 있지만 『삼국사기』는 이미 썼던 왕호를 후한에서 마지못해 다시 인정한 것처럼 서술하고 있는 것이다.

이처럼 쓰다 소키치의 『삼국사기』 「고구려 본기」 비판은 사료적 근거는 물론 아무런 논리적 타당성도 없는 일방적 주장에 불과하다. 중국 기록과 『삼국사기』에 모두 등장함에도 불구하고 '인정하지 않겠다'는 억지에 불과한 것이다. 이런 억지 논리가 지금까지 통용되는 현실이 더 억지라면 억지일 것이다.

4. 쓰다 소키치의 『삼국사기』 「백제본기」 불신론

그럼 쓰다 소키치가 『삼국사기』 「백제본기」는 무슨 논리로 불신하는지 살펴보자.[133] 쓰다 소키치가 1921년에 쓴 「백제에 관한 일본서기의 기재(百濟

---

131 "漢光武帝八年, 高句麗王遣使朝貢, 始見稱王"(『三國志』 「魏書」 烏丸鮮卑東夷傳 高句麗)

132 "遣使入漢朝貢 光武帝復其王號 是建武八年也"(『삼국사기』 「고구려본기」 대무신왕 15년)

133 쓰다 소키치의 『삼국사기』 「백제본기」 비판에 대해서는 필자의 『한국사, 그들이 숨긴 진실』,

の關する日本書紀記の載)」[134]에『삼국사기』「백제본기」를 거짓으로 모는 그의 견해가 들어가 있다. 쓰다 소키치의 전집 제2권『일본 고전의 연구(하)』에 부록으로 실린 「백제 왕실의 계보 및 왕위 계승에 관한 일본서기의 기재(百濟の王室の系譜及王び王位の繼承に關する日本書紀の記載)」[135]에도『삼국사기』「백제본기」비판이 실려 있다.

쓰다 소키치가『삼국사기』「백제본기」를 분석하고 비판하는 방식은 간단하다.『일본서기』와 비교해서 일치하면 사실이고 일치하지 않으면 거짓이라는 것이다. 앞서 말한 것처럼『일본서기』는 연대 자체가 맞지 않는 역사서다. 그럼에도 불구하고『일본서기』가 사실이고『삼국사기』가 허위라는 논리를 전개하는 것이다. 쓰다 소키치는 백제의 임금들 중에서 13대 근초고왕부터는 실존했던 임금이라고 주장하는데 그 논리를 들어보자.

"백제 왕실의 계보에 관해서 첫 번째로 알게 된 것은『삼국사기』「백제본기」에 근초고왕 및 근구수(近仇首(귀수〔貴須〕)왕으로 기록되어 있는 국왕이『일본서기』「응신기(應神紀)」에는 초고왕(肖古王) 및 귀수왕(貴須王)으로 되어 있고 다른 비슷한 자는 없다는 것이다. 이 「응신기」는 백제본기에서 나온 것인 듯 하지만 백제본기의 기록을 따온 것으로 볼 수밖에 없는 「흠명기(欽明記)」2년 조에도 성명왕(聖明王)이 말한 "나의 선조는 속고왕(速古王)과 귀수왕이다"라는 것이 있는데, 그것 역시 삼국사기의 근초고왕과 근구수왕에 해당될 수밖에 없는 사람이다."[136]
(쓰다 소키치, 「백제 왕실의 계보 및 왕위 계승에 관한 일본서기의 기재」)

190~198쪽을 참조할 것.

134 津田左右吉, 「百濟の關する日本書紀記の載」, 『滿鮮地理歷史研究報告』 8, 1921년.

135 津田左右吉, 「百濟の王室の系譜及王び王位の繼承に關する日本書紀の記載」, 『津田左右吉全集-日本古傳の硏究』 2권, 1956년, 岩波書店, 571쪽.

136 津田左右吉, 같은 글, 571쪽.

백제 근초고왕과 근수수왕에 대한 이야기가 『일본서기』에는 초고왕(肖古王)과 귀수왕(貴須王)으로 실려 있으므로 사실로 인정할 수밖에 없다는 이야기다. 그런데 『일본서기』는 『삼국사기』처럼 근초고왕과 근구수왕으로 표기하고 있는 것이 아니라 초고왕(肖古王)과 귀수왕(貴須王)으로 표기하고 있다. 또한 『일본서기』에 초고왕과 구수왕이 등장하는 시기는 『삼국사기』에 근초고왕과 근수수왕이 등장하는 시기와도 다르다.

쓰다 소키치는 근초고왕 및 근구수왕이 『일본서기』 「응신기」에 나온다고 말했다. 『일본서기』 기년에 따르면 응신은 재위 연대가 서기 270~312년까지다. 반면 근초고왕은 재위 연대가 346~375년이고, 근구수왕은 375~384년으로 재위연대가 다르다. 또한 쓰다 소키치는 근초고왕 및 근구수왕이 『일본서기』 「응신기」에 나온다고 말했지만 이는 사실과 다르다. 응신의 어머니인 신공(神功) 섭정 기간에 나온다. 『일본서기』가 문제가 많은 역사서라는 것은 왕위가 비어있는 공위(空位) 기간이 존재한다는 데서도 알 수 있다. 『삼국사기』는 근초고왕이 375년에 세상을 떠나자 그 아들이 같은 해 왕위를 계승했다. 그러나 『일본서기』는 신공이 섭정하는 기간만 무려 69년이 된다. 초고왕 귀수는 신공 49년(249)조에 나오는데, 야마토왜에서 아라타와케 등을 보내서 가라 7국을 점령해서 백제에게 주자 "백제왕 초고(肖古)와 왕자 귀수(貴須)도 군사를 이끌고 와서 만났다."라고 나온다. 그리고 백제왕은 야마토에서 온 치쿠마나가히코(千熊長彦)와 벽지산(辟支山) 및 고사산(古沙山)에 올라 야마토왜에 영원한 충성을 맹세했다는 기사가 이어진다. 이 기사가 허위라는 사실은 앞에서 이미 확인했다.

백제 초고왕에 대한 기사는 『일본서기』 「신공(神功) 섭정 55년(255)」조에 "백제 초고왕이 세상을 떠났다"면서 그 이듬해 "백제 왕자 귀수(貴須)를 세위 왕으로 삼았다"[137]고 다시 등장한다. 쓰다 소키치는 신공 왕후 섭정기간에 등장하는 초고왕 및 귀수왕을 응신기에 등장한다고 말했을까? 그 자신이 15대 응신 이전은 사실이 아니라고 주장했기 때문이다. 그는 『일본서기』에 등장하는 임금들 중 15대 응신부터 실존인물이고 그 이전은 가공인물이라고 보기 때문에 「신공기」에 나오는 초고 등을 「응신기」에 나온다고 말한 것이다. 역사 사료는 글자 하나하나를 따져야 하지만 식민사학에는 그런 것이 없다. 편의에 따라서 떼었다 붙였다를 마음대로 하는 것이 이들의 이른 바 실증주의적 역사방법론이기 때문이다.

신공황후 섭정 55년은 서기 255년인데, 『삼국사기』 「백제본기」에 따르면 서기 255년은 고이왕 22년이다. 『삼국사기』 「백제본기」는 이해 왕이 세상을 떠났다는 말은 없는 대신 다른 사건을 구체적으로 기록하고 있다.

> "가을 9월 군사를 내어 신라를 침범해서 신라군과 괴곡(槐谷) 서쪽에
> 서 싸워 패퇴시키고, 그 장수 익종(翊宗)을 죽였다. 겨울 10월에 군사
> 를 보내 신라의 봉산성을 쳤으나 이기지 못했다."[138]
>
> (『삼국사기』 「백제본기」 고이왕 22년)

고이왕은 서기 255년에 세상을 떠나기는커녕 286년까지 31년이나 더 살았다. 그러니 『삼국사기』나 『일본서기』 중 둘 중의 하나는 거짓을 말하고 있는 것이다. 『삼국사기』와 『일본서기』의 내용이 서로 다르면 『삼국사기』가 사

---

137 "百濟肖古工薨"(『日本書紀』神功皇后 攝政 55년). "百濟王子貴須立爲王"(『日本書紀』神功皇后 攝政 56년) 신공황후 섭정 55년은 서기 255년이고, 이듬해는 서기 256년이다. 『삼국사기』 「백제본기」 근초고왕 조는 근초고왕이 재위 30년(375) 겨울 11월 세상을 떠나자 그해 근구수왕이 즉위한 것으로 기록하고 있다.

138 "二十二年秋九月 出師侵新羅與羅兵戰於槐谷西敗之 殺其將翊宗 冬十月遣兵攻新羅烽山城 不克"(『삼국사기』 「백제본기」 22년)

실이고『일본서기』가 거짓을 말하고 있는 것이다.『삼국사기』「신라본기」는 이해에 무슨 일이 있었다고 기록하고 있는지 살펴보자. 서기 255년은 신라 점해 이사금(沾解尼師今) 9년이다.

> "가을 9월 백제가 와서 침략하므로 일벌찬 익종이 괴곡 서쪽에서 역습
> 해서 싸우다가 적에게 살해되었다. 겨울 10월 백제가 공산성을 공격했
> 으나 함락되지 않았다"[139]
>
> (『삼국사기』「신라본기」점해 이사금 9년)

『삼국사기』「백제본기」가 '장수 익종'이라고 기록한데 비해 「신라본기」는 '일벌찬 익종'이라고 관직명을 구체적으로 적시했다. 서기 255년, 즉 신공황후 섭정 55년에 대해『삼국사기』는 백제 고이왕 22년이고, 신라 점해 이사금 9년이라고 말하고 있다. 또한 두 나라가 충돌한 같은 사건을 모두 기록하고 있다. 따라서『삼국사기』나『일본서기』중 둘 중의 하나는 사실을 창작했거나 연대를 조작한 것이다.

그런데『삼국사기』연대는 그대로 받아들이면 되지만 일본학자들도『일본서기』는 연대를 그대로 받아들일 수 없다는 사실을 알고 있다. 그래서 주갑제(周甲制)가 등장한 것이다. 주갑(周甲)에 따라서 60년, 120년, 180년, 240년씩 올리거나 내려서 해석해야 한다는 뜻이다. 그럼 신공황후 55년에 1주갑 60년을 더한 315년의『삼국사기』「백제본기」를 살펴보자. 이때 백제는 11대 비류왕(比流王:재위 304~344) 재위 12년인데 별다른 사건이 기록되어 있지 않다. 그럼 다시 2주갑 120년을 더해서 서기 375년의 사건을 살펴보자.

---

139 "九年秋九月 百濟來侵 一伐湌翊宗 逆戰於槐谷西 爲賊所殺 冬十月 百濟攻烽山城 不下"(『삼국사기』「신라본기」점해 이사금 9년)

서기 375년은 『삼국사기』 「백제본기」 근초고왕 30년이다. 이때의 『삼국사기』 「백제본기」 기사를 보자.

> "겨울 11월에 (근초고)왕이 세상을 떠났다. 『고기(古記)』에 말하기를, '백제는 개국한 이래 아직 문자로써 사실을 기록한 것이 없었는데, 이 때에 이르러 박사 고흥(高興)을 얻어 처음으로 『서기』가 있게 되었다.' 그러나 고흥은 일찍이 다른 책에 나타나지 않으니 그가 어떤 사람인지 알 수 없다."[140]

> (『삼국사기』 「백제본기」 근초고왕 30년)

『삼국사기』 「백제본기」의 근초고왕은 375년에 세상을 떠났다고 기록하고 있다. 그래서 『일본서기』의 초고왕이 『삼국사기』의 근초고왕과 같은 인물이라면 『일본서기』의 연대에서 2주갑 120년을 더해서 서기 375년에 세상을 떠난 것으로 해석해야 한다는 것이다. 『일본서기』 「신공 55년」조의 기사는 2주갑 120년을 더해야 『삼국사기』 「백제본기」 기사와 같아진다. 그래서 『일본서기』는 주갑제를 적용해 『삼국사기』에 대비해서 그 정확한 연대를 감별해야 하는 책이다. 『일본서기』가 기준이 아니라 『삼국사기』가 기준이다.

쓰다 소키치는 「삼국사기 신라본기에 대하여」에서, "우리 『일본서기』와 『삼국사기』를 비교해보면 소양(霄壤:하늘과 땅) 차이이다"라고 말했다. 『일본서기』가 하늘이고 『삼국사기』는 땅이란 뜻이다. 그러나 역사서의 기본인 연대 자체가 안 맞는 『일본서기』를 하늘이라고 주장하고, 공주 「무령왕릉지석」에서 드러난 것처럼 연대가 정확하게 일치하는 『삼국사기』를 땅이라고 볼 수는 없다. 쓰다 소키치도 『일본서기』가 가짜라는 사실은 그 스스로가

---

140 "冬十一月 王薨 古記云 百濟開國已來 未有以文字記事 至是 得博士高興 始有書記 然高興未 嘗顯於他書 不知其何許人也"(『삼국사기』 「백제본기」 근초고왕 30년)

15대 응신 이전은 허구라고 본 데서도 알 수 있지만 정치적 목적에 의해서 우기고 있을 뿐이다. 쓰다 소키치의 이 말은 거꾸로 "우리『삼국사기』와『일본서기』를 비교해보면 소양(霄壤)의 차이이다"라고 되돌리면 맞는 말이 된다. 물론『삼국사기』가 맞고『일본서기』가 그른 것이다.

『일본서기』「신공(神功) 56년(256)」조는 "백제 왕자 귀수(貴須)를 세워 왕으로 삼았다"[141]고 기록하고 있다. 이때의 귀수가 근초고왕의 태자인 근구수왕이라는 것이『일본서기』의 시각이다. 이 역시 120년을 끌어올려서 376년으로 해석한다.『일본서기』는 근초고왕 사망 이듬해 즉위했다고 썼지만 『삼국사기』는 사망한 해인 375년 즉위했다고 기록하고 있다. 이때의 귀수가 백제 14대 근구수왕(近仇首王:재위 375~384)을 뜻한다면 물론『삼국사기』가 맞다.

쓰다 소키치는 "『삼국사기』「백제본기」에 근초고왕 및 근구수(近仇首)왕으로 기록되어 있는 국왕이『일본서기』「응신기」에는 초고왕(肖古王) 및 귀수왕(貴須王)으로 되어 있고 다른 비슷한 자는 없다"고 썼는데 그가 기초적인 양식을 갖고 있는 학자라면, "『일본서기』가 2갑자, 즉 120년의 연대를 조작한 것으로서『일본서기』는 신뢰할 수 없고,『삼국사기』는 신뢰할 수 있는 역사서이다"라고 인정해야 했다. 그래서 "『일본서기』는『삼국사기』를 기준으로 삼아서 연대를 재산정하거나 재해석해야 하는 책이다"라고 주장했어야 마땅하다. 그러나 이미 목적이 뚜렷한 쓰다 소키치가 그렇게 할 리가 없다. 논리가 박약하니 우기는 것 외에는 방법이 없다.

쓰다 소키치가 말한 "「흠명기(欽明記)」 2년 조에 성명왕(聖明王)이 '나의 선조는 속고왕(速古王)과 귀수왕이다'라고 말했다"는 것은 무슨 뜻인가?『일본서기』「흠명천황 2년(541)」조에 "성명왕이 말하기를 '나의 선조는 속고 왕

---

141 "百濟王子貴須立爲王"(『日本書紀』神功皇后 攝政 56年)

과 귀수왕의 후손이다.'[142]라고 말했다"는 기록이 있는 것을 뜻한다. 여기에서 성명왕은 통상 백제 26대 성왕(聖王:재위 523~554)로 해석한다. 흠명천황 2년은 서기 541년으로서 백제 성왕 재위기간이다.

이 기록으로 보나 저 기록으로 보나 『일본서기』와 『삼국사기』 기록이 서로 상반될 경우 『삼국사기』가 기준이 되어야 한다는 점은 명백하다. 그러나 쓰다 소키치는 그럴 생각이 없다. 그래서 쓰다 소키치는 『삼국사기』 「백제본기」에 대해 희한한 결론을 내렸다. 쓰다 소키치는 『삼국사기』 「백제본기」 중에서 최초의 실존 임금은 『일본서기』에 나오는 근초고왕이라고 보았다. 근초고왕의 사망 연도가 『일본서기』보다 120년의 차이가 난다는 사실은 고려하지 않았다. 그의 목적은 『삼국사기』 「백제본기」를 가짜로 모는 것이었다. 그래야 백제가 거꾸로 고대 왜(倭)의 식민지가 되고, 임나일본부가 한반도 남부에 존속할 수 있는 것이었다. 그래서 그는 『삼국사기』 「백제본기」에 대해 이런 결론을 내렸다.

"『삼국사기』에 보이는 계왕(契王) 이전의 백제에 관한 기사는 모두 사실로써 믿기 어려운 것이고, 그것은 후세의 사가(史家)들에 의해 만들어진[構造] 것이다."[143]

(쓰다 소키치, 「백제 왕실의 계보 및 왕위 계승에 관한 일본서기의 기재」)

계왕(契王:344~346년)은 백제 12대 임금이고, 13대는 근초고왕(346~375)이다. 계왕 이전의 『삼국사기』 「백제본기」는 모두 후세의 사가들이

---

142 "聖明王曰, 昔我先祖速古王, 貴首王之世. 安羅, 加羅, 卓淳旱岐等, 初遣使相通, 厚結親好, 以爲子弟, 冀可恒隆, 而今被誑新羅使天皇忿怒而任那憤恨, 寡人之過也"(『日本書紀』欽明天皇 2年)

143 津田左右吉, 「百濟の王室の系譜及び王位の繼承に關する日本書紀の記載」, 『津田左右吉全集-日本古傳の研究』 2권, 1956년, 岩波書店, 571쪽.

조작한 것이고, 근초고왕부터 실제 임금이라는 것이다. 쓰다 소키치는 『조선역사지리』 서언에서 임나일본부가 한반도 남부에 설치되는 때를 가리켜 "대개 백제 근초고왕(近肖古王) 때의 일이다. 반도는 이에 제4의 세력이 더해지게 되었다"[144]라고 주장했다. 그전까지 백제는 존재하지 않든지 존재하더라도 마한 54국 중의 하나인 소국에 불과하다는 것이다. 그래야 야마토왜가 임나일본부를 설치할 수 있기 때문이다. 모든 결론은 임나일본부로 통한다. 쓰다 소키치의 『삼국사기』 「백제본기」 불신론은 『삼국사기』 「백제본기」를 면밀하게 검토한 후에 나온 것이 아니라 임나일본부가 실제로 있었다고 전제하고 「백제본기」를 가짜로 몰고 근초고왕부터 실존 임금이라고 주장했다.

쓰다 소키치가 근초고왕부터 사실이라고 본 것은 『일본서기』의 눈으로 본 것이다. 『일본서기』에 근초고왕이 신공의 신하를 자처하기 때문이다. 이 때부터 이미 백제는 야마토왜의 사실상의 식민지라는 것이다. 그래서 백제는 근초고왕 때 건국했다는 것이다.

해방 후 남한 국사학계(?)의 태두가 된 이병도가 백제는 8대 고이왕(234~286) 때 건국한 것으로 100년 정도 시기를 끌어내렸다. 그래서 과거의 국정교과서나 지금의 검정교과서는 모두 백제는 고이왕 때 사실상 건국했다고 쓰고 있는 것이다. 백제가 근초고왕 때 건국했다는 쓰다 소키치나 고이왕 때 건국했다는 이병도나, 이병도의 학설을 따르는 국사교과서 집필진은 모두 일본인 식민사학자들이 만든 '『삼국사기』 초기기록 불신론'을 추종하는 황국사관론자들이다. 그런데 현재 한국 고대사학계에서 고이왕 건국설을 부정하려는 기류가 나타나고 있다. 일본의 역사왜곡이 문제가 되자 2001년 10월 한국의 김대중 대통령과 일본의 고이즈미 준이치로(小泉純一

---

144   津田左右吉, 『朝鮮歷史地理(1913)』, 『津田左右吉全集(1964)』, 제11권, 岩波書店, 3쪽.

郞) 수상이 합의해서 만든 기관이 '한일역사공동연구위원회'이다. 한일 두 나라 학자들이 각자 자국의 예산으로 역사를 연구해서 2005년 『한일역사공동연구보고서』를 발간했다. 한일 학자들의 공통된 인식을 담고 있다는 이 보고서는 백제의 건국에 대해서 무엇이라고 쓰고 있을까?

> "백제는 그 후 한동안 외부 문제로 인한 왕통의 혼란을 겪은 후 346년에 근초고왕이 왕위에 오르면서 폭발적인 성장을 하기 시작하였다. 이는 313년과 314년에 낙랑군과 대방군이 고구려에게 멸망되고 거기서 높은 문화를 지닌 유민들이 백제에 편입된 것과 관련이 있을 것이다. 근초고왕은 369년과 371년의 대 고구려 전쟁을 승리로 이끌고 나서 372년에는 동진(東晉)에 사신을 파견하여 진동(鎭東)장군 영낙랑태수(領樂浪太守)를 책봉 받고 이를 전후하여 박사 고흥에게 국사인 『서기』를 편찬케 하였다. 얼마 후 침류왕 원년 및 2년(385)에 백제 왕실이 불교를 공인하였다는 것으로 보아 그를 전후한 시기에 고대 국가 체제가 완비되었다고 볼 수 있다."

(『한일역사공동연구보고서』, 60쪽)

백제가 근초고왕(재위 346~375년) 때 사실상 건국되었다는 주장이다. 그나마 이병도는 고이왕 27년(260)에 6좌평 등을 비롯한 관직제도를 개편한 것을 근거로 고이왕 때 건국했다고 주장했는데, 이보다 100년 정도 더 후퇴한 것이다. 쓰다 소키치의 근초고왕 건국설을 21세기에 다시 추종하는 것이다. 한일역사공동연구위원회의 주장을 비판하기 이전에 쓰다 소키치는 무슨 근거로 근초고왕 이전의 백제사를 가짜라고 주장하는지 살펴보자.

"그런데 「백제본기」에 대해서 보면, 계왕(契王) 이전의 부분은 기사가 지극히 간단하지만, 그 사이에는 천변지이(天變地異) 등의 재해(災害)나 상서롭지 못한[不祥] 기사가 지극히 많고, 그리고 시조 온조왕 때 외에는 미사선사(美事善事: 아름다운 일과 착한 일) 또는 상서(祥瑞)로 간주되어야만한 기사가 별로 없을 정도인데, 그런 점에서 「신라본기」와 자못 분위기가 다르다. 국왕에 대해서도 분서왕(汾西王), 책계왕(責稽王)과 같이 살해되었다는 이야기뿐이다. 또한 신라와 충돌한 것이 꽤 많이 기재되어 있는데, 그 다수는 불리한 지위에 두어 실패로 끝나고 있다. 이런 것은 어떻게 보아도 백제 사적(史籍)에 존재했던 것으로는 보이지 않는다. 본래 사실이 아닌 것들을 얼개[構造]로 만들었기에 그 자신들의 왕실 선조의 역사, 혹은 오히려 왕실 스스로가 그 선조의 역사를 헤아려 만든 이야기에 그런 것(신라에게 당한 것)들을 많이 열기(列記)할 리는 없기 때문이다."[145]

(쓰다 소키치, 「백제 왕실의 계보 및 왕위 계승에 관한 일본서기의 기재」)

쓰다 소키치는 『삼국사기』 「신라본기」는 벼 한 줄기에 많은 가지가 생겼다든지, 상서로운 이삭이 열렸다든지 하는 상서로운 기사가 들어간 것 때문에 가짜라고 몰았다. 「백제본기」는 그런 미사선사(美事善事)나 상서(祥瑞)로운 일이 없다고 가짜로 모는 것이다. 그때그때 자의에 따라 잣대가 다르지만 목적은 같다. 『삼국사기』 초기기록은 조작되었다는 것이다. 『삼국사기』 「백제본기」 초기기록을 제대로 이해하려면 한성 백제가 직접 지배했던 지역뿐만 아니라 간접 지배했던 지역들, 예를 들면 일본 열도나 대륙에서 벌어졌던 사건들에 대한 이해가 있어야 한다. 이를 위해서는 백제의 독특한 지

145　津田左右吉, 「百濟の王室の系譜及王位の繼承に關する日本書紀の記載」, 『津田左右吉全集-日本古傳の研究』 2권, 1956년, 岩波書店, 575쪽.

방 행정제도인 담로(擔魯)제도를 이해해야 한다. 『양서(梁書)』 「동이열전」 '백제(百濟)'조는 "그 나라에는 22개의 담로(擔魯)가 있는데 모두 (왕의) 자제나 종친들에게 나누어 주어 거주하게 했다"[146]고 전하고 있다. 이글에서는 주제의 논점을 흐릴 수 있기 때문에 더 이상의 언급은 삼가겠지만 『삼국사기』 「백제본기」는 쓰다 소키치의 주장처럼 신라인들이 통일 후에 창작했거나 『삼국사기』 편찬자들이 자의적으로 만들어 낸 이야기가 아님은 물론이다.

천재(天災)나 지이(地異)를 적는 것은 역사서의 가장 기본적인 기능 중의 하나이다. 서기전 2세기 때 인물인 한(漢)나라 동중서(董仲舒)는 군주가 정치를 잘못해서 백성들이 고통을 겪으면 하늘이 견책하기 위해서 재앙을 내린다는 천인감응설(天人感應說)을 주장했다. 천인감응설은 여러 비판도 받았지만 전제 군주의 전횡을 제어하는 주요한 철학적 역할을 했던 것도 사실이다. 그래서 동양 유학사회의 사서는 『사기』를 비롯해서 하늘이나 땅의 이상현상을 꼬박꼬박 기록했다. 이를 기록한 것은 이 사서가 사실을 기록했다는 증거지 거짓을 기록했다는 증거로 사용될 수는 없다. 이런 기사가 많다고 사서를 위서로 몬다면 『사기』를 비롯한 동양의 모든 사서는 위서가 될 것이다. 또한 역사서는 사실을 사실대로 적음으로써 반성의 도구로 삼는 것이 주요한 기능 중의 하나이기 때문에 왕실에 불리한 기사를 싣는 것도 편찬 원칙이다. 분서왕(汾西王), 책계왕(責稽王) 등이 살해되었다는 기사는 오히려 『삼국사기』 「백제본기」가 있는 그대로의 사실을 적은 역사서라는 사실을 말해준다. 전 세계 어느 역사학자도 자국에 불리한 기사를 실었다는 이유로 역사서를 위서로 몰지는 않는다. 오직 일본의 식민사학자들과 국내의 일부 식민사학자를 제외하고는. 만약 그런 주장을 한다면 그야말로 역사학 편찬의 일반 상식에 반하는 반역사, 반문명적 행태다.

---

146 "其國有二十二檐魯, 皆以子弟宗族分據之"(『梁書』「東夷列傳」百濟)

『삼국사기』「백제본기」에는 쓰다 소키치의 말과는 달리 신라와 싸워 이긴 기사도 적지 않다. 초고왕 2년(167) 신라 서쪽 변방의 두 성을 습격해 남녀 1,000명을 사로잡아 온 기사나 같은 왕 39년(204) 신라의 요거성을 함락시키고 성주 설부를 죽인 기사, 앞서 말한 고이왕 22년(255)조에 신라 군사를 괴곡 서쪽에서 패퇴시키고 장수 익종을 전사케 한 기사나 같은 왕 45년(278) 신라를 공격해 괴곡성을 포위한 기사 등이 이를 말해준다.

쓰다 소키치의 논리는 사료 비판의 기본 소양에도 어긋나는 억지에 불과하다. 그럼에도 앞서 인용했듯이 '한일역사공동연구위원회'같은 국내의 사학계 일부는 쓰다 소키치의『삼국사기』불신론에 따라 아직도 근초고왕을 건국 군주라고 주장하고 있다. 고이왕을 건국 군주로 보는 것도 오십보, 백보의 주장일 뿐이다.

최재석 교수는 쓰다 소키치가『삼국사기』「백제본기」를 부정하는 11가지 논리를 이렇게 정리해 제시했다.

① 개로왕(蓋鹵王), 초고왕(肖古王), 구수왕(仇首王)의 이름도 실제 있었던 개로왕, 초고왕, 구수왕의 이름을 옛날로 소급시켜 설화(說話)시대의 국왕으로 하고, 실재(實在)의 왕에는 각각 '근(近)' 자를 붙여서 이것과 구별하였다.『일본서기』에 기재된 초고왕(肖古王), 귀수왕(貴須王)에 '근(近)' 자가 보이지 않는 것은 그 책이 그러한 조작이 가해지기 이전의 사적임을 나타내기 때문이다.

② 백제 상대(上代)의 왕실 계보에 관한『삼국사기』의 기재(記載)는 고구려나 백제의 사적(史籍:역사 사료)에서 나온 것이라 하더라도 몇 번이나 산윤(刪潤:깎거나 보탬)이나 변개(變改:바꾸어 고침)를 겪었기 때문에 이 계보(系譜)의 최초의 모습을 그것에 의하여 알 수는 없다.

③ 신라·고구려·백제의 건국연대를 거의 20년 간격의 차로 배열한 것으로 보아도 조작한 것임을 알 수 있다.

④ 구태(仇台)가 백제의 시조인 것은 의심의 여지가 없는데, 『삼국사기』 「백제본기」에는 시조가 온조(溫祖)이고 구태(仇台)의 이름이 없는 것을 보면 이것은 백제인의 기록이 아니다. 백제의 두 가지 전설(주몽전설[朱蒙傳說])을 하나로 결합하였다.

⑤ 온조도 기사의 주기(註記:주석)에 일설(一說:이설[異說])이 있는 것은 후세에 조작한 증거가 된다.

⑥ 백제 실제의 건국과 『삼국사기』 기록(B.C. 18년)과는 340~350년간의 차이가 생기므로 이것을 메우가 위하여 온조왕 이후 12대 계왕(契王:재위 344~346)까지의 국왕을 조작하였다. 신라인이 조작하였지만 신라사(新羅史)를 길게 하기 위하여 백제사(百濟史)도 고구려사(高句麗史)도 길게 잡았다.

⑦ 신라인에 의한 백제사의 조작은 통일 후 얼마 되지 않은 시대에 행해졌다.

⑧ 초고(肖古), 귀수(貴須), 개로(蓋鹵)만이 『일본서기』의 것과 동명(同名)이고 그 밖의 것은 명명법(命名法:이름을 짓는 법)이 다르다. 위의 3왕만이 실재(實在)의 군주이다.

⑨ 백제왕의 계보와 왕위계승에 관하여 『일본서기』와 『삼국사기』는 일치하지 않는 사례가 있다.

⑩ 계보와 왕명 등에 있어서 『삼국사기』와 중국 사적(史籍) 간에 차이가 있다.

⑪ 백제의 왕명, 계보, 즉위, 훙거(薨去:세상을 떠남) 등의 기년은 『일본서기』가 『삼국사기』보다 더욱 정확하다.

쓰다 소키치는 이런 11가지의 논리로『삼국사기』「백제본기」를 비판하고는『삼국사기』「백제본기」의 사료적 가치에 대하여 다음과 같이 결론지었다.

> "『삼국사기』의 계왕(12대) 이전의 백제기사는 모두 사실로서 믿을 수
> 없으며 그것이 후세(後世)의 사가(史家)에 의해서 구조(構造:조작〔造
> 作〕)된 것이라는 것은⋯⋯벌써 말할 필요조차 없다."

쓰다 소키치는 11가지 항목으로『삼국사기』「백제본기」가 조작되었다고 주장하고 있지만 최재석 교수는 위의 11가지 항목 중에서「백제본기」가 실제로 조작되었다는 합리적인 논거는 단 하나도 없다고 비판하고 있다.[147] 모두 자신이 그렇게 생각한다는 것뿐이다. 쓰다 소키치는『삼국사기』「백제본기」의 12대 계왕 이전의 기록에 대해 "모두 사실로서 믿을 수 없으며 그것이 후세의 사가(史家)에 의해서 구조(構造:조작〔造作〕)된 것이라는 것은⋯⋯벌써 말할 필요조차 없다"라고 말했다. 후세의 사가들이 조작했다는 증거는 단 하나도 제시하지 않고, 무조건 믿을 수 없다는 것이다. 이런 수준의 쓰다 소키치의 사학이 전후 일본에서 이른바 "쓰다 사학"으로 맹위를 떨쳤으니 일본의 역사학 수준을 짐작할만 하다. 21세기에 다시 이들을 추종하려는 남한 강단사학의 역사학 수준은 더 말할 것이 없다.

---

147 최재석,『삼국사기 불신론 비판』, 2016, 만권당

5. 이마니시 류의 『삼국사기』 불신론

1) 이마니시 류가 바꾼 연구 풍토와 『삼국사기』 「신라본기」 조작론

이마니시 류(今西龍: 1875~1932)는 황국사관의 한국 내 정착과 관련해서 아주 중요한 인물이다. 도쿄제대를 졸업한 이마니시 류는 1926년 경성(京城)대 교수를 역임하고 또 조선총독부 직속의 조선사편수회에 근무하는 동안 한국사 왜곡에 앞장선 인물이다. 그는 비교적 이른 시기인 1932년 세상을 떴지만 그가 왜곡시켜 놓은 한국사의 틀은 아직껏 그를 추종하는 한국인 강단사학자들에 의해 유지되고 있다. 앞서 서술한 것처럼 이른바 '호남 가야'의 하나인 기문국을 전북 남원으로 비정하고 있는 데서도 알 수 있다.

이마니시 류는 1913년에 평안도 용강군에서 낙랑군 점제현 신사비를 발견했다면서 용강군이 한나라 식민지인 낙랑군 지역이었다고 주장한 인물이다. 이 비석은 발견 당시부터 정인보를 비롯한 여러 민족사학자들이 조작설을 제기했다. 그러나 현재도 한국의 강단사학자들은 점제현 신사비가 사실이라고 전제하고 하위 논리를 전개한다. 이마니시 류가 왜곡한 한국사의 모습이 현재까지도 막강한 영향력을 끼치고 있다는 반증이다.

이마니시 류는 『삼국사기』 불신론을 고착화한 인물이기 때문이다. 최재석 교수는 '『삼국사기』 초기기록 불신론'이 고착화되는 상황에 대해서 "『삼국사기』 초기기록을 조작, 날조 또는 전설로 몰아붙여 믿을 수 없다고 주장하는 '『삼국사기』 초기기록 불신론'은 쓰다 소키치에 의하여 체계화되어 오타 아키라(太田亮)를 지나서 이마니시 류에 이르러 일단 정설로 굳어진 것으로 생각된다(최재석, 『삼국사기 불신론 비판』)"라고 평했다. 이마니시 류의 이런 역할에 대해서 교토대의 나이토 도라지로(内藤虎次郎)는 이렇게 평했다.

"원래 아방(我邦:일본)의 고대사연구가는 『일본서기』의 기년에 의심을 품는 사람이 많았기 때문에 여기에 대한 유력한 방증(傍證)으로서 조선고사(朝鮮古史)의 기년을 참고하고 더욱이 그 기사의 내용까지도 조선고사에 중점을 두는 경향이 있었지만 이마니시 류 박사가 양국 고사(古史)의 근본적 연구 및 『삼국사기』가 이용한 지나사적(支那史籍:중국사료) 등의 연구로부터 종래 연구법을 일변하여 일본고사에 실려 있는 사실(史實)에 무게를 두게 되었다"[148]

나이토 코난(湖南)이라고도 불리는 나이토 토라지오는 일본인 학자들도 『일본서기』의 기년에 의심을 품고 『삼국사기』의 기년을 따랐다고 말했다. 더욱이 기년뿐만 아니라 "그 기사의 내용까지도 조선고사에 중점을 두는 경향"이 있었다는 것이다. 연대뿐만 아니라 사료의 내용까지도 『일본서기』 기사의 신빙성을 의심하고 두 사서의 내용이 다를 경우 『삼국사기』를 선택하는 것이 이마니시 류 이전 일본 학자들의 연구 경향이었다는 것이다.

그런데 이마니시 류가 이런 연구 경향을 뒤집어서 『삼국사기』는 믿을 수 없는 역사서이고 『일본서기』를 믿어야한다고 주장했다는 것이다. 나이토 코난은 이를 "양국 고사(古史)의 근본적 연구 및 『삼국사기』가 이용한 지나사적 등의 연구"를 통했다고 평했지만 이는 수식어에 불과하다. 이마니시 류도 쓰다 소키치처럼 미리 결론을 내려놓고 그 결론에 하위 논리를 꿰어 맞춘 것에 불과하기 때문이다. 이마니시 류는 1933년에 쓴 「신라사통설(新羅史通說)」에서 『삼국사기』 「신라본기」가 신빙성이 없다고 주장했다.

그 역시 쓰다 소키치처럼 신라 시조 박혁거세를 부정했다. "신라 제1왕 박혁거세 즉위년은 후대의 왕위계승의 연대에서 계산하면 성립되지 않는다."

---

148 나이토 도라지로(內藤虎次郎), 이마니시 류의 『百濟史研究』 서(序) 중에서, 5~6쪽.

면서 "박혁거세는 3세기 중엽 이전의 왕으로 소급할 수 없다."고 주장했다. 박혁거세는 서기전 1세기에 존재했던 왕이 아니라 빨라도 3세기 중엽 이전에는 존재하지 않았던 왕이라는 뜻이다. 곧 신라는 아무리 빨라도 3세기 중엽 이전에는 건국되지 않았다는 뜻이다. 이렇게 주장하려면 근거를 제시해야 한다. 그러나 일본인 식민사학자들이 『삼국사기』를 부정할 때는 근거는 없고 주장만 있다.

그림 14 이마니시 류(今西龍). 조선총독부와 경성제대에 근무했던 이마니시 류는 『삼국사기』 불신론과 『일본서기』를 믿어야 한다고 주장했다.

그는 또 "문헌이 없는 시대의 즉위연대가 이렇게 뚜렷할 수가 없다."면서 『삼국사기』「신라본기」를 거짓으로 몰았다. 박혁거세의 즉위연대가 뚜렷한 것이 거짓의 증거라는 것이다. 박혁거세 즉위년을 서기전 57년으로 쓴 것이 거짓이라는 것이다. 이마니시 류는 서기전 57년에 박혁거세가 건국했다는 것은 거짓이라면서 초대 일왕 신무(神武)가 서기전 660년에 야마토왜를 건국했다는 거짓말은 사실이라고 주장했다.

이마니시 류는 "『삼국사기』「신라본기」 내물이사금(奈勿尼師今: 재위 356~402)까지의 기사는 무엇에 의하여 편성되고 무엇에 의하여 기년(紀年)했는지가 불명하다."고 주장했다. "신라 내물왕과 유사한 연대인 일본의 응신(應神) 이전은 왕명(王名)·왕비명(王妃名)이 있는 것이 고작인데 신라는 번잡한 기년체 기사로 쓰여 졌다"고 주장했다.

『삼국사기』는 『구삼국사』 등 『삼국사기』 편찬 당시까지 전해지던 사료들을 기준으로 편찬했다. 고려 때도 전해지던 이런 사료들을 가지고 중국 사료들과도 대조 검증의 과정을 거쳐 편찬한 역사서가 『삼국사기』이다. 반면 『일본서기』는 무슨 사료를 근거로 삼았는지 알 수 없다. 임신의 난 때 많은 사료가 불탔으며, 그나마 『일본서기』 편찬 당시 남아 있던 사료들도 여러 집안에서 가필해서 어느 것이 진짜인지 알 수 없다. 개국 연대를 서기전 660년으로 약 1,000년 정도 끌어내리면서 마음먹고 사료를 조작한 역사서가 『일본서기』이다.

이마니시 류가 내물왕을 언급하는 이유는 분명하다. 내물왕의 재위 기간이 15대 응신(應神)의 재위연대와 비슷하기 때문이다. 『일본서기』에 따르면 응신의 재위연대는 270년부터 310년까지인데 여기에 120년을 더해 390년 ~430년이라고 해석한다. 그러니 신라 내물왕(재위 356~402)과 비슷하다. 쓰다 소키치 같은 일본인 학자들은 15대 응신부터를 실존했던 국왕이라고 인정하고 있다.

이마니시 류는 『삼국사기』가 기년체로 쓰여졌다는 점도 조작의 증거로 삼는다. 기년체는 임금의 사적을 서술한 본기(本紀)와 신하들의 사적을 서술한 열전(列傳)과 각종 전문분야 기록인 지(志) 등으로 나뉜다. 사마천의 『사기』이래 동양 유학사회의 전통적인 정사 편찬 방식이다. 그런데 『일본서기』는 '벼리 기(紀)'자를 썼지만 열전도, 지도 없다. 열전과 지를 편찬할 경우 씨줄과 날줄을 맞추기가 불가능하기 때문이다. 반면 『일본서기』는 쓸 데 없는 기술이 너무 많다. 왕실 누가 바람을 폈다, 왕실에서 야외에 나갔는데 요리할 칼이 없었다는 등 정사에 편입되기 힘든 기사가 너무 많다. 연대를 천년 정도 늘려났지만 사건까지 조작하기는 어렵기 때문에 궁여지책으로 이런 이야기들을 잔뜩 서술한 것이다. 그러나 『삼국사기』에는 이런 기사가 하나도 없다.

이마니시 류는 또 신라 4대 임금 "석탈해(昔脫解) 이사금이 85세로 졸하였다."는 것도 믿을 수 없다고 주장하고, "일성(逸聖) 이사금은 유리의 아들로서 98세가 되니 믿을 수 없다"고 주장했다. 『삼국사기』는 탈해 이사금의 재위 당시 나이가 62세라고 기록하고 있다. 서기 57년부터 80년까지 23년간 재위에 있었으니 사망 당시 85세가 된다. 이것이 고령이기 때문에 믿을 수 없다는 주장이다. 이마니시 류가 신봉하는 『일본서기』는 초대 신무는 127세, 2대 수정은 84세, 5대 효소는 113세, 6대 효안은 137세, 7대 효영은 128세까지 살았다고 말하고 있다. 탈해 이사금은 85세까지 살았으니 믿을 수 없지만 137세까지 살았다는 일왕 효안은 믿는다는 것이다.

이마니시는 7대 일성 이사금에 대해 "유리의 아들"이라고 단정 지었지만 『삼국사기』는 "유리왕(儒理王)의 큰아들이다. 혹은 일지갈문왕(日知葛文王)의 아들이라고 한다"고 해서 일성 이사금의 출생에 대한 설이 일치하지 않는다는 사실을 기록했다. 더구나 『삼국유사』는 「왕력편(王曆篇)」에서 일성 이사금의 아버지를 노례왕(弩禮王), 즉 유리왕의 형이라고 하고 혹은 지마왕이라고 한다고 기록했다. 『삼국사기』와 『삼국유사』는 일성 이사금에 대해 네 가지 설을 전해주고 있다. 『삼국사기』는 네 가지 설 중에 '유리의 아들'을 유력한 설로 취급했는데, 이마니시는 이를 허위의 근거로 삼았다.

이마니시 류는 "진흥왕(眞興王:재위 540~576) 이후에야 비로소 믿을 수 있는 역사가 나온다."면서 "『삼국사기』의 진흥왕 이전의 기년은 조작이다."라고 주장했다. 신라는 서기전 57년이 아니라 서기 540년 이후에야 건국되었다고 약 600여 년 역사를 조작으로 몰았다.

이것으로 끝은 아니다. 이마니시 류는 "『삼국사기』 「신라본기」의 상대(上代:28대 진덕왕) 기년은 믿을 수 없다(이마니시 류(今西龍), 『조선사 입문〔栞〕』, 1935, 93쪽)"고 주장했다. 상대(上代)라는 것은 『삼국사기』 경순왕 본기에 나오는 용어로서 『삼국사기』는 이렇게 말하고 있다.

"나라 사람들이 경순왕에 이르기까지를 3대(代)로 나누었다. 처음부터 진덕왕(眞德王)까지 스물여덟 임금을 상대(上代)라 이르고, 무열왕(武

烈王)부터 혜공왕(惠恭王)까지의 여덟 임금을 중대(中代)라 이르고, 선덕왕(宣德王)부터 경순왕(敬順王)까지 스무 임금을 하대(下代)라고 일렀다."[149]

(『삼국사기』 경순왕 본기)

서기 647년~654년까지 즉위한 진덕왕은 태화(太和:647~650)라는 연호를 사용했고, 성골의 마지막 임금이다. 진덕왕 이전의 기년을 믿을 수 없다는 말은 신라사 전체를 부정하겠다는 말에 다름 아니다. 문제는 무슨 근거로 진덕왕 이전은 믿을 수 없다고 부정하는가 하는 점이다. 지금까지 살펴본 것처럼 이마니시 류가 신라사를 거짓으로 모는 합리적인 근거를 제시한 것은 전혀 없다. 진덕여왕의 후사가 백제를 멸망시킨 29대 태종무열왕(太宗武烈王:재위 654~661)이니 그의 논리에 따르면 신라는 진덕왕 때 건국해서 다 다음 왕 때 삼국통일에 나서는 격이다.

문제는 이런 논리 자체도 일관되지 못하다는 점이다. 다른 기록에서는 17대 내물왕 이전은 믿을 수 없다고 주장하고, 또 다른 기록에서는 24대 진흥왕 이전은 믿을 수 없다고 주장하고, 또 다른 기록에서는 진덕왕 이전은 믿을 수 없다고 주장했다. 『삼국사기』가 조작이라는 전제만 있을 뿐 이를 입증할 아무런 근거가 없다 보니까 여기에서는 이렇게 말하고, 저기에서는 달리 말하는 것이다.

그는 또 "왕 중에는 실왕(實王:실제 재위한 왕)이 아닌 자도 있고 또 왕이면서 왕명(王名) 속에서 존재하지 않는 자도 있고 또한 2왕 또는 2왕 이상이 「병립(竝立)」하는 경우도 있다."고도 주장했다. 실제 왕위에 있지 않았

149　國人自始祖至此, 分爲三代. 自初至眞德二十八王, 謂之上代, 自武烈至惠恭八王, 謂之中代, 自宣德至敬順二十王, 謂之下代云(『三國史記』「敬順王 本紀」)

는데도 왕으로 올라온 인물이 있다면 그 인물이 누구이고 그 사료적 근거는 무엇인지를 제시해야 할 것이다. 그러나 식민사학은 주장만 있고 근거가 없다. 2왕 또는 그 이상이 병립(竝立)된 왕이 있다고 주장하려면 그 근거를 제시해야 할 것이다. 그러나 이마니시 류는 "신라의 왕은 일가가 계승하는 것이 아니고 왕종(王種:왕의 종족) 중의 유력자나 성망자(盛望者:명망이 있는 자)가 추대되거나 혹은 무력(武力)에 의하여 왕이 된다. 이 왕종은 후세에 이르러 그 시조(始祖)에 의하여 분류되어 삼가(三家)가 되는데, 소급하여 박·석·김의 성을 덧붙였다."고 주장했다. 이마니시 류는 신라의 왕위 계승이 부자(父子) 사이의 단선적 계보로 이루어지지 않은 것을 『삼국사기』「신라본기」조작의 근거로 삼았다. 박·석·김 삼성이 왕위에 오른 것은 후세에 성씨를 만들어 소급했다는 주장이다. 『일본서기』는 이렇게 주장하는 것이 가능한 역사서이다. 실제로 신공왕후는 훗날의 추고 여제나 황극 여제의 사적을 나누어 앞에 실은 것이라는 주장이 여럿 있을 정도로 한 사람을 둘, 또는 셋으로 나누어 서술한 경우가 여럿 있는 역사서이다. 이런 『일본서기』가 맞고 『삼국사기』가 허위라고 주장하려면 근거를 대야 하는데 아무런 근거 제시 없이 주장만 하는 것이다.

지금까지 살펴본 것처럼 이마니시 류가 『삼국사기』「신라본기」를 조작으로 보는 근거, 즉 역사학적 방법론에 따른 근거 제시는 전무하다는 사실을 확인할 수 있다. 그는 또 "중국사서(中國史書)에 의하면 4세기 후반에야 신라의 이름이 나온다."면서 『삼국사기』를 조작으로 몰았는데, 그런 잣대라면 중국기록에 7세기 후반에야 일본(日本)이라는 이름이 나오니 7세기 후반 이전의 『일본서기』는 모두 조작이어야 할 것이다. 이런 따위가 이마니시 류가 『삼국사기』「신라본기」를 조작으로 본 「신라사통설(新羅史通說)」(『신라사연구

(新羅史硏究)』, 1933)의 논리이다. 이런 논리가 아직도 일본도 아닌 남한 강단사학계에 통하는 것이 더 미스터리다.

2) 『삼국사기』「백제본기」가 조작이라는 논리

이마니시 류는 『삼국사기』「신라본기」에 이어 『삼국사기』「백제본기」도 조작되었다고 주장했다. 그는 『백제사연구(百濟史硏究)』(1936)에서 백제사를 비판했는데, 그 중 「백제략사(百濟略史)」와 「백제사강화(百濟史講話)」가 대표적이다.

이마니시 류가 『삼국사기』「백제본기」를 비판한 사례는 많지만 큰 틀에서 보면 대략 두 가지로 귀결된다고 볼 수 있다. 하나는 『삼국사기』「백제본기」 초기기록은 전설 또는 허구의 것이기 때문에 믿을 수 없다는 것이고, 다른 하나는 『일본서기』를 중심으로 백제사를 보아야 한다는 것이다. 그는 『삼국사기』「백제본기」는 무조건 비판하면서 『일본서기』를 중심으로 백제사를 보아야 하며 여기에 중국 사료를 가지고 백제사를 보아야 한다고 주장했다. 백제사를 보는데 백제인의 시각으로 보면 안 되고 일본인과 중국인의 시각으로 봐야 한다는 주장이다.

『삼국사기』「백제본기」는 「전설(傳說)」, 「허구(虛構)」, 「분식(粉飾)」, 「조작(造作)」, 「추기(追記)」된 기록이기 때문에 믿을 수 없고 『일본서기』와 중국 사서를 가지고 백제사를 연구해야 한다는 주장이다. 그런데 이마니시 류 역시 실증사학을 표방했기 때문에 『일본서기』도 「탈자(脫字)」, 「누락(漏落)」, 「중복(重複)」된 곳이 있다는 사실을 인정하지 않을 수 없었다. 중국 기록이 자국 이외의 사건에 대해서는 소략하게 서술한다는 문제점도 있었다. 그럼에도 그는 일본과 중국 기록은 부분적으로는 문제가 있지만 전체적으로는 믿을 수 있다고 우기면서 『삼국사기』는 전체적으로 믿을 수 없다고 주장했다. 일본과 중국 사료는 탈자나 오자, 중복은 적지 않지만 조작된 것은 하나도 없는 반면『삼국사기』는 조작이므로 믿을 수 없다는 논리다.

그가『삼국사기』「백제본기」를 믿을 수 없다면서 내세우는 논리 중에서 중요한 것이 "백제는 일본을 떠나서는 살 수 없기에 일본에 예속되었고 임나(任那:가야(伽倻))는 일본에 의하여 경영되었다"는 것이다. 결국 임나일본부를 사실로 만들기 위해『삼국사기』「백제본기」를 거짓으로 몰랐다는 사실을 다시 확인할 수 있다.

최재석 교수는『삼국사기 불신론 비판』에서 이마니시 류가『백제연구사』에서『삼국사기』「백제본기」를 조작으로 본 논리를 이렇게 정리해서 제시했다.

① 『삼국사기』의 원자료(原資料)인 사적(史籍)의 온조왕 대(代)부터 이하 수대(數代)에 걸치는 기사는 명백히 후세의 「추기(追記:추가로 기록함)」로서 그 시대의 사실로서 취급할 수 없다(『백제연구사』 318쪽, 앞으로는 페이지만 표시).

② 『삼국사기』에 전하는 근초고왕 이전의 백제기사는 백제왕조(百濟王朝)에 있어 「전설을 안배(按配)」하고 사(史)의 체제를 작성한 것인데, 한 번 두 번뿐 아니라 여러 번 기사를 첨부하여 안배(按配)에 안배를 거듭한 것이 소위 『고기(古記)』가 되어 후대에 전하는 자료가 되었다(320쪽). 구『삼국사기』즉『해동삼국사(海東三國史)』는 백제 말에 이루어진『고기(古記)』를 수록한 것에 불과하다(321쪽).『삼국사기』는 이『해동삼국사』를 대본(臺本)으로 하여 글을 닦고, 여기에 중국 사료에서 기사를 「철습(掇拾:거두어 주워 모음)」하고 「첨보(添補:첨가하여 보충함)」한 것에 불과하다(321쪽).

③『고기(古記)』는 생각건대 백제 말에 이루어졌으며 그 원형은 오늘날 전해오는 백제본기보다 중국사적(中國史籍) 기사로 보전(補塡:부족한 것을 메꿈)된 부분을 제거한 것으로 그 기사는 「영쇄(零碎)」하고 「번용(煩冗)」한 것이며 이『고기』를 발췌한 절약본(節約本)이 전하여 백제기(百濟記)의 대본(臺本)이 되었다(322쪽).

고구수왕(古仇首王:구수왕〔仇首王〕)까지의 기사는 백제 왕정(王廷)에서 편사(編史:역사서를 편찬함) 시에 막연한 운연(雲烟:구름이나 연기)과 같이 포착하기 힘든 「전설」을 취하여 정연하고 견고한 외형(外形)을 갖는 골격(骨格)을 구성하여 여기에 제 기사(諸記事)를 「감입가전(嵌入加塡)」한 것을 그 후 다시 이것을 「첨가」한 것이다(323쪽).

④『해동삼국사(海東三國史)』. 백제본기의 근거가 된『고기(古記)』는 백제 말 아마도 의자왕대에 수찬되었다(323쪽).『삼국사기』에 전하는 사부(四部:백제의 행정구역)의 기사는 백제말기에 「가전(加塡:더해짐)」되고 혹은 「첨부(添附)」되고 혹은 개서(改書)된 것이다(323쪽).

이마니시 류가『삼국사기』「백제본기」가 조작되었다고 주장하는 논리는 이런 것이다. 그는 먼저『삼국사기』「백제본기」의 토대가 된『고기(古記)』가 조작되었다는 것이다. 그리고 구『삼국사기』즉,『해동삼국사(海東三國史)』는 이『고기』를 수록한 것에 불과하다는 것이다. 그리고『삼국사기』「백제본기」는 이『고기』에 중국 사료를 첨가해서 작성했다는 것이다.

그의 논리가 가진 치명적인 문제점은『고기』는 물론『해동삼국사(海東三國史)』도 남아 있지 않다는 점이다. 따라서『고기』나『해동삼국사』에 대해서 이마니시 류가 주장하는 것은 글자 그대로 소설에 지나지 않는다. 그는『고기』가 백제 말기, 그것도 의자왕 때에 이루어졌다고 말했지만 이는 아무런 근거도 없는 그 자신의 공상에 불과한 것이다. 다른 기록이 없는 한 현전하지도 않는 역사서가 언제 만들어졌는지 특정할 수 없는 것은 물론이다.

『삼국사기』「백제본기」'근초고왕 30년(375)'조는 이렇게 말한다.

> "(근초고)왕이 세상을 떠났다. 『고기(古記)』에는 '백제는 개국 이래 문자로 사적을 기록한 적이 없었는데 이때 와서 박사(博士) 고흥(高興)을 얻어서 처음으로 『서기(書記)』가 있게 되었다.' 그러나 고흥은 다른 서적에 나타나지 않기 때문에 그가 어떠한 사람인지 알 수 없다."[150]

『고기』가 나오는 이 기록이 말해주는 것은 『고기』에 근초고왕 때 『서기』를 편찬했다는 사실뿐이다. 『고기』 자체가 전하지 않기 때문에 이외에는 무슨 내용이 실려 있는지 알 수 없다.

『삼국사기』「백제본기」'제사(祭祀)'조에는 "『해동고기(海東古記)』를 상고해보면 (백제의) 시조는 혹 동명(東明)이라고 이르고, 혹은 시조를 우태(優台)라고 이른다"는 구절이 있다. 앞의 근초고왕 조는 『고기』라고만 말했는데, 여기에서는 『해동고기』라고 달리 말했다. 두 책이 같은 책인지는 알 수 없다. 이마니시 류가 말한 『해동삼국사(海東三國史)』는 『삼국사기』 편찬 때 참고했던 『구삼국사(舊三國史)』를 지칭하는 것으로 보인다. 11세기 초에 저술된 『대각국사문집(大覺國師文集)』에는 『해동삼국사』라고 설명하고 있고, 12세기 말 이규보(李奎報)의 「동명왕편(東明王篇)」 서문에는 『구삼국사(舊三國史)』라고 설명하고 있다. 또한 14세기 일연의 『삼국유사(三國遺事)』에는 『전삼국사(前三國史)』라고 설명하고 있다. 이는 『삼국사기』와 비교하기 위해

---

150 "冬十一月, 王薨. 古記云, "百濟開國已來, 未有以文字記事, 至是得博士高興, 始有書記." 然高興未嘗顯於他書, 不知其何許人也(『삼국사기』「백제 근초고왕 30년(375)」)

서 사용한 이름들로 보이는데 아마도 원래의 책 이름은『삼국사(三國史)』였을 개연성이 높다. 물론 모두 존재하지 않는다.

존재하지도 않는『구삼국사』와『고기』를 가지고 "『해동삼국사』는 백제 말에 이루어진『고기』를 수록한 것에 불과하다"라고 말하는 것 자체가 역사학적 방법론과는 거리가 먼 것이다. 남송(南宋)의 왕응린(王應麟)이 편찬한『옥해(玉海)』에 따르면, 남송의 효종 순희(淳熙) 원년(1174) 5월 19일자에 "명주(明州)의 진사 심민(沈忞)이『해동삼국사기(海東三國史記)』50권을 바치자 은과 폐백 1백을 주고 비각에 보관하게 했다"는 기록이 있다. 여기의『해동삼국사기』는 김부식이 편찬한『삼국사기』를 말하는 것인데, 1145년에 편찬한『삼국사기』가 불과 29년 만에 남송의 왕실에 전해진 것이다. 중국에서는 이를 가짜로 몰지 않았다.

이마니시 류가『삼국사기』「백제본기」를 조작으로 모는 근거를 조금 더 살펴보자.

> ①『삼국사기』는 신라 소전(所傳)의 백제관계 기사를 신라본기에도 쓰고 동시에 백제본기에도 수록했다. 백제 소전(所傳)의 신라관계 기사는 이것을 신라본기에도 기재하고 백제본기에도 분재(分載)하였다. 백제기(백제본기)와 고구려기 및 고구려와 신라기도 이와 같이 하여『해동삼국사』나『삼국사기』에서 삼국의 사(史)를 일서(一書)로 할 때 세계(世系), 기년(紀年) 등에서 삼사(三史:신라·고구려·백제본기) 간에 모순이 없도록 개수하였다(320쪽).
>
> ② 근초고왕 대부터 확실한 역사시대에 들어서고 이보다 이전의 역사는 불명(不明)하다. 그런데 이 역사(歷史) 불명(不明)한 시대에 인명(人名)에 부명(部名)을 관(冠)하였으니 조작된 것이다(320쪽).

③ 사적(事蹟)이 가장 없거나 혹은 사적(事蹟)을 전할 수 없는 구수왕
(仇首王) 대까지 오히려 사부(四部)에 대하여 기술하고 있는 것은 조작
때문이다(323쪽).

이마니시 류의 고민은 『일본서기』는 일방적 주장인데 비해서 『삼국사기』
는 세 나라의 역사서이기 때문에 각국 사이의 관계가 씨줄과 날줄로 모두
일치한다는 데 있었다. 그러자 이마니시 류는 『삼국사기』는 「백제본기」에
쓴 것을 「신라본기」에도 쓰고 때로는 「고구려본기」에도 썼다고 주장하는 것
이다. 그러나 앞서 살펴본 대로 『삼국사기』 「신라본기」는 신라 점해 이사금
9년(255) 백제가 침입하자 "일벌찬(一伐飡) 익종(翊宗)이 괴곡(槐谷) 서쪽에
서 맞서 싸우다 적에게 죽임을 당하였다."고 적고 있는데 반대 「백제본기」
는 고이왕 22년(255)에 "군사를 내어 신라를 공격했다. 신라군과 괴곡(槐谷)
서쪽에서 싸워 패퇴시키고, 그 장수 익종(翊宗)을 죽였다."라고 기록하고 있
다. 「신라본기」는 신라 측의 기록이기에 익종의 관직 이름까지 적시한 반면
「백제본기」는 관직 이름까지는 몰랐기에 장수 익종이라고만 쓴 것이다. 이런
차이가 있는 기록을 신빙성의 근거로 보지 않고 조작의 근거로 볼 수는 없
다.

또한 이마니시 류를 비롯한 대부분의 식민사학자들은 근초고왕부터 실
존 임금으로 보고 있다. 이마니시 류는 "참다운 역사시대에 들어 온 것은
4세기 중엽의 13대 근초고왕(近肖古王:재위 346~375)부터였다."라고 주장
하고, "백제가 하나의 엄연한 나라가 되고 역사가 있게 된 것은 근초고, 근
구수왕 시대이다."라고 주장했다. 이마니시 류는 "근초고왕대는 일본의 신
공황후, 응신천황시대에 상당한다."고도 말했는데, 바로 이 말에 근초고왕
부터 실존 인물이라고 주장하는 속내가 담겨있다. 『일본서기』 「신공 49년

(369)」에 가라 7국을 점령하고 임나를 설치해서 백제에 주자 근초고왕이 영원한 충성을 맹세했다고 하는데 이때가 근초고왕 24년이라는 것이다. 그러니 근초고왕은 인정하지 않을 수 없었던 것이다.

그래서 이마니시 류는 이렇게 주장했다.

> "12대 계왕(契王:재위 344~346)까지의『삼국사기』「백제본기」기사는 전혀 믿을 수 없다. 계왕 이전의 기사는 백제 중세(中世)에 제작(製作)·분식(粉飾)되어 억지로 역사의 체재로 작성된 것을『삼국사기』는 그대로 수록하였다. 근초고왕 때에 이르러 그 이름이『일본서기』에 보인다."
>
> (이마니시 류,『백제연구사』)

13대 근초고왕부터 실존 국왕이라는 뜻인데, 그 근거는『일본서기』에 보이기 때문이라는 것이다. 이마니시 류는 근초고왕 때까지의 「백제본기」 기사는 그 이후의 기사를 늘려서 쓴 추기(追記)라고 주장했다. 백제 말의 짧은 역사를 가지고 백제 건국기부터 13대 근초고왕 때까지 늘려서 썼다는 것이다. 백제 후기의 역사를 가지고 백제 건국년인 서기전 18년부터 13대 근초고왕 때까지 400여 년의 역사를 조작했다는 것이다. 물론 일방적인 주장일뿐 아무런 근거는 없다. 역으로 이런 주장은 이마니시 류가『일본서기』앞부분이 뒷부분의 기사를 가지고 늘려 쓴 추기(追記)라는 사실을 알고 있었다는 증거가 된다.

『삼국사기』「백제본기」의 기사 중 12대 계왕까지의 것은 전혀 믿을 수 없다는 이마니시 류의 주장은 쓰다 소키치, 오타 아키라 같은 식민사학자들의 주장과 궤를 같이하는 것이다.

나아가 이마니시 류는 "일본의 문화가 반도(조선)에서 왔다고 하지만 그것은 반도의 문화가 아니라 중국의 문화가 반도를 경유한 데 지나지 않는다."라고 주장했다. 『일본서기』에는 백제가 야마토왜에 많은 문물을 전수해 준 기록이 있다. 그런 기록은 백제의 문명이나 문물을 전수한 것이 아니라 중국 문명이나 문물을 중개한 것이라는 주장이다. 백제는 중국 문물을 수입하는 간이역에 불과하다는 주장으로서 한국사 정체성론의 반복이었다. 한국인들은 역사나 사회발전 능력이 없으므로 외국의 식민 지배를 받거나 외국에서 선진문물을 수입해야 발전할 수 있다는 논리다. 백제가 일본에 발전된 선진문물을 제공하는 선진국이었다면 야마토왜가 백제를 지배했다고 주장할 수 없기 때문에 야마토왜(倭)에 전수된 백제의 문화는 백제의 것이 아니라 백제를 경유해서 온 중국의 문화라고 주장하던 것이다.

　　이마니시 류는 고구려가 한반도에 침입해서 그 북반을 엄습했을 때 백제는 일본의 세력에 의해서 나라를 유지할 수 있었다고 주장하고, "일본에서 칭하는 「임나(任那)」의 강역이 종래의 연구에 의하여 경상도에 한하는 것은 오해(誤解)이며 전라남도 동반(東半)을 포함하고 지금의 섬진강 유역을 포함한다."라고 주장했다. 나카 미치요는 '임나=가야'라면서 임나 강역을 지금의 김해 일대로 비정했고, 쓰다 소키치도 임나 강역을 김해를 중심으로 한 경남일대라고 주장했다. 그런데 이마니시 류는 임나일본부의 소재지는 경북 고령이었다면서 경상북도까지 그 강역을 확대시켰다가 다시 전라도까지 확장시킨 것이었다. 임나일본부에 대해서 이마니시 류는 일왕 계체(繼體)가 백제에 임나의 기문(己汶), 대사(帶沙) 땅과 임나 4현을 하사했다고 주장했다. 이 주장을 현재 남한의 강단사학계가 그대로 계승해서 전북 남원을 야마토왜의 식민지인 기문국으로 둔갑시켜 유네스코에 세계문화유산 등재신청을 했다가 국민적 반발을 초래했다.

뿐만 아니라 이마니시 류는 "일본인계(日本人系)의 백제 관인(官人)"과 "일본인계(日本人系)의 백제 귀인(貴人)이 있었다"고도 주장했는데, 백제는 야마토왜의 사실상 식민지라는 주장이었다. 이마니시 류가 『삼국사기』「백제본기」를 조작으로 모는 근본 이유는 임나일본부 때문이었다. 고대 백제는 야마토왜에 예속된 식민지 같은 나라이고, 한반도 남부는 야마토왜에 소속된 임나가 통치했다는 것이다. 그 임나가 바로 가야라는 것인데, 일제 패전 후에 이런 주장은 잠시 주춤했다가 다시 거세지고 있다.

이마니시 류의 글은 횡설수설이 많다. 『삼국사기』가 조작이라는 전제는 확고하지만 왜 조작인지는 논리적으로 설명할 수 없기 때문에 그때그때 다른 주장들을 하게 되는데, 이런 주장들이 서로 충돌하는 경우가 많다. 신라사의 경우 때로는 17대 내물왕 이전까지는 조작이라고 주장하다가 때로는 24대 진흥왕(재위 540~576) 이전까지를 조작이라고 주장했다. 심지어 때로는 28대 진덕왕(재위 647~654) 이전까지를 조작이라고 주장했다. 『삼국사기』「신라본기」가 조작이라는 전제 아래 하위 논리들을 견강부회하는데, 근거가 전혀 없다 보니까 상호모순된 서술이 적지 않다. 진덕왕 이전까지의 신라사가 조작이라면 서울 북한산과 함경도 함흥의 황초령과 마운령까지 진출해 순수비(巡狩碑)를 세웠던 진흥왕도 존재하지 않았던 임금이 되는 것이니 도대체 무슨 이야기를 하는 것인지 알 수 없다.

이마니시 류의 횡설수설은 여기에서 그치지 않는다. 이마니시 류는『신라사연구』에서는 『삼국사기』「신라본기」 초기기록을 조작으로 몰면서『삼국사기』「고구려 본기」의 기년은 권위가 있는 사료라고 것이라고 말했다. 그러다가 「고구려오부고(高句麗五部考)」에서 「고구려본기」에 대하여 언급할 때는 『삼국사기』「고구려본기」의 17대 소수림왕(小獸林王：재위 371~384) 이전의 기사는 물론 20대 장수왕(長壽王：재위 412~491) 이후의 기사도 중국사료의 기사에 의해서 조작되어 신용할 수 없다고 주장했다. 『삼국사기』가 조작이라는 전제만 확고할 뿐 그를 입증할 근거가 전무하다보니까 그때마다 말이 달라지는 것이다.

이마니시 류의 『삼국사기』 불신론은 앞뒤가 안 맞는 모순투성이다. 사료적 근거도 전혀 없다. 정상적인 나라 같으면 패전과 동시에 폐기되었을 이론이다. 더구나 이는 황국사관에 의해서 조선총독부가 식민지 지배권력으로 정설로 만든 것이다. 그럼에도 불구하고 현재까지도 일본은 물론 한국 강단 사학계에서 이를 추종하는 것은 전 세계 사학사상의 미스터리다.

Ⅲ

『삼국사기』 불신론을 넘어서

1. 아직도 살아 있는 『삼국사기』 불신론

지금까지 쓰다 소키치와 이마니시 류의 『삼국사기』 초기기록 불신론에 대해서 살펴보았다. 쓰다 소키치와 이마니시 류는 모두 '『삼국사기』 불신론'을 주창했다. 이들이 이런 주장을 한 근본 이유는 한반도 남부를 임나일본부가 지배했다고 주장하기 위한 것이었다. 그러나 이들은 이런 주장을 뒷받침하는 하등의 사료적 근거를 제시하지 못했다. 쓰다 소키치는 물론 이마니시 류도 『삼국사기』가 조작이라고 주장만 했을 뿐 그를 뒷받침하는 사료의 제시나 논리적 타당성이 결여된 정치선전에 불과했다. 쓰다 소키치나 이마니시 류는 모두 『삼국사기』가 조작되었다는 주장만 했지 역사학적 방법론에 의한 논증은 제시하지 못했다.

그럼에도 불구하고 이런 『삼국사기』 불신론이 아직도 극복되지 않을 뿐만 아니라 오히려 아직도 추종되는 것은 놀라운 일일 수밖에 없다. 현재 한국의 강단사학계는 신라가 내물왕(재위 356~402) 때 건국되었다고 주장하고 있다.[151] 남한 강단사학계의 태두라는 이병도가 신라의 건국을 내물왕 때라고 주장했기 때문이다. 이병도는 『한국사대관(韓國史大觀)』에서 신라의 건국 시기에 대해서 이렇게 서술했다.

> "원시국가로서 지지(遲遲:아주 늦음)한 걸음을 걸어온 신라가 부근의 군소(群小) 제국(諸國)을 병합하여 중앙집권의 정치로 진전하기는 제 17대 내물왕 때로부터니, 『삼국유사』「왕력표」에 의하면 이때 왕호로 '마립간(麻立干)'의 칭(稱)을 시용(始用:처음 사용)하였던 것이다.(이전 의 왕호는 거서간, 차차웅, 이사금) '마립간'은 마룻간, 즉 정청(政廳) 주석장(主席長)의 의(義)로 한문류(漢文流)의 폐하 전하와 같은 존칭 이니 신라인의 권력 관념 계급 시설(施設)이 제법 두드러진 때의 소산 이었다. 이런 칭호 사용으로 보더라도 신라의 국가정치의 태세가 내 물 시(時)로부터 시작되었다고 하겠다. 내물 26년(381) 신라는 또 고구 려 사자(使者)에 부속하여 북중국의 강국이요 또 고구려와 친밀한 전 진(前秦:부견)에 사신을 보낸 일도 있고, 그후 고구려의 강성을 두려워 하여 질자(質子:인질)를 북에 보낸 일도 있었지만, 어떻든 이때 신라는 확실히 국제장리(國際場裏)에 한 두각을 나타냈었다."[152]
>
> (이병도, 『한국사대관』)

이병도는 마립간이 마룻간이란 뜻이라면서 마룻간은 정사를 보는 정청 (政廳)을 뜻하며, 한문으로 치년 폐하나 전하 같은 용어라고 주장했다. 기 발한 발상이지만 마립간이 마루를 뜻한다는 주장 역시 아무런 근거가 없다.

---

151 한국 일부 고대사학계의 신라 건국 시기에 대해서는 필자의 『한국사, 그들이 숨긴 진실』 204~219 쪽을 참조할 것.

152 李丙燾, 『新修韓國史大觀』, 普文閣, 1973. 67~68쪽.

쓰다 소키치가 신라는 눌지왕(재위 417~458) 때 건국되었다고 주장한데 비하면 이병도는 내물왕(재위 356~402) 때 건국되었다고 주장해서 50여 년 정도 끌어내린 셈이다. 그러나 『삼국사기』 불신론 자체를 부정하기 보다는 이를 인정하는 한계 내에서 건국 연대를 조금 끌어내렸을 뿐이다. 이병도 는 내물왕 때 마립간이란 용어가 사용되었다는 것을 근거로 들었지만 이는 『삼국유사』의 왕력을 따른 것일 뿐 『삼국사기』는 마립간이 아니라 내물 이 사금이라고 표기하고 있다.

이병도의 논리에 따르면 내물왕은 강력한 건국 군주여야 하는데 정말 그 런지 살펴보자. 내물왕은 재위 37년(392)에 이찬 대서지의 아들 실성(實聖) 을 고구려에 인질로 보냈던 데서 알 수 있는 것처럼 강력한 정복군주도 아 니었다. 『삼국유사』의 「내물왕과 김제상」조는 내물왕이 셋째 아들 미해를 왜국에 인질로 보내고 아우 보해는 고구려에 인질로 보냈는데 김(박)제상이 자신의 목숨을 대신 바치고 두 왕자를 환국시켰다고 전할 정도로 이 무렵 신라의 국세는 미약했다. 「광개토태왕릉비문」에는 내물왕이 고구려에게 자 신을 '노객(奴客)'이라 비칭하며 군사지원을 요청했다고 적고 있음에도 과거 의 국정교과서는 물론 현재 사용하는 검정 한국사교과서는 이병도의 주장 에 따라 내물왕 때 진한 전 지역을 정복하고 사실상 신라를 건국했다고 서 술해왔다.

『삼국사기』 「신라본기」는 자국의 시조가 누구인지를 명확하게 설명하고 있다. 2대 남해 차차웅 3년(6) 봄 정월에 "시조묘를 세웠다"고 전하고 있다. 『삼국사기』 「잡지」 '제사(祭祀)'조에는 이를 신라의 종묘(宗廟)라고 표현하고 있다.

"신라의 종묘 제도[制]를 상고해보면, 제2대 남해왕(南解王) 3년 봄에
처음 시조 혁거세(赫居世)의 묘당을 세워 사계절에 제사지냈는데, 친누
이 아로(阿老)에게 제사를 주관하게 했다."

(『삼국사기』「잡지」'제사')

　　남해왕은 박혁거세의 아들이다. 시조를 계승한 사왕(嗣王)이 부왕의 묘당
을 세우고 매년 4차례 제사를 지냈다는 것이다. 남해 차차웅의 뒤를 이은 유
리 이사금도 재위 2년 봄 2월 직접 시조묘에 제사를 지내고 대사면을 단행했
다. 이는 신라 왕실이 하늘을 계승했다는 천손 의식에서 나온 것으로서 이
런 기록들은 조작일 수 없는 것들이다. 유리 이사금은 재위 9년(32) 육부(六
部)의 이름을 고치고 성을 하사했으며, 17관등을 두었다. 이때 국가 체제를
정비한 것이다.『삼국사기』유리 이사금 본기 9년(32)조는 육부를 둘로 갈라
서 왕녀 두 사람으로 하여금 부내(部內)의 여성들을 거느리고 길쌈시합을 하
게 했다고 전한다. 7월 16일에 시작해서 8월 15일에 끝냈는데, 진편에서 이긴
편에게 술과 음식을 내어 사례했다고 한다. 이에 노래하고 춤추면서 온갖 놀
이를 즐겼으니 이것이 가배(嘉俳)라는 것이다. 이것이 현재까지 전하는 추석
의 유래인데,『삼국사기』유리 이사금 본기는 "이때 진편의 한 여자가 일어나
서 춤추면서 한탄하면서 「회소(會蘇) 회소」라고 했는데, 그 소리가 애처롭고
도 우아했다. 후세 사람들이 그 소리를 노래로 만들어 회소곡(會蘇曲)이라고
불렀다"고 말하고 있다. 이런 기사를 김부식을 비롯한『삼국사기』편찬자들
이 조작했다는 것이니 정상적인 사고라고 볼 수 없다.
　　『일본서기』는 쓸 데 없는 말이 많지만『삼국사기』는 간략하게 핵심만 기
술했다.『일본서기』는 처음부터 거짓을 서술하기로 마음먹고 왜곡한 역사서
지만『삼국사기』는 그럴 이유가 없었다.

『삼국사기』는 신라 4대 탈해 이사금 5년(61) 가을 8월 "마한의 장군 맹소(孟召)가 복암성(覆巖城)을 들어 항복해 왔다."고 말하고 있다. 마한을 비롯한 주변 나라들과 강역 확보전쟁에 나서는 것이다. 5대 파사 이사금 6년(85)에는 백제가 변경을 침범한 기사를 비롯해서 15년(94)에는 마두성에서 가야군사를 격퇴한 기사를 싣고 있다. 이렇게 신라는 건국 초부터 주변 지역 정벌에 나서 12대 첨해왕(재위 247~261) 때쯤이면 진한 전 영역을 정복한 상태라고 전하지만 국사교과서는 내물왕 때 이런 정복활동이 이루어진 것이라고 호도해 왔다.

『삼국사기』에는 내물왕 때 신라가 건국되었다는 이야기가 전혀 없는데도 내물왕 때 신라가 건국된 것처럼 서술한 것이다. 그 근거는 무엇일까? 『삼국사기』 불신론을 주장한 일본인 사학자들이 나카 미치요와 쓰다 소키치, 이마니시 류뿐이었던 것은 아니다. 시라토리 구라키치(白鳥庫吉), 아사미 린타로(淺見倫太郎), 미시나 쇼에이(三品彰英), 이케우치 히로시(池內宏), 스에마쓰 야스카즈(末松保和), 이노우에 히데오(井上秀雄) 등 한일고대사를 연구했다는 거의 모든 일본인 학자들이 『삼국사기』 불신론을 주창했다. 임나일본부를 사실로 만들기 위해서였다.

이중에서 특별히 주목해야 할 인물이 스에마쓰 야스카즈(末松保和:1904~1992)다. 스에마쓰 야스카즈는 도쿄 제국대학 문학부 국사학과를 졸업하고 조선총독부 산하 조선사편수회의 수사관보(修史官補) 및 수사관(修史官)으로 근무했던 인물이다.[153] 스에마쓰는 『조선사』(35책)의 편수 사업에 종사했던 조선사편수회의 핵심인물로서 경성제국대학 법문학부 교수도 역임했는데, 최근 해방 후에도 서울대학교를 들락거리면서 경성제대 시절의

---

153 『朝鮮史編修會事業槪要』, 시인사, 1986, 101쪽. 이는 일제가 『朝鮮史』(35책)의 편찬 완성하고 그 업적을 자랑하기 위해서 1938년 간행한 책자를 번역한 것이다. 뒤에 원문(原文)도 붙어 있다.

제자들에게 식민사학을 지도했다는 증언이 나와 있는 인물이기도 하다.[154]
스에마쓰가 중요한 이유는 다른 일본인 학자들이 일제 패망 후 자신들의
역사학이 침략전쟁에 이용되었다는 성찰에서 식민사학을 반성하는 기류가
형성되고 있을 때 거꾸로 식민사학을 강화한 인물이기 때문이다. 일본으로
쫓겨가서 왕족 및 귀족자제들을 가르치던 학습원대학의 교수가 된 스에마
쓰는 1949년 편찬한 『임나흥망사(任那興亡史)』[155]에서 임나의 강역을 경상도
에서 충청도 일부 및 전라도 전역까지 확대시켰다. 명성왕후 시해에 가담했
던 야쿠자 아유카이 후사노신의 주장을 그대로 추종한 것으로 패전으로 실
의에 찬 일본인들에게 일본은 다시 한국을 점령할 수 있다는 메시지를 전해
준 것이었다. 그는 1932년 쓴 「신라왕대고략(新羅王代考略)」에서 쓰다 소키
치의 『삼국사기』 「신라본기」 불신론을 더욱 심화시켰다. 스에마쓰 야스카즈
는 「신라왕대고략」에서 이렇게 주장했다.

> "마에마 교사쿠(前間恭作)씨가, 「신라왕의 세차(世次)와 그 이름에 대
> 하여」(대정〔大正〕14년〔1925〕 11월 발행, 『東洋學報』 제15권 제2호)에서,
> 신라왕의 세차로서 내물(奈勿) 이하는 대체로 인정해도 좋다고 보아,
> 이른바 김왕조의 확립이, 서기 4세기 중엽을 내려오지 않는다고 단정
> 한 것은 제종(諸種:여러 종류)의 사료(史料)를 근거로 보아 따를 만한
> 것인데……"[156]
>
> (스에마쓰 야스카즈, 「신라왕대고략」)

---

154 김용섭, 『역사의 오솔길을 가면서』, 지식산업사, 2011.

155 『任那興亡史』 大八洲出版, 1949年 (增訂版, 吉川弘文館, 1956年)

156 末松保和, 「新羅王代考略」, 『靑丘學叢』9, 1932년, 22쪽.

마에마 교사쿠가 쓰다 소키치의 눌지왕 건국론보다 조금 앞당겨 내물왕 건국론을 제기한 것인데, 이를 스에마쓰 야스카즈가 '따를 만한 것'이라고 동의한 것이 현재 한국 교과서 등에서 신라 내물왕 건국론을 따르는 단초가 된 셈이다. 마에마 교사쿠(前間恭作:1868-1941)는 동학농민혁명이 일어나던 1894년 일본의 조선영사관 서기생(書記生)으로 근무했던 이른바 한국통으로서 일제 한국 강점 후 조선총독부 통역관을 역임했다. 그는 한국에 근무할 때부터 고서적 수집에 나서 이에 대해『재산루수서록(在山樓蒐書錄)』,『고선책보(古鮮冊譜)』등의 저서를 남겼다. 스에마쓰 야스카즈는 신라인들이 시조를 창조했다고 주장하고 있다.

> "내물 이전의 신라기(新羅紀:『삼국사기』「신라본기」), 말하자면 신라의 창세기는 마에마 교사쿠 씨가 말한 대로 박·석·김(朴昔金) 삼성(三姓) 교립(交立:교대로 설립)을 대체적 줄거리로 잡아서 모두(冒頭)에 박씨의 시조, 다음에 석씨의 시조, 다음에 김씨의 시조 전설을 간격을 띄워 배치하고 있다. 시조의 성(姓)을 강조해서 고려하면, 이러한 배치에는 창작적 색채가 농후함을 충분히 인정할 수 있다. 그렇지만 '어떻게 오래된 것으로 보든 새로운 것으로 보든', 결국 그것은 어느 정도까지는 창작이다. 신라인이 그 시조를 아무리 오래된 것으로 보려하든 또한 아무리 새로운 것으로 보려하든 신라인이 창출(創出)한 시조 및 시조전설은 그들 신라인보다 새로운 것이다. 우리가 구해서 얻어야 할 것은, 다만 '창출된 그 시대가 어느 때에 있었느냐'로 귀착(歸着)된다."[157]

(스에마쓰 야스카즈, 「신라왕대고략」)

---

[157] 末松保和, 「新羅王代考略」, 『靑丘學叢』9, 1932년, 22~23쪽.

스에마쓰도 쓰다 소키치처럼 '신라의 시조 기록은 후대인이 창작한 것'이라는 결론을 내려놓고 출발함을 알 수 있다. 신라인들이 시조를 창작했다고 전제했지만 아무런 근거를 제시하지 못했다. 그래놓고는 신라인들이 시조를 창작한 그 때가 언제인가를 아는 것이 가장 큰 문제라는 것이다.

이들이 근거로 삼고 있는 마에마 교사쿠(前間恭作:1868~1942)는 1925년 「신라왕의 세차(世次)와 그 이름에 대하여」라는 논문을 발표했는데, 이 논문을 쓴 이유에 대해서 신라의 제21대 "소지왕(炤知王:재위 479~500) 이상 21왕의 세차(世次)·왕명을 믿을 수 있는가를 고찰하기 위한 취지이다"라고 말하고 있다.[158] 마에마는 21대 소지왕 이전을 믿을 수 없다는 의구심을 갖고 접근한 것이다. 그는 이 논문에서 "이마니시 류가 『삼국사기』 소지왕 이전의 기사를 믿을 수 없다고 한 것은 확고부동의 단안(斷案)으로 믿는다."라고 주장했다. 그런데 이마니시 류는 앞에서도 설명한 것처럼 21대 소지왕 이전의 기록만 믿을 수 없다고 본 것이 아니었다. 17대 내물왕 이전은 믿을 수 없다고 하기도 하고, 24대 진흥왕 이전은 믿을 수 없다고 하기도 하고, 28대 진덕왕 이전은 믿을 수 없다고 주장하기도 했다.

마에마 교사쿠도 『삼국사기』가 아니라 중국이나 일본사적을 가지고 삼국을 바라본다. 그래서 "중국사적에 소지왕 이전의 왕명이 보이는 것은 단지 1명뿐이다."라고 주장하고, "일본사적에는 소지왕 이전의 왕명이 나타나 있지 않다."라고 주장했다. 그는 "금석문(金石文)에 의하면 신라왕통은 내물로 시작된다."고 주장하고, 또 "일본사의 인덕천황기(仁德天皇紀)의 글, 백제기(百濟紀) 근초고왕조(近肖古王朝)의 글, 『진서(晉書)』의 글에 의하면 신라는 내물 시대에 건국되었다"라고 주장했다. 21대 소지왕 이전은 믿을 수 없다고 하다가 17대 내물왕부터는 믿을 수 있다고 다른 이야기를 하는 것이

---

158 마에마 교사쿠(前間恭作), 「신라왕의 세차와 그 이름에 대하여(新羅王の世次と其の名について)」, 『동양학보(東洋學報)』, 15-2, 1925.

다. 그는 "신라 상대(上代) 16왕의 세차는 전혀 허구로 세운 것"이라면서 "남해왕(南解王:2대)에서 흘해왕(訖解王:16대)까지의 15왕 가운데 9명은 전설의 이름이고 6명은 기년을 올리기 위하여 '작위(作爲:조작)'한 것이다."라고 주장했다. 심지어 "신라 상고(上古)의 왕통에서 박·석·김의 삼성교립(三姓交立)은 중국의 하·은·주의 계승관계에서 조작되었다."고 주장했다. 신라에서 박·석·김, 이 신라 왕성을 가진 왕이 즉위하는 것은 중국 하·은·주가 교체된 것에서 따왔다는 것이다. 물론 그런 증거는 전혀 제시하지 못했다. 그는 또 "한국서적에도 『삼국사기』, 『삼국유사』 이외의 서적에는 소지왕 이전의 왕명이 나타나 있지 않다."면서 신라 초기의 임금들을 조작으로 몰았는데, 그의 논리에 따르면 『일본서기』와 『고사기』에만 나오는 일본 국왕은 모두 조작으로 될 수밖에 없다.

최재석 교수가 "신라의 왕위계승을 집중적으로 분석하여 『삼국사기』의 세계(世系:조상으로부터 내려오는 계통)의 기록은 조작된 것이 아니라 사실의 반영임을 입증하였다."라면서 "조선 후기사회를 보는 눈으로는 박(朴)·석(昔)·김(金) 삼성(三姓)의 「교립(交立:교대로 섬)」에 의한 신라상대의 왕위계승을 이해하기 힘들 것"이라고 분석한 것처럼 신라는 주체적인 왕위계승 원칙이 있었다. 신라는 왜 박·석·김 세 성이 왕위에 올랐을까를 연구하는 것이 후대 역사학자의 정상적인 연구자세이지 자신의 생각과 다르다고 조작으로 모는 것은 역사학자의 자세가 아니다. 마에마 교사쿠의 결론은 "나는 그러므로 결론으로서 신라 상대(上代) 16왕의 세차는 전혀 가구(假構:거짓으로 만든 것)의 것이라고 단정한다."라는 것이다. 김부식은 『삼국사기』에 거짓을 나열할 이유가 없었다. 김부식이 『삼국사기』에서 신라의 사적을 고구려나 백제보다 조금 더 자세히 쓴 것은 사실이지만 이것이 신라의 사적을 조작했다는 증거는 될 수 없다. 조작했다는 것과 조금 더 자세히 썼다는 것은 전혀 다른 차원의 이야기다. 일본인 식민사학자들의 주장이 사실이 되려면 김부식을 비롯한『삼국사기』편찬자들은 매일 춘추관(春秋館)에 출근해서 1차 사료를 검토하거나 그때까지 남아 있던『구삼국사(舊三國史)』를 비롯한 각종 사서를 검토하고 그 내용이 중국의 역사서에는 어떻게 서술되어 있는지 비교하는 것이 아니라는 것이 된다. 김부식을 비롯한 여러 사관들은 매일 같이 모여서 고구려, 백제, 신라의 임금을 이름을 비롯해서 비롯한 여러 사적들을 창작했다는 것이 된다.『일본서기』는 편찬자들이 마음먹고 왜곡한 사서지만『삼국사기』는 그렇지 않았다. 그럼에도 불구하고 스에마쓰 야스카즈는 신라의 건국이 4세기 중엽이라는 전제를 세워 놓고 이렇게 주장했다.

"신라왕국의 역사적 존재가 4세기 중엽을 내려오지 않는다는 점이 명백하게 긍정된다면, 적어도 그 시대부터 신라 왕위(王位)의 기원은 김씨 일원적(一元的)으로 설명하는 것으로 충분했느냐, 또한 이미 통일시대 초기에는 '성(姓)'으로서의 박씨'가 인정되었다면, 그 박씨의 전신(前身)이 통일시대 이전의 신라에 있어서 어떠한 사회적 존재였는가를 고려하지 않을 수 없고 통일시대의 박씨에도 그 시조전설이 만들어져 있을 것이라 추정된다면 신라도 말기에 이를 무렵까지 그들 전설이 단순히 박씨에게만 봉(奉)해지는 데 그치고 더구나 김씨의 그것과는 전혀 관계없이 존재했던 것일까. 통일시대 말기 10세기 초에 이르러 박씨라고 전해지는 신덕왕(神德王)은 점차 사회의 실세력(實勢力)을 획득해 온 박씨의 세력을 가지고 스스로 박씨를 칭하고 여기서 처음으로

박씨 시조전설을 김씨의 그것 앞에 둘 기회와 실력을 부여받고, 또한
그렇게 할 이유를 찾았던 것일까?"[159]

(스에마쓰 야스카즈, 「신라왕대고략」)

'신라왕국의 역사적 존재가 4세기 중엽을 내려오지 않는다는 점이 명백하
게 긍정된다면'이라고 스에마쓰는 전제했다. 이 전제가 무너지면 다른 모든
이론은 무너지는 것이 식민사학의 치명적 약점이다. 그래서 식민사학은 합
리적 토론을 거부한다. 박씨 시조가 초대 혁거세가 아니라 신라 제53대 임금
신덕왕(神德王:재위 912~917) 때 만들어졌다는 스에마쓰의 발상 자체가 놀랍
다. 10세기 때 신덕왕이 세력을 얻어서 박씨로 자칭하고, 신라의 시조를 박씨
로 만들었다는 것이니 공상이라고 쳐도 기발한 공상이다. 스에마쓰가 한국
사를 난도질하던 제국주의 시대에는 이런 논리가 통할 수 있었다. 지금은 그
런 시대가 아님에도 이런 논리가 살아남아 있는 것을 보면 기이한 생각이 든
다. 한국과 중국의 사료는 물론 일본 사료들도 비교해 가면서 새로운 역사관
을 수립했던 독립운동가 겸 역사학자들의 역사관이 대부분 사장되었기 때문
이다. 스에마쓰는 신라는 5세기 중엽에 건국되었다고 거듭 주장했다.

> "그래서 이상의 소위 '상고에 대한 내 사견'을 바꾸어 말한다면, 신라
> 개국의 기초〔開基〕가 서기전 1세기 중엽에 있었던 것처럼 쓰고 있는
> 『삼국사기』・『삼국유사』의 기재(記載)는 물론 문제 외(外)라고 치더라도
> 신라라는 나라의 역사적 출현은 서기 4세기 중엽을 내려오지 않는다
> 는 점은 인정할 수 있다."[160]

(스에마쓰 야스카즈, 「신라왕대고략」)

---

159 末松保和, 「新羅王代考略」, 『青丘學叢』9, 1932년, 24쪽.
160 末松保和, 「新羅王代考略」, 『青丘學叢』9, 1932년, 25쪽.

쓰다 소키치가 신라 건국을 눌지왕 때라고 단정 지었다면 스에마쓰는 4세기 중엽의 내물왕(奈勿王:재위 356~402) 때라고 단정 짓고 있는 것이다. 그리고 이런 논리를 이병도를 비롯한 한국 사학자들이 받아들여서 내물왕 때 신라가 건국되었다는 것이 한국 식민사학계의 정설처럼 된 것이다. 스에마쓰의 기발한 논리를 하나만 더 살펴보자.

> "그다음에 6세기 초까지 약 150년간에, 신라는 발전하여 통일국 체제를 갖추는 데까지 나아간다. 그 150년간에 차례차례 신라에 병합되어 간 근린(近隣)의 여러 소국, 각각 혹은 상통(相通)하는 바나 혹은 완전히 상이한 바의 개국 또는 시조전설을 갖고 있었을 것이다. 또한 본래의 신라 자체가 일찍이 태고 시대에 몇 개인가의 무리(群)로 성립된 것이라는 점을 입증하는 듯한 몇 개의 작은 시조전설을 갖고 있었을지도 모른다. 그들 크고 작은 여러 양상의 창세기는 신라의 국가적 통일의 진척과 병행하여 병합되었다. 그 전설의 병합에는 물론 인위적 작의(作意)도 많이 행해졌을 터이지만 또한 역사의 실제(實際)도 충분히 작용했다. 현재의 『삼국사기』·『삼국유사』의 지증 마립간(智證麻立干:재위 500~514) 이전의 부분을 구성하는 요소는 그 결과를 전하는 것인데 그 구성연대로는 최초에 4세기 중엽을 생각했지만 역사적으로는 법흥·진흥의 사이 즉 6세기 초라고 보는 것이 충분하다."[161]

(스에마쓰 야스카즈, 「신라왕대고략」)

스에마쓰의 주장은 이런 것이다. 신라는 4세기 중엽 내물왕 때 건국되지만 아직 통일국가 체제는 아니었다는 것이다. 법흥왕(法興王:재위 514~540)

161　末松保和, 「新羅王代考略」, 『靑丘學叢』9, 1932년, 25~26쪽.

과 진흥왕(眞興王:재위 540~576) 때에야 통일국가 체제를 수립했다는 것이다. 4세기 중엽부터 6세기 초까지 신라는 주변의 여러 소국들을 병합하는데, 이때 각 소국들이 갖고 있던 개국 시조에 대한 여러 전설도 통합되었다는 것이고, 일부는 창작했다는 것이다. 그렇게 볼 수 있는 근거는 물론 전혀 없다. 모두 자신들 머릿속에서 만들어낸 그림에 불과하다. 한반도 남부에 '임나일본부'를 설치하기 위한 전제 조건으로『삼국사기』불신론을 창작한 것이다.

스에마쓰의 주장대로 4세기 중엽부터 6세기 초까지 신라가 주변 소국들을 병합하고 그 무렵에야 통일국가를 세웠는지 여부를『삼국사기』를 통해 살펴보자. 스에마쓰가 내물왕 때부터 신라사는 사실이라고 했으니까『삼국사기』를 통해 내물왕 이후 신라가 어떤 나라들을 병합했는지 살펴보는 것이다. 실성 이사금과 눌지 마립간 때 관계된 외국은 왜국과 백제와 고구려다. 자비 마립간 때는 말갈이 추가되었고, 소지 마립간 때는 가야가 추가되었다. 지증 마립간 재위 13년(512)에는 우산국(于山國), 즉 지금의 울릉도가 귀순했다는 기사가 있다. 그 다음 법흥왕 19년(532)에 금관가야가 항복했다. 진흥왕 9년(548)에 고구려와 예(濊)가 백제를 공격하자 군사를 보내 구원해준 기사가 나온다.

스에마쓰 야스카즈가 수많은 주변 소국을 병합한 것처럼 서술했던 4세기 중엽부터 6세기 초까지 신라 주변에 소국은 하나도 존재하지 않았다. 훨씬 전에 신라에 통합되었기 때문이다. 바다 건너 우산국이 귀순해 왔을 뿐이고, 가야가 항복했을 뿐이다. 가야의 시조 사화는『삼국유사』「가락국기」에 나올 뿐『삼국사기』에는 나오지 않으니『삼국사기』에 병합되지 않았음을 알 수 있다.

『일본서기』와『삼국사기』를 비교해보면『일본서기』는 의도적인 창작, 변개, 왜곡이 심한 역사서이고, 『삼국사기』는 1971년 발견된 공주 무령왕릉의 지석에서도 알 수 있는 것처럼 정확한 역사서이다. 그럼에도 불구하고 조작된 것은『일본서기』가 아니라『삼국사기』라는 논리가 지금껏 통하는 것이다. 광복 후 친일청산을 제대로 하지 못한 후과가 지금껏 계속되는 것이다.

2. 앞으로의 과제

『삼국사기』 불신론은 학문이 아니다. 일본이 개항 이후 제국주의로 발돋움하면서 한국을 지배하기 위한 논리로 만든 정치선전이다. 일본인 학자들이『삼국사기』 불신론을 만든 직접적 이유는 임나일본부 때문이었다. 임나일본부를 살리기 위해서『삼국사기』 초기기록을 가짜로 몰았다.『일본서기』에만 나오는 임나일본부설을 사실로 만들기 위해서『삼국사기』 초기기록을 가짜로 몰았던 것이다.

물론 어느 역사서든 오류는 존재한다. 그러나 부분적 오류가 있다는 것과 거짓으로 창작했다는 것은 전혀 다른 차원의 문제다.『삼국사기』에는 현재 우리의 시각으로는 이해하기 힘든 기술들이 존재한다. 특히 그 위치에 대해서 그렇다. 신라가 개국 초부터 낙랑이나 말갈 등과 대립하는 기사 등이 그런 예다. 이런 기사는 신라도 대륙에서 출발했다는 그 뿌리를 연구해야 이해될 수 있는 내용이다.

이런 기사들은 역으로 김부식 등이『삼국사기』를 편찬할 때 속일 생각이 없었다는 반증이다. 김부식 등은 그때까지 전해지고 있던 사료를 가지고『삼국사기』를 서술했을 뿐이다. 그래서 단재 신채호 선생 등은 전삼한과 후삼한 등의 논리로 전삼한은 만주 일대에 있었다고 인식했던 것이다. 이는 우리가 『삼국사기』를 보다 거시적, 심층적으로 연구해야 할 필요성을 말해 주는 것이다.

그러나 『일본서기』 편찬자들은 달랐다. 『일본서기』는 편찬자들이 처음부터 기년뿐만 아니라 내용까지 조작한 역사서를 만들었다. 그래서 메이지 이전까지는 일본의 학자들도 『일본서기』의 신빙성에 의문을 품고 그 사실성 여부의 판단을 『삼국사기』를 기준으로 정의했던 것이다. 제국주의화하던 일본이 한국 침략의 정당성을 역사에서 찾기 시작하면서 상황이 역전되기 시작했다. 『삼국사기』가 사실이고 『일본서기』가 문제가 많은 역사서라고 인식하던 것을 거꾸로 『일본서기』가 사실이고 『삼국사기』는 믿을 수 없다는 이른바 '『삼국사기』 초기기록 불신론'을 만들어냈다. 그러면서 『일본서기』의 기년 문제를 해결한다는 명목으로 2주갑 인상론이란 것을 만들었다. 그러나 『일본서기』는 2주갑, 120년을 인상해서 연대를 끌어올린다고 문제가 해결될 수 있는 역사서가 아니다. 아래의 표를 보자.

아래 〈표-8〉에서 알 수 있는 것처럼 『일본서기』는 2주갑 인상한다고 모순이 해결될 수 있는 역사서가 아니다. 「신공 55년(255)」조는 백제 초고왕을 근초고왕으로 바꾸고 120년을 끌어올려서 해석한다. 「신공 56년(256)」조는 귀수왕을 근구수왕으로 바꾸고, 121년을 끌어올려서 해석한다. 「신공 65년(265)」조는 120년을 끌어올려서 해석한다. 그러나 「신공 66년(266)」조는 연대 조정을 하지 않고 그대로 266년으로 받아들인다. 그러다가 다시 「신공 69년(269)」은 120년을 끌어올려서 해석한다. 같은 「신공기」인데, 2주갑 120년을 인상한다고 해결되는 것이 아니라는 뜻이다.

『일본서기』 편찬자들은 「신공 40년」조에 "위지(魏志)에서 말하기를 '정시(正始) 원년 건충교위 제휴 등을 파견해서 조서와 인수를 받들고 왜국에 이

<표-8> 『일본서기』의 2주갑 인상론의 모순

	『일본서기』 기년	『일본서기』 기록	『삼국사기』 기록	2주갑 인상론	일인 학자들 주장
1	신공 55(255)	백제 초고왕 흥(薨)	214년 초고왕 흥		『일본서기』는 『삼국사기』와 맞지 않으므로 초고왕을 근초고왕으로 고친다
2	신공 55(255)	초고왕을 근초고왕으로 고쳐 해석한다	근초고왕 흥	375	120년을 더해 255년을 375년으로 해석한다
3	신공 56년(256)	백제 귀수왕 즉위	근구수왕 2년	376	근구수왕 즉위는 일본서기와 1년 차이
4	신공 64년(264)	백제 귀수왕 흥 왕자 침류 즉위	침류왕 즉위	384	+120년
5	신공 65년(265)	침류왕 흥, 왕자 아화가 어려서 숙부 진사가 왕위 빼앗아 즉위	진사왕 즉위	385	+120년
6	신공 66년(266)	이해는 진(晉) 무제 태초 2년(266)이다.	고이왕 33년(266) 군사를 보내 신라 봉산성을 공격했다	266	이해는 2주갑 인상하지 않고 그대로 둔다
7	신공 69년(269)	황후가 100세로 붕어했다. 이해는 태세 을축년(389)이다.	진사왕 5년(389) 고구려 남쪽 변경을 공격했다	389	+120년
8	기타	다른 부분에서는 60년씩을 더하기도 한다.	추고 31년(623)		

르게 했다'고 한다"[162]라고 덧붙여 놓았다. 정시는 조조가 세운 위(魏)나라 소제(少帝) 조방(曹芳)의 연호로서 서기 240년이다. 「신공 40년」은 서기 240 년이다. 『일본서기』 편찬자들은 「신공 43년」은 정시 4년으로 부기해 놓았는 데, 이때는 서기 243년으로 같다. 또한 「신공 66년」조에는 "이해는 진 무제

---

162 "魏志云'正始元年,遺建忠校尉梯携等,奉詔書印綬,詣倭國也'"(『일본서기』 「신공 40년」)

태초(泰初) 2년이다. 진 기거주에서 말하기를 '무제 태초 2년 10월에 왜왕이 중역을 파견해 공물을 바쳤다'라고 했다"[163] 신공 66년은 서기 266년이고, 진 무제 태초 2년도 266년이다. 『일본서기』 편찬자들은 신공 왕후의 재위연대에 대해 위(魏)나라나 진(晉)나라 연호를 부기해 놓았는데, 이는 이 연호가 곧 신공왕후의 연대라는 뜻이다. 따라서 메이지 이후에 일본인 학자들이 120년을 인상해서 연대를 보정하는 것은 『일본서기』 편찬자들의 뜻과는 어긋나는 것이다.

만약 주갑제에 따라 연대를 보정한다고 하더라도 그 기준은 『삼국사기』 일 수밖에 없다. 그런데도 『삼국사기』는 조작되었고, 『일본서기』는 사실이라는 것이 일본인 학자들과 현재 남한 강단사학자들의 주장이다.

『일본서기』와 『삼국사기』를 비교해 보면 『삼국사기』는 사실을 사실대로 기록했지만 『일본서기』는 수많은 조작과 변개가 있는 역사서라는 사실을 쉽게 알 수 있다. 『일본서기』는 마음먹고 속인 특이한 역사서인 것이다. 그러나 아직도 『삼국사기』가 위서이고 『일본서기』가 진서라는 것이 북한을 제외한 일본과 남한 강단사학계의 통설을 이루고 있다.

『일본서기』라고 모두가 조작은 아닐 것이다. 어느 부분은 사실을 반영하는 내용들이 존재한다. 따라서 『일본서기』 자체는 물론, 특히 『일본서기』의 삼국과 가야 관련 기사들은 면밀한 연구와 검토가 필요하다. 그런 면밀한 검토와 연구 끝에 사실로 인정될 수 있는 내용만 사실로 받아들여야 할 것이다. 그것이 바로 역사학적 방법론이다. 『일본서기』는 물론 『고사기』와 『신찬성씨록(新撰姓氏錄)』에는 삼국과 가야 관련 내용들이 많다. 이런 내용들을 객관적으로 연구하는 데 일본인 학자들은 한계가 있다.

---

163 "是年,晉武帝泰初二年,晉起居注云「武帝泰初二年十月,倭女王遣重譯貢獻」" (『일본서기』 「신공 66년」)

또한『일본서기』·『고사기』·『신찬성씨록』은 한국의 이두(吏讀)를 알지 못하면 이해할 수 없는 부분도 많다. 9세기에 편찬된『신찬성씨록』은 차치하고라도 8세기 초반에 편찬된『일본서기』·『고사기』는 백제에서 건너간 지식인이 편찬된 것으로 추측되기 때문에 고대 한어(韓語)를 알아야 이해할 수 있게 되는 것이다.

그래서 이제는『삼국사기』·『삼국유사』등의 한국 사료와 함께『일본서기』·『고사기』·『신찬성씨록』등의 일본사료들을 집중적으로 연구해야 할 것이다. 그래야 고대 한일관계사의 진상이 제대로 밝혀질 뿐만 아니라 일본인 학자들이 제국주의 시대 정치적 목적으로 심하게 왜곡시켜 놓은 근대사상도 제대로 밝혀질 수 있을 것이다. 나아가 아직도 일본인 학자들의 왜곡된 주장을 추종하는 남한 강단사학계도 이제 국민적 불신의 늪에서 벗어나 국민들과 함께 앞으로 나아갈 수 있을 것이다.

IV

원 사료 번역 및 해제

○ 『조선고사고(朝鮮古史孝)』

나가 미치요(那珂通世)[164]

제8장 「가라고(加羅考)」, 『사학잡지(史學雜誌: 제7편 3호-메이지 29년, 1896)

　　가라(加羅: カラ)국은 수인기(垂仁紀)에 의부가라국(意富加羅國: 이후 イフ 加羅国)이라고 기록되어 있다. 의부(意富)는 크다는 뜻인데, 그 나라의 방언을 황국어로 번역한 것이다. 이 나라는 여러 개의 작은 나라로 나뉘어져 있는데, 그 중에, 수인기에 기록되어있는 가라(加羅)는, 그 작은 나라들의 종국(宗國)이며, 조금 크기 때문에 그 땅에서는 대가라라고 부른다.[165]

164　나가 미치요(那珂通世: 1851~1908) 메이지시대 역사학자. 일본에서는 동양사의 개념을 처음 생기게 했다고 자찬하고 있다. 모리오카 번(盛岡藩)의 번사(藩士)의 아들로 태어나서 나카(那珂)씨의 양자가 되어서 성씨를 바꿨다. 메이지 유신 후 후쿠자와 유키치(福澤諭吉)의 서생이 되어서 게이오 의숙(慶應義塾) 별과(別科)를 졸업했다. 제일고교와 동경 고등사범학교 교수가 되었다가 도쿄제대의 강사도 겸임했는데, 이 무렵 조선·일본·중국에 대한 연구결과를 발표했다. 메이지 34년(1901) 문학박사 학위를 받았는데, 『시나동사(支那通史)』가 대표적인 저서으로 꼽힌다. 그는 이른바 '신유혁명설(辛酉革命説)'을 가지고 『일본서기』의 기년 문제를 연구했는데, 신유혁명설이란 중국사에 신유년에 혁명이 많이 일어나므로 『일본서기』 편찬자들이 신유년(서기전 660)으로 일본사의 시작 연도를 맞췄다는 주장이다. 그래서 나카 미치요는 『일본서기』의 초대 일왕 신무(神武)의 즉위년을 계산해서 기원절(紀元節)로 삼는데 일조하게 된다. 그는 일제의 한국 지배가 기정 사실화된 1905년부터 이듬해까지 청국과 만주 및 조선을 시찰했다. 같은 모리오카 번 출신의 나이토 코난(内藤湖南)과 친하게 지냈고, 일제 식민사학의 중요한 인물 중의 한 명인 시라토리 구라기치(白鳥庫吉)는 중학교 시절의 제자였다. 1908년 심장마비로 사망한 후 훈장을 받았는데, 그의 「기기고」는 기사를 임나라고 주장하는 것으로서 임나일본부설의 성립에 큰 영향을 끼친 논문이다. 그러나 가야를 임나로 볼 수 있는 근거가 무엇인지는 전혀 제시하지 못했다.

165　『일본서기』 「수인기」 2년조에 이마에 뿔이 난 사람이 배를 타고 와서 월국(越國)에 정박했는데, "어느 나라 사람인가?"라고 묻자 "의부가라 국왕의 아들이 도노아라사등인데, 우사기아리질지간기라고도 한다. 일본국에 성황(聖皇)이 있다는 말을 듣고 귀화했다.〔御間城天皇之世, 額有角人、乗

신공황후(神功皇后)가 삼한을 정벌(征韓)한 후,[166] 다시 한 번 장수를 보내어 평정한 7개국 중의 하나인 가라국은,[167] 즉 이 대가라로서, 응신·계체·흠명기(應神繼体欽明紀) 등에 자주 보인다.

一船,泊于越國笥飯浦,故號其處曰角鹿也,問之曰"何國人也"對曰, "意富加羅國王之子,名都怒我阿羅斯等,亦名曰于斯岐阿利叱智于岐,傳聞日本國有聖皇,以歸化之"라는 기사가 있다. 수인(垂仁) 2년은 서기전 28년인데, 가야는 서기 42년에 건국했고, 일본이란 명칭은 8세기 경에야 생겼으므로 이때 '일본국 성황' 운운했다는 이야기는 후세의 조작임을 말해준다. 그러나 이 사화는 가야계가 일본에 진출한 상황을 이해하는 것으로 해석할 수 있을 것이다. 여기에서 나가 미치요가 종국(宗國)이라고 한 것은 금관가야를 뜻한다.

166 『일본서기』 「신공기」 9년 겨울 10월에 신공왕후가 직접 신라를 정벌했다는 기사가 나온다. 왕후의 군대가 나타나자 신라왕은 "내가 듣기에 동쪽에 신국(神國)이 있는데, 일본(日本)이라고 한다. 또한 성왕(聖王)이 계시는데, 천황(天皇)이라고 한다. 이는 반드시 그 나라의 신병(神兵)일 것이다. 어찌 군사를 들어 저지하겠는가"라면서 스스로 항복하고 조공을 바치겠다고 맹세했다는 기사다. 이때 고구려와 백제 두 나라 왕도 몰래 그 군세를 엿보고 항복했는데, 이것이 삼한(三韓)이라는 것이다. 신공 9년, 즉 중애 9년은 서기 209년으로 신라는 내해왕 14년, 고구려는 산상왕 13년, 백제는 초고왕 44년이다. 물론 『삼국사기』에는 이런 이야기가 전혀 나오지 않는다. 일본 학자들은 『일본서기』의 기년에 2주갑 120년을 더해서 연대를 보정하는데, 이에 따르면 신공 9년은 329년이다. 329년은 신라 흘해왕 20년, 고구려 미천왕 30년, 백제 비류왕 26년인데, 물론 삼국이 야마토왜에 항복했다는 이야기는 『삼국사기』에 전혀 나오지 않는다.

167 가라7국 정벌기사는 『일본서기』 「신공기」 49년조에 등장한다. 이해 신공왕후는 신라에서 백제의 공물을 가로채자 황전별(荒田別)·녹아별(鹿我別)과 목라근자(木羅斤資)·사사노궤(沙沙奴跪) 등을 보내서 신라를 정벌했다고 한다. 그런데 『일본서기』는 '모두 탁순(卓淳)에 집결해서 신라를 공격해 깨뜨리고, 이로 인해 비자발·남가라·녹국·안라·다라·탁순·가라 7국을 정벌하고, 군사를 서쪽으로 돌려서 고해진에 이르러 남만의 침미다례를 주륙하고 백제에 주었다.(俱集于卓淳,擊新羅而破之,因以平定比自㶱·南加羅·喙國·安羅·多羅·卓淳·加羅七國,仍移兵西廻,至古爰津,屠南蠻忱彌多禮,以賜百濟)'고 전해주고 있다. 신라를 공격했는데, 정작 정벌된 곳은 가라 7국이라는 사실은 『일본서기』 편찬자들의 희망사항을 기록한 것이지 사실이 아님은 말할 것도 없다. 또한 탁순에 모여서 공격했는데, 그 후에야 탁순이 정벌되었다는 것도 이치에 맞지 않는다. 일제 식민사학을 추종하는 식민사학계에서는 탁순에 대해 대구, 창원 등으로 비정하는데 아무런 합리적 기준이 없는 자의적 창작에 지나지 않는다. 신공 49년은 서기 249년인데, 일본인들은 역시 2주갑 올려서 369년의 일이라고 주장한다. 369년에 신라는 내물왕 14년, 백제는 근초고왕 24년, 고구려는 고국원왕 39년이다. 『삼국사기』에 따르면 이해 백제의 근초고왕은 고구려군 2만 명을 격퇴하고 한수 이남에서 황제의 깃발인 황색 깃발을 사용하면서 군사를 사열했다. 『일본서기』나 『삼국사기』 중 하나는 거짓인데, 물론 『일본서기』가 거짓이다. 그래서 일본인 식민사학자들은 『일본서기』의 이 기사를 사실로 만들어 한국 침략을 합리화하기 위해서 『삼국사기』를 거짓으로 몰아붙이는 '『삼국사기』 불신론'을 만들었다. 신공 49년조의 기사를 사실로 받아들여서 하위 논리를 전개하는 모든 학설은 식민사학이거나 그 아류에 불과하다.

중국 사료〔漢籍〕인, 『송서(宋書)』·『남제서(南齊書)』의 「왜국전(倭國傳)」에
는 왜국왕(倭國王)의 관작(官爵)이, 「사지절도독 왜·신라·임나·가라·진
한·육국제군사〔使持節都督倭新羅任那加羅秦韓六國諸軍事〕」라고 기록되어
있다.[168]

또 『남제서』에는 「가라국 열전(加羅國傳)」이 있고[169], 『수서(隋書)』의 「신
라 열전(新羅傳)」에는, 「(신라가) 가라국을 부용국으로 삼았다〔附庸於迦羅
國〕」[170]라고 기록하고 있다. 『통전(通典)』의 「변방전(邊防典)」 '신라(新羅)'조

---

168 중국의 『송서』 「왜국전」에는 ① "자칭 사지절 도독 백제·신라·임나·진한·모한 육국 제군사〔自稱
使持節,都督倭百濟新羅任那 秦韓慕韓六國諸軍事〕"라는 기록과, ② "도독 왜·신라·임나·가
라·진한·모한 육국제군사〔都督倭新羅任那加羅秦韓慕韓六國諸軍事〕"라는 기록과, ③ "자칭
사지절 도독 왜·백제·신라·임나·가라·진한·모한 칠국제군사〔自稱使持節,都督倭百濟新羅任
那加羅秦韓慕韓七國諸軍事〕"라는 기록과 "사지절 도독 왜·신라·임나·가라·진한·모한 육국
제군사〔使持節,都督倭新羅任那加羅秦韓慕韓六國諸軍事〕"라는 기록이 있다. 나가 미치요는
여기에서 ②의 기록을 딴 것 같은데, 마지막 모한(慕韓)은 누락시켰다. 모한을 넣어야 6국이 된다.
이는 '자칭'이라는 점에서 왜가 거명한 나라들을 직접 지배하고 있다는 뜻이 아님은 물론이다. 혹
실체가 있다면 일본 열도 내에 있던 삼국과 가야의 분국(分國)들을 뜻하는 것일 수는 있다. ②의
기록은 물론 다른 기록들도 임나와 가라를 각각 다른 나라로 인식해야 6국 내지 7국이 된다. 나가
미치요는 이 논문에서 '가야=임나'라고 주장하고 있으므로 이런 모순점을 숨기기 위해서 일부러
모한을 빼고 적어서 독자들을 혼동시킨 것으로 보인다.

169 『남제서』 「동이열전」에는 '고려국', '가라국', '왜국' 열전이 있다. 그 중 「가라국 열전」의 내용은 간
략하다. "가라국은 삼한의 별종이다. 건원 원년(479) 국왕 하지(荷知)가 사신을 보내서 조공을 바
쳤다. 조서를 내려서 말하기를, '널리 헤아려 처음 조정에 왔으니 먼 이민족의 두루 감화된 것이다.
가라국왕 하지는 바다 밖에서 정성을 받들어 먼 동쪽에서 폐백을 받들고 왔으니 보국상군 본국
왕을 내릴만 하다.〔加羅國, 三韓種也.建元元年, 國王荷知使來獻.詔曰:「量廣始登, 遠夷洽化。
加羅王荷知款關海外, 奉贄東遐.可授輔國將軍.本國王〕"
『삼국유사』 「가락국기」에는 금관가야의 제 8대 질지왕(銍知王)의 재위 연대가 451년부터 492년까
지로 기록되어 있다. 「가락국기」에는 금관가야의 6대왕은 좌지(坐知), 9대왕은 겸지(鉗知)라고 기
록하고 있어서 남제에 사신을 보낸 하지(荷知)왕과 '지(知)'자가 같다는 공통점이 있다.

170 『수서(隋書)』 「동이열전」 '신라'조에는 "(신라의) 선조는 백제에 부용(附庸:큰 나라에 붙음)했는데,
후에 백제가 고려를 정벌하자 고려 사람들이 군역을 견디지 못해서 서로 이끌어 신라에 와서 귀
화하니 이에 마침내 강성해졌다. 이로 인해 백제를 공격하고 가라국을 부용국으로 삼았다.〔其先
附庸於百濟, 後因百濟征高麗, 高麗人不堪戎役, 相率歸之, 遂致強盛, 因襲百濟附庸於迦羅
國〕"라는 구절이 있다. 신라의 선조가 백제인이었다는 『수서』의 이 구절은 이해하기 쉽지 않다.
『수서』는 동이의 역사를 의도적으로 왜곡한 당 태종 때(636) 편찬했다. 『수서』 「동이열전」 '신라'조
는 "신라국은 고려 동남쪽에 있는데 한나라 때 낙랑군의 땅이었다. 혹은 사라라고 칭한다〔新羅國,

에, 「(신라가) 가라, 임나를 습격하여 멸망시켰다.〔襲加羅任那諸國滅之〕」[171]는 기록이 보이고, 한국사료〔韓史〕에는, 「가락국기(駕洛國記)」에 「나라 이름은 대가락(大駕洛)인데, 또한 가야국(伽倻國)이라고 한다」라고 칭하고 있다.

『삼국사기』「지리지」'김해소경(金海小京)'조에는, 「옛 금관국(古金官國)인데, 한편 가락국(伽落國)이라고 이르고, 한편 가야(伽倻)라고 한다.」라고 했으며, 『징비록(懲毖錄)』에 대가야국(大伽郎國)이라고 하고, 「광개토왕비(廣開土王碑)」에, 「추격해서 임나, 가라 종발성에 이르렀다.〔追至任那加羅從拔城〕」라고 기록되어 있는데, 모두 같은 나라로서, 그 지역은 지금의 경상도 김해도호부(金海都護府)이다.

숭신천황(崇神天皇) 말년에 가라(加羅) 왕자(王子)인 도노아아라사등(都怒我阿羅斯等)이 내조(來朝)하여, 수인천황 시절에 본국으로 돌아갈 때 그

在高麗東南, 居漢時樂浪之地, 或稱斯羅)"라고 설명하고 시작하고 있다. 한나라 낙랑군이 현재의 하북성 일대에 있었음이 중국 사료에 의해 확실히 밝혀지는 상황에서『수서』'신라'조의 내용을 해석하면 대륙에 있었던 신라와 한반도 동남부의 신라를 원칙 없이 섞어놓은 것으로 보인다.

171 『통전』「변방전」'신라'조에는 "그(신라)왕은 지금 또한 김씨이다. 양사(梁史)를 상고하니 그 성이 모(慕)씨로 되어 있는데, 중간에 성이 바뀐 연유는 자세하지 않다. 그 선조는 백제에 속해 있었는데, 후에 백제가 고려를 정벌하자 사람들이 군역을 감당하지 못해서 서로 이끌고 귀화해서 비로소 (신라가) 강국이 되었다. 이로 인해 가라, 임나 여러 나라를 습격해서 멸망시키고, 더불어 삼한 땅을 겸병했다.〔其王至今亦姓金,按梁史云姓慕, 未詳中間易姓之由,其先附屬於百濟, 後因百濟征高麗, 人不堪戎役, 相率歸之, 遂致強盛, 因襲加羅,任那諸國, 滅之。並三韓之地"라고 기록하고 있다. 이 역시 가라와 임나를 각기 다른 나라로 설명하고 있다. 『통전』은 당나라 두우(杜佑:735~812)가 편찬한 역사서이다.『양사(梁史)』「동이열전」'신라'조에는 "보통(普通) 2년(521) 왕의 성은 모(募)이고, 이름은 진(秦)인데, 처음으로 백제 사신을 따라서 방물(方物)을 헌상했다.〔普通二年, 王姓募名秦, 二八王姓募名秦 '姓'各本皆脫。據南史補。始使使隨百濟奉獻方物)"고 기록하고 있다.『삼국사기』내물 이사금 26년(381)조에 내물왕이 위두(衛頭)를 진(秦)나라 부견(符堅)에게 보냈다고 기록하고 있는데, 『통전』은 521년에야 백제 사신을 따라서 처음으로 사신을 보냈다고 하고 있으니 이 역시 부정확한 기록이다.『삼국사기』신라 법흥왕 8년(521)조는 "양나라에 사신을 보내 방물을 헌상했다"고 간략하게 기록하고 있다. 법흥왕의 성은 김씨인데, 모씨라고 기록한 것은 오기이거나 다른 지역에 있던 신라에 대한 기록일 수도 있다.

나라에 임나(任那)라고 하는 이름을 내렸는데,[172] 이때부터 임나(任那)는 가라(加羅)의 별호가 되었다.[173]

숭신기에는, 그 이름에 대해, 「임나는 축자국에서 2,000여리 떨어져 있는데, 북쪽은 바다로 막혀 있고, 계림의 서남쪽에 있다.(任那者去筑紫國二千餘里北阻海以在鷄林之西南)」라고 추가설명이 되어있다.[174] 계림은 신라의 이명(異名)이며, 그곳은 지금 경주가 되고, 김해부는 정확히는 경주부의 서남에 해당하므로 위치가 맞다.[175]

---

172 『일본서기』「수인기」2년에 "천황(天皇:수인)이 도노아아라사등(都怒我阿羅斯等)에게, '네 나라로 돌아가고 싶으냐?'라고 물으니 '심(甚)히 바랍니다'라고 대답했다. 천황이 아라사등에게 조서를 내려서, '네가 길을 잃지 않고 빨리 이르렀다면 선황(先皇:숭신)을 만나 모실 수 있었을 것이다. 그러니 네 본국(本國)의 이름을 고쳐서 어간성천황(御間城天皇)의 어명(御名)을 따라서 네 국명(國名)으로 하라'고 하고, 아라사등에게 붉은 비단을 주어 본토로 돌아가게 했다. 그래서 그 나라의 이름을 미마나국(彌摩那國)으로 이르게 된 것이다.(天皇問都怒我阿羅斯等曰。欲歸汝國耶。對諮。甚望也。天皇詔阿羅斯等曰。汝不迷道必速詣之。遇先皇而仕歟。是以改汝本國名。追負御間城天皇御名。便爲汝國名。仍以赤織絹給阿羅斯等。返于本土。故號其國謂彌摩那國)"라는 기록이 있다. 10대 숭신(崇神)의 이름을 따서 미마키, 곧 임나(任那:미마나)라고 이름을 지었다는 것이다. 『일본서기』「숭신기」에는 숭신의 이름을 미마키이리비코(御間城入彦)라고 기록하고 있는데, 여기에서 미마키라는 이름을 땄다는 것이다. 쓰다 소키치는 15대 응신(應神)부터 실존인물로 인정해서 숭신은 가공의 인물로 보았다. 에가미 나미오(江上波夫)는 숭신을 임나(미마나)에서 야마토(大和)로 들어온 인물로 보았는데, 이후 일본 학자들 사이에서는 숭신을 실존인물로 보려는 추세가 생겨났다. 그러나 숭신을 일본 열도 내의 실존인물로 보는 것 또한 학자들 사이의 추측일 뿐 합리적인 근거는 없다.

173 "이때부터 임나(任那)는 가라(加羅)의 별호가 되었다"는 것은 나가 미치요의 일방적 주장일 뿐 합리적 근거가 없다. 임나가 가라의 별호라고 주장하려면 그런 사례를 제시해야 하는데 근거 제시가 전혀 없는 일방적 주장에 불과하다. 가야를 임나로 둔갑시켜 한국 침략의 명분으로 삼으려고 만든 논리이다.

174 『일본서기』「숭신기」65년조의 이 기사에 따르면 임나의 위치는 한반도 남부일 수 없다. 지금의 큐슈로 비정하는 축자국에서 2천여 리 떨어져 있으며 북쪽은 바다로 막혀 있으며 신라의 서남쪽에 있는 지역은 대마도가 가장 유력하다. 그래서 최재석(『고대한일관계사 연구』, 2010), 이병선(『임나국과 대마도』, 1987), 문정창(『고대일본사』, 1989) 등은 임나의 위치를 대마도라고 비정했다. 이 구절이 임나의 위치에 대한 가장 상세한 기사인데, 일본인 학자들은 임나에 대한 다른 기사는 사실이라고 보면서도 이 기사만 사실성을 의심하면서 임나의 위치를 한반도 남부로 비정하고 있고, 김현구 등 한국의 학자들도 이 구절을 무시하고 임나의 위치를 한반도 남부라고 보고 있다.

175 김해는 보통 경주의 남쪽으로 인식하지 서남쪽으로 인식하지는 않는다. 또 임나 북쪽이 바다로 막혀 있다는 가장 중요한 내용에 대해서는 함구하고 있는데서, 금관가야의 수도인 김해를 임나라고

임나는 원래 하나의 나라에 하사된 이름인데 후에 서방(西方)의 여러 나라를 총칭하는 이름으로 사용되었다. 가야가 여러 나라의 총명칭이 되는 이유는 다음과 같다.

가라(加羅)라고 하는 이름도, 임나와 마찬가지로 주로 대가라국(大加羅國)을 가리킨다. 또 여러 소국의 이름에도 사용되며, 황국어로는 이 가라(加羅)라는 말은 삼한의 여러 나라부터 지나(支那:중국)에까지 이르는, 해서(海西)의 여러 나라를 일컫는다.[176]

그 증거로서 『고사기전[古事記傳(30의68丁)]』에,

「가라국(加羅國)이라는 것은 임나의 옛 이름으로, 숭신천황 시대에 외국에서 처음으로 온 것이 이 나라에서였다. 그래서 서방(西方)의 여러 나라를 총칭하는 이름이 되었고, 삼한도, 한국(漢國) 등도 모두 가라(加羅)라고 부른다. 그러므로 이것을 단지 삼한에만 한정되어 있는 이름이라고 생각해서, 한국(漢国) 등을 그렇게 말하는 것은 틀렸다고 말하는 것이 오히려 맞지 않는다. 『만엽집(萬葉集)』 19권에 한인(漢人:가라히토)라고도 되어 있고, 또 같은 권(卷)에 견당사를 한국변견(韓國邊遣:가라쿠니에야루)라고도 한다. 한국이유기다량파지호(韓國爾由伎多良波之弓:가라쿠니니유키타라와시테; 가라쿠니에 도항하여) 라고도 되어 있는 것을 모르는 것인가?」

라고 기록되어 있다.[177]

전제하고 하위 논리를 전개한다는 사실을 알 수 있다.

176 가라가 삼한의 여러 나라에서 중국에까지 이른다는 말은 무슨 뜻인지 정확하지 않다. 혹 이때부터 중국 침략의 야욕까지 품고 끼워 넣은 것이라고 해석할 수도 있을 것이다.

177 『만엽집』 19권에 "漢人毛　筏浮而　遊云　今日曾和我勢故　花縵世奈"라는 구절과 "韓國爾由伎多良波之氐　可敝里許牟　麻須良多家乎乎爾　美伎多弓麻都流"라는 구절이 있다.

대가라국(大加羅國)의 개창(開創)의 사적(事跡)에 대해서는, 『삼국사기』에는 기록되어 있지 않지만, 『동국여지승람』 「김해도호부(金海都護府)」의 산천조의 구지봉(龜旨峰)편에, 그 사적(事跡)에 대해 황당무계한 전설이 서술되어 있다. 『동국통감〔東鑑〕』 권(券) 2에 기록되어 있는 내용도 그것과 같은 내용으로 약간 생략되어 있을 뿐이다. 이 두 책의 내용은, 모두 「가락국기(駕洛國記)」를 근거로 하고 있다.

「가락국기」는 현재 전해지지 않고 있지만, 『삼국유사』에는 이것을 싣고 있는데, 「고려 문종(文宗) 대강(大康) 연간에 금관지주사(金官知州事)의 문인이 편찬했는데, 지금 이를 줄여서 싣는다」[178]라고 서술하고 있다. 문묘(文廟)는 고려의 문종 인효왕(文宗仁孝王)을 말하고[179], 대강(大康)은 인종(仁宗)의 연호이며[180], 후하백천황(後白河天皇)의 승력(承曆) 연간[181], 송(宋)의 신종(神宗) 원풍(元風)[182] 초기에 해당된다. 금관(金官)은 대가라국(大加羅國)의 고지(故地)로서, 신라시대에 금관군(金官郡) 또는 금관소경(金官小京)이라고 불렸다. 『동국여지승람(東覽)』의 김해부(金海府)의 연혁에, 「문무왕(文武王)이 금관소경(金官小京)을 설치했고, 경덕왕(景德王)이 지금 명칭(김해)으로 고쳐서 그대로 소경(小京)이라고 했다. 고려 태조(太祖)는 부로 강등시켰고 그 뒤에 또 임해현(臨海縣)으로 강등시켰다가 얼마 안 되어 군(郡)

---

178 『삼국유사』 「가락국기」는 "고려 문종(재위 1046~1083) 때 대강(大康:요나라 도종의 연호로 1075~1083) 연간에 금관주지사(金官知州事)의 문인이 편찬했는데, 지금 이를 줄여서 싣는다"라고 설명하고 있다. 금관은 김해를 말하는데 1075~1983년 사이에 김해 지방관의 문인이 「가락국기」를 지었다는 것이 아니라 그 전부터 전해지던 것을 편찬했다는 뜻이다.

179 인효(仁孝)는 고려 11대 문종의 시호이다. 고려 현종의 셋째아들인 문종은 1019년에 태어나 형인 정종의 뒤를 이어 1046년에 즉위했다가 1083년에 사망했다.

180 대강(大康)은 인종의 연호가 아니라 요(遼)나라 도종(道宗)의 연호로서 1075년부터 1084년까지인데, 전대흔(錢大昕)이 편찬한 『요사(遼史)』에는 태강(太康)이라고 썼다. 대(大)와 태(太)자는 서로 통용되는 글자였다.

181 후하백천황(後白河天皇)은 일본의 77대 국왕으로서 승력(承曆)은 서기 1077~1081년까지이다.

182 송나라 신종 원풍(元豊) 연간은 서기 1078~1085년까지이다.

으로 승격시켰다. 성종(成宗)이 금주(金州) 안동도호부(安東都護府)라고 고쳤고 현종(顯宗)이 방어사(防禦使)로 강등시켰다」[183] 라고 되어 있는데, 고려 문종 때는 금주(金州)이라고 불렸던 것을 옛 이름에 의거하여 여기서는 금관(金官)이라고 부르고 있다.

그『삼국유사[記]』에 이렇게 기록 되어있다.[184]

「개벽 이후 이 땅에는 아직 나라의 이름이 없었고 또한 군신(君臣)의 칭호도 없었다. 이때 아도간(我刀干)·여도간(汝刀干)·피도간(彼刀干)·오도간(五刀干)·유수간(留水干)·유천간(留天干)·신천간(神天干)·오천간(五天干)·신귀간(神鬼干) 등 아홉 간(干)이 있었다. 이는 추장(酋長)으로 백성들을 통솔했는데 무릇 100호(戶)[185]에 7만 5,000명이었다. 대부분 산과 들에 스스로 모여서 우물을 파서 마시고 밭을 갈아 먹으며 살았다.

---

183 "文武王置金官小京, 景德王改今名仍爲小京, 高麗太祖降爲府, 後又降爲臨海縣未幾陞爲郡, 成宗改金州安東都護府, 顯宗降爲防禦使", 『신증동국여지승람(新增東國輿地勝覽)』「경상도」 '김해도호부'조. 나가 미치요는 『신증동국여지승람』에서 건치연혁을 인용하면서도 가장 중요한 앞부분의 '건치연혁'을 일부러 생략했다. "건치연혁': 본래 가락국(駕洛國)이다. 혹 가야(伽倻)라고도 하였는데 뒤에 금관국(金官國)이라고 고쳤다. 시조(始祖) 김수로왕(金首露王)으로부터 구해왕(仇亥王)까지 무릇 10대, 491년을 이어왔다. 구해왕이 신라에게 항복하니 법흥왕(法興王)이 객으로 예우하고 그 나라를 식읍으로 주고 금관군(金官郡)이라 불렀다." 나가 미치요의 논리대로 '가라=임나'라면 위 '건치연혁'처럼 법흥왕 19년(532년)에 신라에 항복함으로써 임나도 멸망해야 하는데, 『일본서기』에는 그 100년 후에도 임나가 존속하는 것으로 나오기 때문에 일부러 금관가야의 시작과 멸망을 말하는 「건치연혁」을 빼놓고 별 상관도 없는 이름의 변천만 적어 놓은 것이다.

184 『삼국사기(三國史記)』는 약자로 기(記), 『삼국유사(三國遺事)』는 약자로 사(事)라고도 표기한다. 나가 미치요는 사(事)라고 써야할 것을 기(記)라고 적고는 『삼국유사』「가락국기」 원문을 그대로 옮겨놨는데, 필자가 한글로 옮기고 원문은 주석으로 돌릴 것이다.

185 100호는 1만호의 착오일 가능성이 있다. 이종욱(『신라국가형성사연구』, 일조각, 1982)과 미시나 쇼에이(三品彰英:『三國遺事考証』中, 塙書房, 1979)도 1만의 착오로 보고 있다.

후한(後漢) 세조(世祖) 광무제(光武帝) 건무(建武) 18년(서기 42)[186] 임인 3월 계욕일(禊浴日)에 그들이 거주하는 북쪽 구지(龜旨)-이는 산봉우리를 일컫는 것으로 십붕(十朋)이 엎드린 모양과 같기 때문에 이렇게 말한 것이다-에서 이상한 소리가 부르는 것이 있었다. 백성 2, 3백 명이 그 자리에 모이니 사람과 같은 소리는 나는데 그 모습은 감추고 소리를 내서 물었다.

"여기에 사람이 있느냐." 아홉 간(干) 등이 답하기를, "우리들이 있습니다." 또 물었다. "내가 있는 곳이 어디인가." 대답하여 말하기를, "구지입니다." 또 말하기를, "황천(皇天)이 나에게 명을 내려 이곳에 가서 새로 나라를 세우고 임금이 되라고 하셔서 여기에 내려왔으니, 너희들은 모름지기 산봉우리 꼭대기의 흙을 파면서 노래를 부르기를, '거북아 거북아, 머리를 내밀어라. 만일 내밀지 않으면 구워먹으리' 라고 하면서 춤을 추어라. 그러면 곧 대왕을 맞이하여 기뻐 뛰게 될 것이다."

구간들은 이 말을 따라 모두 기뻐하면서 노래하고 춤을 추었다. 얼마 지나지 않아서 우러러 쳐다보니 자줏빛 끈이 하늘에서 드리워져 땅에 닿았다. 그 끈의 아래를 찾아보니 붉은 보자기에 금 상자가 싸여 있어서 열어보니 해처럼 둥근 황금 알 여섯 개가 있었다. 사람들이 모두 놀라고 기뻐하여 함께 백번 절하고는 잠시 후 다시 싸서 안고 아도간(我刀干)의 집으로 돌아가서 책상 위에 놓아두고 그 무리들은 각자 흩어졌다. 열두 시간이 지나서 이튿날 아침에 무리들이 다시 서로 모여서 그 상자를 열어보니 여섯 알은 어린아이가 되어 있었는데 용모(容貌)가 아

---

186 건무(建武: 서기 25~56년)는 후한 광무제의 연호로서 건무 18년은 서기 42년 임인(壬寅)년이다.

주 훌륭했다. 이에 이들을 평상 위에 앉히고 여러 사람들이 절하고 하례(賀禮)하면서 공경을 다했다. 이들은 나날이 자라서 10여 일이 지나니 키는 9척으로 곧 은(殷)나라 천을(天乙)[187]과 같고 얼굴은 용과 같은 것이 한(漢)나라 고조(高祖) 같았다. 눈썹이 팔자(八字)로 색채가 있는 것이 당(唐)나라 고조(高祖)와 같았고, 눈동자가 두 겹인 것이 곧 우(虞)나라 순(舜)과 같았다. 그달 보름에 왕위(王位)에 올랐는데 세상에 처음 나타났다고 해서 휘(諱)를 수로(首露), 혹은 수릉(首陵)-수릉은 죽은 후의 시호이다-이라고 하였다.

나라 이름을 대가락(大駕洛)이라 하고 또 가야국(伽耶國)이라고도 하니 곧 여섯 가야(伽耶)중의 하나이다. 나머지 다섯 사람도 각각 돌아가서 다섯 가야의 임금이 되니 동쪽은 황산강(黃山江), 서남쪽은 창해(滄海), 서북쪽은 지리산(地理山), 동북쪽은 가야산(伽耶山)이며 남쪽은 나라의 끝이었다.

임시로 궁을 세워서 거처하면서 다만 질박(質朴)하고 검소하니 지붕을 이은 이엉은 자르지 않고, 흙으로 쌓은 계단은 3척이었다.

즉위 2년 계묘 정월(43)에 왕이, "내가 서울을 정하려 한다"라고 말하고 곧 임시 궁궐의 남쪽 신답평(新畓坪)-이는 옛날부터 묵은 밭인데 새로 경작했기 때문에 이렇게 불렸다. 답자(畓字)는 속자(俗字)이다-에 행차하여 사방의 산악(山嶽)을 바라보고 좌우 사람을 돌아보고 말하였다.

---

187 은(殷)나라 탕왕(湯王)이다.

"이 땅은 좁기가 여뀌 잎과 같지만 수려하고 기이하여 16나한(羅漢)이 살 만한 곳이라 할 수 있다. 더구나 1에서 3을 이루고 3에서 7을 이루니[188] 7성(聖)이 살 곳은 여기가 가장 적합하다. 여기 의지해 강토(疆土)를 열면 마침내 좋은 곳이 될 것이다."

1,500보 둘레의 나성(羅城)과 궁궐(宮闕)과 전우(殿宇) 및 여러 관청의 청사(廳舍)와 무기고(武器庫)와 곡식 창고의 터를 만들었다. 일을 마치고 궁으로 돌아와 나라 안의 장정, 인부, 공장(工匠)들을 두루 모아서 그달 20일에 성 쌓기 시작해서 3월 10일에 공사를 마쳤다. 그 궁궐(宮闕)과 옥사(屋舍)는 농한기를 기다려 만들었는데 그해 10월에 시작해서 갑진 2월(44)에 완성했다. 좋은 날을 가려서 새 궁으로 거둥해 만기를 다스리고 서무(庶務)도 부지런히 보살폈다.」[189]

(『삼국유사』「가락국기」)

---

188 1을 상징하는 물(水)로부터 3을 상징하는 나무(木)가 나오고, 그 나무에서 7을 상징하는 불(火)이 나온다는 오행설이다.

189 開闢之後, 此地未有邦國之號, 亦無君臣之稱. 越有我刀干·汝刀干·彼刀干·五刀干·留水干·留天干·神天干·五天干·神鬼干等九干者, 是酋長領總百姓凡一百户七万五千人. 多以自都山野鑿井而飲耕田而食. 屬後漢世祖光正帝建正十八年壬寅三月禊洛之日, 所居北亀旨-是峯巒之稱, 若十朋伏之狀, 故云也-有殊常聲氣呼喚. 衆庶二三百人集會於此, 有如人音隱其形而發其音曰. "此有人否." 九干等云 "吾徒在." 又曰 "吾所在爲何." 對云 "亀旨也." 又曰 "皇天所以命我者御是處惟新家邦為君后, 為茲故降矣, 你等湏掘峯頂撮土歌之云 '亀何亀何, 首其現也. 若不現也, 燔灼而喫也.' 以之蹈舞. 則是迎大王歡喜踊羅之也." 九干等如其言咸忻而歌舞. 未幾仰而観之, 唯紫繩自天垂而着地. 尋繩之下乃見紅幅裹金合子開而視之, 有黃金卵六圓如日者. 衆人悉皆驚喜俱伸百拜, 尋還裹著抱持而歸我刀家寘榻上, 其衆各散. 過浹辰翌日平明, 衆庶復相聚集開合而六卵化為童子, 容兒甚偉. 仍坐於床衆庶拜賀盡恭敬止. 日日而大踰十餘晨昏, 身長九尺則殷之天乙, 顏如龍焉則漢之高祖. 眉之八彩則有唐之高, 眼之重瞳則有虞之舜. 其於月望日即位也. 始現故諱首露. 或云首陵-首陵是崩後謚也-. 國稱大駕洛又稱伽耶國, 即六伽耶之一也. 餘五人各歸為五伽耶主, 東以黄山江, 西南以滄海, 西北以地理山, 東北以伽耶山, 南而為國尾. 俾創假宮而入御, 但要質儉茅茨不剪, 土階三尺. 二年癸卯春正月王若曰, "朕欲定置京都." 仍駕幸假宮之南新畓坪 -是古來閑田, 新耕作故云也-. 畓乃俗文也.四望山嶽, 顧左右曰. "此地狹小如蓼葉然而秀異, 可為十六羅漢住地. 何況自一成三, 自三成七, 七聖住地固合于是. 托土開疆終然允臧歟." 築置一千五百步周迴羅城, 官禁殿宇及諸有司屋宇虎庫倉廩之地. 事訖還宮, 徧徵國內丁壯·人夫·工匠, 以其月二十日資始金陽, 曁三月十日役

다음에 완하국왕(琓夏國王)의 아들 탈해(脫解)가 바다를 건너와 수로왕과 술법(術法)을 겨뤘으나 이기지 못하고 달아나 계림으로 들어간 것을 기록했다. 그 내용에 대해서는 전장(前章)을 참고하면 알 것이기에 여기에서는 생략하겠다.

다음은 이런 내용이다.

「건무(建武) 24년 무신 7월 27일에 구간(九干) 등이 조회할 때, "대왕께서 영성스럽게 강림하신 이래 아직 좋은 배필을 얻지 못하셨으니 신 등의 집에 있는 처녀 중에서 가장 예쁜 사람을 골라서 입궁시켜 배필로 삼을 것을 청합니다"라고 아뢰었다. 왕은, "짐이 여기에 내려온 것은 천명(天命)이다. 짐의 배필을 삼아 왕후(王后)로 만드는 것도 역시 천명이 있을 것이니 경들은 염려할 것 없다"라고 말했다. 비로소 유천간(留天干)에게 명하여 날랜 배[輕舟]를 이끌고 준마(駿馬)를 가지고 망산도(望山島)에 가서서 기다리게 하고, 신귀간(神鬼干)에게 명하여 승점(乘岾)-망산도는 도읍 남쪽의 섬이고 승점은 연하국(輦下國)이다-으로 가게 하였다.

갑자기 바다 서남쪽에서 붉은 색의 돛을 단 배가 붉은 기를 매달고 북쪽을 향해 오고 있었다. 유천간 등이 먼저 망산도 위에서 횃불을 올리니 곧 사람들이 다투어 뭍으로 내려 뛰어왔다. 신귀간은 이를 보고 내궐로 달려가 아뢰었다. 왕이 이를 듣고 크게 기뻐해서 곧 구간(九干) 등을 찾아 보내서 목련(木蓮)으로 만든 키를 바로잡고 계수나무로 만든 노를 저어 맞이하게 했다. 빨

畢. 其宮闕屋舍俟農隙而作之, 經始于厥年十月逮甲辰二月而成. 涓吉辰御新宮, 理万機而懃庶務(『三國遺事』, 「駕洛國記」)

리 대궐 안으로 모시려 하자 왕후가, "나는 너희들과 평생 안 적이 없는데 어찌 감히 경솔하게 서로 따라 가겠는가"라고 말했다. 유천간 등이 돌아가서 왕후의 말을 전달하니 왕은 그렇다고 여겨서 유사(有司)를 거닐고 행차해서 대궐 아래에서 서남쪽으로 60보쯤 되는 곳의 산 주변에 장막을 쳐서 임시 궁전을 설치하고 기다렸다. 왕후는 산 밖의 별포(別浦) 나루에 배를 대고 땅으로 올라와 높은 언덕에서 쉬다가 입고 있는 비단바지를 벗어 폐백으로 삼아 산신령(山神靈)에게 바쳤다.

그 곳에서 시종한 잉신(勝臣) 두 사람의 이름은 신보(申輔)·조광(趙匡)이고, 그들의 아내 두 사람의 이름은 모정(慕貞)·모량(慕良)이라고 했는데, 노비까지 합해서 20여 명이었다. 가지고 온 금수능라(錦繡綾羅)와 의상필단(衣裳疋緞)·금은주옥(金銀珠玉)과 구슬로 된 장신구들은 이루 적을 수 없을 만큼 많았다. 왕후가 점점 왕이 있는 곳에 가까이 오자 왕은 나아가 맞아서 함께 유궁(帷宮)으로 들어왔다. 잉신 이하 여러 사람들은 섬돌 아래에서 뵙고 곧 물러갔다. 왕은 유사(有司)에게 명하여 잉신 부처를 안내하고 하고, "사람마다 각자 방 하나씩을 주어 편안히 머무르게 하고 그 이하 노비들은 한 방에 5, 6명씩 두어 편안히 있게 하라."라고 말했다. 난초로 만든 음료와 혜초(蕙草)로 만든 술을 주고, 무늬와 채색이 있는 자리에서 재우고, 옷과 비단과 보화 등을 주고, 군인들을 많이 모아 보호하게 했다.

이에 왕이 왕후와 함께 침전(寢殿)에 있는데 왕후가 조용히 왕에게 말하였다.

"저는 아유타국(阿踰陀國)의 공주로 성은 허(許)이고 이름은 황옥(黃玉)이며 나이는 16살입니다. 본국에 있을 때인 금년 5월에 부왕과 모후께서 저를 돌아보시고, '우리가 어젯밤 꿈에 함께 황천(皇天)의 상제(上帝)를 함께 뵈었는데, 「가락국의 왕 수로(首露)라는 자는 하늘이 내려 보내서 왕위에 오르게 하였으니 곧 이 사람은 신령스럽고 성스럽지 않겠는가? 또 나라를 새로 다스림에 있어 아직 배필을 정하지 못했으니 경들은 공주를 보내서 그 배필을 삼게 하라」라는 말씀을 마치시고 하늘로 올라가셨다. 꿈이 깬 뒤에도 상제의 말씀이 아직도 귓가에 그대로 남아 있으니, 너는 이 자리에서 작별하고 그곳을 향해 떠나라'라고 말씀하였습니다. 저는 배를 타고 멀리 증조(蒸棗)를 찾고, 하늘로 가서 반도(蟠桃)를 찾아 이제 아름다운 모습으로 용안(龍顔)을 가까이하게 되었습니다."

왕이 대답하기를 "나는 나면서부터 자못 성스러워서 공주가 멀리에서 올 것을 미리 알고 있어서 아래 신하들이 왕비를 맞으라는 청을 따르지 않았다. 이제 어진 자질의 공주가 스스로 왔으니 이 사람에게 매우 다행한 일이오"라고 하였다. 드디어 서로 합해서 함께 이틀 밤을 지내고 또 하루 낮을 지냈다.

이에 그들이 타고 온 배를 돌려보내는 데 모두 열다섯 명인 뱃사공에게 각각 쌀 10석과 베 30필씩을 주어 본국으로 돌아가게 하였다.

8월 1일에 왕은 대궐로 돌아오는데 왕후와 한 수레를 타고, 잉신 내외도 역시 재갈을 나란히 하고 수레를 함께 탔으며, 한(漢)나라의 여러 가지 물건도 모두 수레에 싣고 천천히 대궐로 들어

오는데 시간이 오정(午正)이 되려 하였다. 왕후는 이에 중궁(中宮)에 거처하고 잉신 내외와 그들의 사속(私屬)들은 비어있는 두 집을 주어 나누어 들어가게 하였다. 나머지 따라온 자들도 20여 칸 되는 빈관(賓館) 한 채를 주어서 사람 수에 맞추어 나누어 편안히 있게 하고, 날마다 풍부하게 물건을 지급하고, 그들이 싣고 온 진귀한 물건들은 내고(內庫)에 두고 왕후의 사시(四時) 비용으로 쓰게 하였다.」[190]

『삼국유사』「가락국기」

---

190 屬建正二十四年戊申七月二十七日, 九干等朝謁之次献言曰, "大王降靈已來好仇未得, 請臣等所有處女絶好者選入宮闈俾爲伉儷." 王曰 "朕降於兹天命也, 配朕而作后亦天之命, 卿等無慮." 遂命留天干押輕舟持駿馬到望山島立待, 申命神鬼干就乘岾望山島京南島嶼也, 乘岾輦下國也·忽自海之西南隅掛緋帆張茜旗而指乎北. 留天等先舉火於島上, 則競渡下陸爭奔而來. 神鬼望之走入闕奏之. 上聞欣欣, 尋遣九干等整蘭橈揚桂楫而迎之. 旋欲陪入內, 王后乃曰 "我與等素昧平生, 焉敢輕忽相隨而去." 留天等返達后之語, 王然之率有司動蹕, 從闕下西南六十步許地山邊設幔殿祗候. 王后於山外別浦津頭維舟. 登陸憩於高嶠, 解所著綾袴為贄遺于山靈. 其地侍從媵臣二員名曰申輔·趙匡, 其妻二人號慕貞·慕良, 或臧獲并計二十餘口. 所賷錦繡綾羅·衣裳疋段·金銀珠玉·瓊玖服玩當个可勝記. 土后漸近于在, 上出迎之同人帷宮. 媵臣已下衆人就階下而見之卽退. 上命有司引媵臣夫妻曰, "人各以一房安置, 已下臧獲各一房五·六人安置." 給之以蘭液蕙醴, 寢之以文茵彩薦, 至於衣服疋段寶貨之類, 多以軍夫遴集而護之. 於是王與后共在御國寢, 從容語王曰, "妾是阿踰陁國公主也, 姓許名黃玉, 年二八矣. 在夲國時今年五月中, 父王與皇后顧妾而語曰, '爺孃一昨夢中同見皇天上帝, 謂曰 '駕洛國元君首露者天所降而俾御大寶, 乃神乃聖惟其人乎. 且以新花家邦未定匹偶, 卿等湏遣公主而配之.' 言訖升天. 形開之後, 上帝之言其猶在耳, 你於此而忽辞親向彼乎徃矣.' 妾也浮海遐尋於蒸棗, 移天夐赴於蟠桃, 蟓首敢叨龍顔是近." 王荅曰 "朕生而頗聖, 先知公主自逺而屆, 下臣有納妃之請不敢從焉. 今也淑質自臻眇躬多幸." 遂以合歡兩過清宵一經白晝. 於是遂還來船, 篙工楫師共十有五人, 各賜粮粳米十碩布三十疋令歸夲國. 八月一日迴鑾與后同輦, 媵臣夫妻齊鑣並駕, 其漢肆雜物感使乘載徐入闕, 時銅壺欲午. 王后爰處中宮, 勅賜媵臣夫妻私屬空閑二室分入, 餘外從者以賓舘一坐二十餘間, 酌定人數區別安置. 日給豐美, 其所載珎物藏於內庫, 以為王后四時之費(『三國遺事』「駕洛國記」)

「하루는 왕이 신하들에게 말했다.

"구간(九干)들은 모든 벼슬아치의 으뜸인데, 그 지위나 명칭은 모두 소인이나 들판의 농부들의 칭호이고 높은 벼슬아치의 칭호가 아니다. 만약 외국에 전해진다면 반드시 웃음거리가 될 것이다."

비로소 아도(我刀)를 고쳐서 아궁(我躬)이라 하고, 여도(汝刀)를 여해(汝諧)로 고치고, 피도(彼刀)를 피장(彼藏)으로 고치고, 오방(五方)을 오상(五常)으로 고치고, 유수(留水)와 유천(留天)의 이름은 윗 글자는 그대로 두고 아래 글자만 고쳐서 유공(留功)·유덕(留德)이라 하고 신천(神天)을 신도(神道)로 고치고, 오천(五天)을 오능(五能)으로 고치고, 신귀(神鬼)의 음(音)은 바꾸지 않고 그 뜻만 고쳐 신귀(臣貴)라고 하였다.

계림(鷄林)의 직제(職制)를 취해서 각간(角干)·아질간(阿叱干)·급간(級干)의 차례를 두고, 그 아래 벼슬아치는 주(周)나라 법과 한(漢)나라 제도를 가지고 나누어 정했다. 이는 옛 관직을 고쳐서 새 관직을 나누어 설치하는 방법이었다.

이에 나라를 다스리고 집을 정돈하고, 백성들을 자식처럼 사랑하니 그 교화(教化)는 엄숙하지 않아도 위엄이 있고, 그 정치는 엄하지 않아도 다스려졌다. 하물며 왕후와 함께 사는 것은 마치 하늘에게 땅이 있고, 해에게 달이 있고, 양(陽)에게 음(陰)이 있는 것과 같았고 그 공은 도산(塗山)[191]이 하(夏)를 돕고, 당원(唐媛)[192]이 교씨(嬌氏)를 일으킨 것과 같았다.

---

191 하(夏)나라 우(禹)왕의 아내인 도산씨.

192 요임금의 딸들로서 순임금에게 시집간 아황(娥皇)과 여영(女英)을 뜻하는데 이들은 순(舜)의 후예인 교씨(嬌氏)의 시조가 되었다.

그 해에 왕후는 큰 곰[熊羆]의 몽조(夢兆)[193]를 꾸고 태자 거등공
(居登公)을 낳았다.」[194]

(『삼국유사』 「가락국기」)

「영제(靈帝)[195] 중평(中平)[196] 6년 기사(189) 3월 1일에 왕후가 세상을 떠
나니 나이는 157살이었다. 온 나라 사람들은 땅이 무너진 것처럼 슬퍼
하고 구지봉(龜旨峰) 동북 언덕에 장사지냈다. 그리고 마침내 백성들
을 자식처럼 사랑하던 왕후의 은혜를 잊지 않으려고 처음 배에서 내려
닻을 내린 도두촌(渡頭村)을 주포촌(主浦村)이라 하였다. 또한 비단바
지를 벗은 산등성이를 능현(綾峴)이라 하고, 붉은 기가 들어왔던 바닷
가를 기출변(旗出邊)이라고 하였다.

잉신 천부경(泉府卿) 신보(申輔)와 종정감(宗正監) 조광(趙匡) 등은 가
락국에 온 지 30년 후에 각각 두 딸을 낳았는데 부부가 1, 2년이 지나
모두 죽었다. 그 밖의 노비들은 온 지 7, 8년 동안에 아직 자식을 낳지
못했으므로 다만 고향을 그리워하는 슬픔을 품고 모두 고향을 생각
하다가 죽었다. 그래서 거처하던 빈관(賓館)은 텅 비어 버렸다.

---

193 웅비지조(熊羆之兆): 곰 꿈을 꾸면 사내아이를 낳는다는 뜻이다. 『시경』 「소아(小雅)」편에 "길몽
이 무엇인가? 작은 곰 큰 곰에, 독사와 뱀도 보았네(吉夢維何? 維熊維羆, 維虺維蛇), 대인이 점을
치니 작은 곰과 큰 곰은 아들 얻을 꿈이요, 독사와 뱀은 딸을 얻을 꿈이라네(大人占之, 維熊維羆,
男子之祥。維虺維蛇, 女子之祥)"라는 노래가 있다.

194 一日上語臣下曰. "九干等俱為庶僚之長, 其位與名皆是宵人野夫之號, 頓非簪履職位之稱. 儻
化外傳聞必有嗤笑之恥." 遂改我刀為我躬, 汝刀為汝諧, 彼刀為彼藏, 五方為五常, 留水 · 留
天之名不動上字改下字留功 · 留德, 改為神道, 五天改為五能, 神鬼之音不易改訓為臣貴. 取雞
林職儀置角干 · 阿叱干 · 級干之秩, 其下官僚以周判漢儀而分定之, 斯所以革古鼎, 新設官分職
之道歟. 於是乎理國家齊愛民如子, 其教不肅而威, 其政不嚴而理. 況與王后而居也此如天之
有地, 日之有月, 陽之有陰, 其功也塗山翼夏, 唐媛興嬌. 頻年有夢得熊羆之兆, 誕生太子居登
公(『三國遺事』 「駕洛國記」)

195 후한의 12대 임금으로 재위기간은 168~189년이다.

196 후한 영제의 연호로 185~188년에 사용했다.

왕은 이에 매양 외로운 베개를 의지하여 몹시 슬퍼하다가 십년을 지내고 헌제(獻帝)[197] 입안(立安)[198] 4년 기묘(199) 3월 23일에 세상을 떠나니 나이는 158살이었다. 나라 사람들은 마치 부모를 잃은 듯 했는데, 슬퍼함이 왕후가 돌아가던 때보다 더하였다. 마침내 대궐의 동북쪽 평지에 빈궁(殯宮)을 세웠는데 높이는 한 발이고 둘레는 300보였는데, 거기에 장사 지내고 수릉왕묘(首陵王廟)라고 하였다.

그의 아들 거등왕(居登王)[199]으로부터 9대손 구형왕(仇衡王)[200]까지 이 묘(廟)에 배향(配享)하고, 매년 정월(正月) 3일·7일과 5월 5일과 8월 5일·15일에 풍성하고 깨끗한 제물을 차려 제사를 지냈는데, 대대로 끊이지 않았다.」[201]

(『삼국유사』「가락국기」)

---

197 후한 14대 임금으로 재위 기간은 190~220년이다.

198 후한 헌제의 연호는 건안(建安)인데, 고려 태조의 휘(諱) 건(建)을 피하여 입안(立安)이라고 쓴 것이다. 건안은 196~220년까지이다.

199 가락국 제2대 왕으로 재위기간은 199~253년이다.

200 수로왕의 9대손으로서 가락국 10대왕이자 마지막 왕이다. 521년 왕위에 올라 신라 법흥왕 19년(532)에 신라에 항복했다.

201 靈帝中平六年己巳三月一日后崩, 壽一百五十七. 國人如嘆坤崩, 葬於龜旨東北塢. 遂欲忘子愛下民之惠, 因號初來下纜渡頭村曰主浦村, 解綾袴高岡曰綾峴, 茜旗行入海涯曰旗出邊. 媵臣泉府卿申輔·宗正監趙匡等到國三十年後各産二女焉, 夫與婦踰一二年而皆抛信也. 其餘臧獲之輩自來七八年間未有玆子生, 唯抱懷土之悲皆首丘而没, 所舍賓舘圓其無人. 元君乃每歌鰥枕悲嘆良多, 隔二五歲以献帝立安四年己卯三月二十三日而徂落, 壽一百五十八歲矣. 國中之人若亡天只悲慟甚於后崩之日. 遂於闕之艮方平地造立殯宮, 高一丈周三百步, 而葬之號首陵王廟也. 自嗣子居登王洎九代孫仇衡之享是廟, 湏以每歲孟春三之日·七之日·仲夏重五之日·仲秋初五之日·十五之日, 豊潔之奠相継不絶(『三國遺事』「駕洛國記」)

「신라 제30대 왕 법민왕(法敏)²⁰²은 용삭(龍朔)²⁰³ 원년 신유 3월에 조서를 내렸다.

"가야국(伽耶國) 시조(始祖)의 9대손 구형왕(仇衡王)이 우리나라에 항복할 때 거느리고 온 아들 세종(世宗)²⁰⁴의 아들이 솔우공(率友公)의 아들 서운(庶云) 잡간(匝干)²⁰⁵의 딸 문명황후(文明皇后)께서 나를 낳으셨다. 따라서 시조 수로왕은 나에게 15대 시조가 된다. 그 나라는 이미 멸망했으나 그 묘(廟)는 아직 남아 있으니 종묘(宗廟)에 합해서 제사를 계속 지내게 하겠다."

이내 그 옛 궁터에 사자(使者)를 보내서 묘에 가까운 상전(上田) 30경(頃)을 바쳐서 제사를 마련할 토지로 삼은 후 왕위전(王位田)이라 부르고 본 위토(位土)에 소속시켰다. 수로왕의 17대손 갱세(賡世) 급간(級干)은 조정의 명을 받들어 그 제전(祭田)을 주관하여 매년 명절마다 술과 단술을 빚고 떡·밥·차·과자 따위의 많은 제물로써 제사를 지냈으며 해마다 빠뜨리지 않았다. 그 제삿날은 거등왕이 정한 연중(年中) 다섯 날을 바꾸지 않았다. 그래서 그 향기로운 효사(孝祀)가 우리에게 맡겨졌다.

---

202 신라 제30대 왕 문무왕으로서 재위기간은 661~681년이다. 태종무열왕의 맏아들로 655년 태자로 책봉되고, 660년에 김유신과 함께 당나라 군사와 연합해서 백제를 멸망시키는 데 큰 공을 세웠다. 태종무열왕 사후 668년에 당나라 군사와 고구려를 멸망시켰으나 당나라가 고구려, 백제 옛 땅을 직접 지배하려고 하자 670년 나당전쟁(羅唐戰爭)을 일으켜 676년 당나라를 축출하였다.

203 당 고종의 연호로 661~663년 사이에 사용했다.

204 구형왕의 맏아들인데 『삼국사기』에는 노종(奴宗)으로 기록되었다.

205 솔우(率友)는 졸지(卒支)라고도 표기된다. 여기에서는 문명왕후의 할아버지라고 하고 있는데, 『삼국사기』에 따르면 문명왕후 김씨의 아버지는 서현(舒玄), 할아버지는 무력(武力)으로 달리 기록되어 있다. 서운(庶云)과 서현(舒玄)은 이두식 이름을 한자로 적는 과정에서 조금 달리 기록된 것으로 보이고 무력은 그의 무공(武功)을 기리기 위해 다시 지은 이름일 것이다.

거등왕이 즉위한 기묘년(199)에 편방(便房)[206]을 둔 후부터 구형왕(仇衡王) 말기에 이르는 330년 동안에 묘의 제사는 길이 변함이 없었으나 구형왕이 왕위를 잃고 나라를 떠난 후부터 용삭(龍朔)[207] 원년 신유(661)에 이르기까지 120여 년[208] 사이에는 이 묘에 지내는 제사를 간혹 빠뜨리기도 하였다.

아름답도다, 문무왕(文武王)-법민왕(法敏王)의 시호이다-이여, 먼저 조상을 받드니 효성스럽고도 효성스럽구나. 끊어졌던 제사를 다시 행하였구나!」[209]

(『삼국유사』「가락국기」)

등등.

다음에 신라 말년에 금관(金官)의 성주(城主) 충지잡간(忠至匝干)의 보좌인 영규아간(英規阿干)이라는 사람이 묘향(廟享)을 빼앗자, 사당의 대들보가 부러져 압사한 일, 그러자 충지는 주살을 두려워하여, 수로왕의 진손을 불러내 전에 하던 제사를 다시 지낼 것을 권유한 일. 영규(英規)의 아들 준필(俊泌)이, 제사를 지내다가 예를 갖추지 않으므로, 갑자기 병을 얻어서 죽

---

206 정전(正殿)이 아닌 곳에 제사 지내는 방을 마련한 것.

207 당 고종의 연호로서 661~663년 사이에 사용했다.

208 구형왕이 신라에 항복한 법흥왕 19년(532)부터 문무왕 즉위 원년(661)까지는 129년인데, 원문에서 육십년(六十年)이라고 한 것은 잘못 기록한 것이다.

209 洎新羅第三十王法敏龍朔元年辛酉三月日有制曰. "朕是伽耶國元君九代孫仇衝王降于當國也, 所率來子世宗之子率友公之子庶云匝干之女文明皇后寔生我者. 兹故元君於幼冲人乃爲十五代始祖也. 所御國者已曾敗, 所葬廟者今尚存, 合于宗祧續乃祀事." 仍遣使於黍離之趾. ▇近廟上上田三十頃爲供營之資號称王位田付屬夲土. 王之十七代孫賡世級干祇禀朝旨, 主掌厥田每歲時釀醪醴設以餅·飯·茶·菓庶羞等奠年年不墜. 其祭日不失居登王之所定年内五日也. 芬苾孝祀於是乎在於我. 自居登王即位己卯年置便房, 降及仇衝朝末三百三十載之中, 享廟禮曲永無違者, 其乃仇衝失位去國, 逮龍朔元年辛酉六十年之間, 享是廟禮或闕如也. 美矣哉, 文武王-法敏王諡也-先奉尊祖, 孝乎惟孝. 継泯絶之祀復行之也(『三國遺事』「駕洛國記」)

은 일, 도적떼들이 사당을 침범하자 사당에서 맹사(猛士)가 나와서, 비가 오듯 엄청나게 활을 쏜 일, 사당 옆에서 큰 구렁이가 나온 것, 그 후에 사당제사를 없앤 것, 나라가 망한 후에 지명이 여러 번 바뀐 것, 송나라의 순화(淳化)²¹⁰ 2년(991)에, 김해부(金海府)의 양전사(量田使:토지를 측량하는 관리)인 조문선(趙文善)이, 능묘(陵廟)의 밭의 면적을 줄였기 때문에, 병을 얻어 길에서 죽은 것 등을 적었다.²¹¹

그리고, 다음에 4언 30운으로 된 비명을 적었는데, 문중에 요(堯)를 고(高)라고 하고, 무고(武庫)를 호고(虎庫)라고 하고, 건안(建安)을 입안(立安)이라고 한 것은, 고려인이 태조를 건(建), 혜종(惠宗)을 무(武), 정종(定宗)을 요(堯)라고 한 것을 피하기 위한 것이었다.

수로왕과 왕후 허황옥과의 이야기는, 예부터 내려오는 전설이라기보다는, 오히려 불법(佛法)이 유행한 후의 소설이고, 그 황당불경한 것은 단군의 기괴한 이야기(奇談)와 다를 바 없다.²¹²

『삼국사기』에는 가야국(加耶國)에 대해서 곳곳에 기록하고 있지만 그 건국 기담(奇談)은 싣지 않고, 그저 「김유신 열전」에 「(그의) 12세 선조인 (김)

---

210 송 태종의 연호로서 990~994년 사이에 사용했다. 순화 2년은 991년이다.

211 이 사례들은 모두 『삼국유사』 「가락국기」에 나오는 이적(異蹟)들이다. 수로왕의 능묘가 영험이 있어서 잘 빌들면 징수하는 등의 복을 빌고 능묘를 빼앗거나 능묘에 떨린 도지를 축소시키면 비명횡사하는 벌을 받는다는 여러 사례가 실려 있다.

212 나가 미치요가 수로왕 사화와 단군 사화를 동열에 놓고 믿을 수 없다고 깎아내린 것이 주목된다. 나가 미치요는 가야를 임나라고 주장하는 데 『삼국유사』 「가락국기」의 내용을 따르면 '가야=임나'를 주장할 수 없기 때문에 부인하는 것이다. 특히 「가락국기」는 수로왕의 아들 거등왕부터 마지막 구형왕이 서기 532년에 법흥왕에게 항복해서 멸망한 왕국의 역사를 기록했다. 금관가야가 532년에 멸망한 사실에 대해서는 중국 기록인 『개황록(開皇錄)』에서도 같은 해에 신라에 항복했다고 기록하고 있다는 사실까지 기록했다. 그러나 『일본서기』에는 임나가 110여 년 후인 645·646년까지도 존속하는 것으로 되어 있기 때문에 임나를 존속시키려면 『삼국유사』 「가락국기」 및 『삼국사기』의 해당 기록을 부인하는 수밖에 없었다. 그래서 이때 이미 『삼국사기』·『삼국유사』 불신론'을 창안해서 주장하기 시작했던 것이다. 단군의 사적을 부인함으로써 한국사의 시작을 말살하고, 『일본서기』의 임나를 아무런 근거 없이 가야라고 주장하기 위해서 『삼국유사』 「가락국기」를 부인한 것이다.

수로는 어디 사람인지 알 수 없다. 후한 건무(建武) 18년 임인(42)에 구봉(龜峯)에 올라 가락의 9촌을 보고는 마침내 그 땅에 가서 나라를 열었으니 국호를 가야라고 했다.〔十二世祖首露, 不知何許人也. 以後漢建武十八年壬寅, 登龜峯, 望駕洛九村, 遂至其地開國, 號曰加耶〕라고 기록하고,[213] 단군의 구도(舊都)라고 하는 평양성을 「선인 왕검의 집이다.〔仙人王儉之宅也〕」라고 하는 등, 『삼국사기』의 저자는 그다지 미신(迷信)을 믿지 않고 있다는 것을 잘 알 수 있다.[214]

『삼국사기』 중〔記中〕에 보이는 지명을 보면, 구지(龜旨)는 김해부의 북쪽 1리(里)에 위치한 산의 이름이다. 수로왕궁의 유적지는 김해부에 위치하고 있다.

망산도승첩(望山嶋乘帖)[215]이란 이름은 『동국여지승람』에는 없다. 아유타(阿踰陀)는 인도(印度)의 중부에 있는 옛 나라의 이름이다. 주포(主浦)는 김

---

213 『삼국사기』 「김유신 열전」은 이 뒤에 "(국호를 가야라고 했다가) 뒤에 금관국으로 고쳤다. 그 자손들이 서로 이어져 9세손 (김)구해(仇亥)에 이르렀는데, 혹 구차휴(仇次休)라고도 했는데, (김)유신의 증조할아버지가 된다."라고 정확한 계보를 쓰고 있다.

214 이 기사는 『삼국사기』 「고구려본기」 동천왕 21년(247)조에 나오는데, "(동천)왕이 환도성은 난(관구검의 침략)을 겪었기 때문에 다시 도읍으로 삼을 수 없다고 해서 평양성을 쌓고 백성과 종묘·사직을 옮겼다. 평양은 본래 선인 왕검의 집이다. 혹은 '왕이 왕험에 도읍했다'고 하였다(王以丸都城經亂, 不可復都, 築平壤城, 移民及廟社. 平壤者, 本仙人王儉之宅也. 或云, '王之都王險')"라는 대목이다. 247년에 동천왕이 천도한 평양성은 장수왕이 재위 15년(427)에 천도한 평양성과는 다른 평양성으로서 만주 대륙에 있는 것이다. 이는 조선총독부에서 낙랑군을 비롯한 한사군의 위치를 평양 일대라고 주장하게 되는 것과 다른 내용이다. 이때만 해도 아직 일제 식민사학이 제대로 된 이론틀을 갖추지 못하고 있었다는 사실을 알 수 있다.

215 망산도승첩(望山嶋乘帖)은 「가락국기」에 '수로왕이 유천간(留天干)에게 명해서 망산도(望山島)에 가서 기다리게 했다'는 대목을 뜻하는 듯 한데, 「가락국기」는 "망산도는 도읍 남쪽의 섬이고, 승점(乘帖)은 연하국(輦下國)이다"라는 주석을 달고 있다. 『신증동국여지승람(新增東國輿地勝覽)』에는 김해부 남쪽에 바다가 있는데, 그 주위에 덕도, 전산도, 곤지도, 취도, 명지도, 덕형도 등 여러 섬이 있다고 기록하고 있다. 『신증동국여지승람』 권 32, 김해도호부 산천조)「가락국기」의 '도(島)'자를 자의로 '도(嶋)'자로 바꿔놓고 『동국여지승람』에 나오지 않는다고 부기한 이유는 분명치 않다.

해부의 남쪽 40리 웅천현(熊川縣)[216]의 동쪽 30리에 있다. 능현(綾峴)은 김해부의 남쪽 20리에 있다. 기출변(旗出邊)은 주포(主浦)의 왼쪽에 있다.

수로왕릉(首露王陵)에 대해서는 『동국여지승람』에 「(김해)부 서쪽 300보 지점에 있다. 해마다 봄·가을에 김해부의 부로들이 함께 모여서 제사지낸다.〔在府西三百步,海歲春秋, 府中父老共會設祭〕」[217] 허황후능에 대해서는, 『동국여지승람』에 「귀지산 동쪽에 있는데 운운, 읍인들이 수로왕릉에 제사지낼 때 함께 지낸다.〔在龜旨山東世傳云々,邑人祭王陵時並祀〕」[218] 라고 되어 있다. 왕후사(王后寺)[219] 옛 터는 김해부의 남서쪽으로 10리에 떨어진 장유산(長遊山)에 있다.

이들 유적지는 전설에 근거하여 그 유적을 만든 경우도 있고, 지명에 억지로 끼워 맞춰서 전설을 만든 경우도 있을 것이므로, 그 지명이 실재로 존재하는지의 여부는 본디 전설의 허실을 증명하기에 부족하다.

---

216 『신증동국여지승람』 경상도 웅천현 조에는 웅산(熊山)이 현 북쪽 5리 지점에 있고, 산 꼭대기에 웅산신당(熊山神堂)이 있는데, "매년 4월과 10월에 그 지방 사람들이 신을 맞이하여 산에서 내려와서 반드시 쇠북과 북을 치며 여러 가지 놀이를 벌이는데, 멀고 가까운 곳의 사람들이 앞 다투어 와서 제사한다."고 기록하고 있다.

217 이 기사는 『동국여지승람』 경상도 김해도호부 조에 나오는 것이다. 이 수로왕릉 조에는 「삼국유사」 「가락국기」에 실린 내용을 요약해서 싣고 조선 문인 서거정의, "금릉(金陵) 지난 일은 누구와 함께 말하랴/천고에 오직 수로왕의 능만 남았네. 귀지곡(龜旨曲)도 사람도 안 보이지만/가야금은 남아서 묘한 소리 들을 만하네……(金陵往事與誰論/千古猶存首露墳/龜旨曲亡人不見/伽倻琴在妙堪聞)"라는 시를 싣고 있다. 조선의 『각사등록(各司謄錄)』에 따르면 수로왕릉은 도신(道臣:관찰사)가 제사지내는 곳이다. 성호 이익(李瀷)은 "추석에 묘제를 지내는 것이 수로왕릉에 대한 제사에서 시작되었다(『성호전집』, 안백순에게 답합니다(答安百順)]"라고 설명하고 있다.

218 『동국여지승람』 수로왕릉 조에 딸린 기사인데, "왕비는 아유타국의 왕녀라고 하기도 하고, 혹은 남천축국(南天竺國) 왕녀라고도 한다. 성은 허이고, 이름은 황옥(黃玉)이며 보주태후(普州太后)라 부른다. 고을 사람들이 왕릉에 제사할 때에 함께 제사한다."라고 부기하고 있다.

219 『삼국유사』 「가락국기」에 따르면 왕후사는 김수로왕의 8대손 김질왕(金銍王)이 시조 허황후의 명복을 빌기 위해서 원가(元嘉) 29년 임진(452)에 수로왕과 허황후가 혼인한 곳에 세운 절이라고 기록하고 있다.

단, 수로왕에 대한 이야기는, 「신라본기」〔羅記〕에도, 「김유신전(金庾信傳)」에도 보이고 그 능묘는 가라국(加羅國)의 성시(盛時)부터 지내온 제사가 1,000여 년 끊임 없이 이어져 오고 있으니, 고대에 이 왕이 있었던 것은 확실하지만, 그 왕의 치적과 연대 등은 이야기꾼이 지어낸 이야기일 것이다.

또 수로(首露) 혹은 수릉(首陵)이라고 하는 것은, 방언인 이름을 한역(漢譯)하여 표기한 것에 지나지 않는다. 이름의 뜻에 집착해서는 안 되는 법인데, 그 이름의 뜻에 의해 「처음 나타나서, 고로 휘(諱)를 수로라고 했다.〔始現, 故諱首露〕라고 하는 것은 석탈해(昔脫解)에 대한 해석과 마찬가지로, 억지로 끼워맞춘 해석이기 때문에 문제로 삼기에는 부족하다. 수릉(首陵)의 주석에 '죽은 후의 시호이다.〔是崩後謚也〕' 라고 있는 것도 이를 강력하게 뒷받침한다.

「津田左右吉全集 별권 제1의 부록」[220] pp.500-511

○부록: 「삼국사기 신라본기에 관하여」

쓰다 소키치(津田左右吉)

조선반도의 고사(古史)로서 고려시대에 편찬된 『삼국사기』, 특히 「신라기 (新羅紀)」(「신라본기」)의 상대(上代)의 부분에는, 소위 왜(倭) 혹은 왜인(倭人) 에 관한 기사가 자못 풍부하게 포함되어 있다. 그러므로 그(『삼국사기』) 기 사는, 기기(記紀: 『고사기』와 『일본서기』)와 더불어 우리(일본)가 상대사를 천 명(闡明)하는 데에 귀중한 사료인 것 같이 생각되어진다.[221] 그러나 대체로 삼 국사기 상대(上代)부분을 역사적 사실의 기재로 인정하기는 어렵다고 하는

---

220 『쓰다 소키치 전집(津田左右吉全集)』의 별권(別卷) 제1집의 부록으로 실린 글이다. 이 전집의 별 권 1권은 『신대사의 새로운 연구(神代史の新しい研究)』(二松堂書店, 大正 2年(1913))과 『고사기 및 일본서기의 신연구(古事記及び日本書紀の新研究)』(洛陽社, 大正 8年(1919))의 두 권을 묶은 것이다. 앞 책에는 조선사편수회의 핵심인물인 시라토리(白鳥庫吉)가 쓴 추천사 형식의 서(序)와 쓰다 소 키치가 이른바 대정(大正) 2년(1913)에 쓴 서문이 붙어 있다. 『고사기 및 일본서기의 신연구(古事 記及び日本書紀の新研究)』는 『고사기(古事記)』와 『일본서기(日本書紀)』의 내용에서 신라를 정 복한 이야기를 많이 서술했다. 그래서 그 부록으로 「삼국사기 신라본기에 대하여(三國史記の新 羅本紀について)」를 실은 것인데, 이는 『삼국사기 고구려본기의 비판(三國史記 高句麗本紀の批判」 (『津田左右吉全集』第12卷)등과 함께 이른바 '삼국사기' 초기기록 불신론'의 대표적 논거를 담고 있다. 본 책에서는 지면 관계상 「삼국사기 신라본기에 대하여(三國史記の新羅本紀について)」를 번역해 싣고 나머지 글들은 다음 기회를 기약하기로 한다.

221 이 논문은 제목은 '삼국사기'「신라본기」에 관하여'지만 시작은 「신라본기」에 서술된 왜(倭)에 대 한 내용으로 시작하고 있다. 쓰다 소키치(津田左右吉)가 「신라본기」에 주목한 이유는 「신라본기」 의 내용 자체가 아니라 왜(倭)를 어떻게 서술했는가 하는 점에 있었음을 말해준다. 문제는 「신라본 기」의 왜에 대한 내용을 연구하기 위해서가 아니라 『고사기』 및 『일본서기』를 통해서 이미 지니고 있었던 고정관념과 일치하는 지 여부를 검토하기 위해서였다는 점이다. 즉 「신라본기」 자체를 연 구하기 위해서가 아니라 「신라본기」가 자신이 이미 갖고 있는 고정관념에 맞는지 틀리는지를 비교 해보기 위해서 「신라본기」를 본 것이다. 결론을 미리 내려놓고 내용을 꿰어맞추는 식민사학 특유 의 방법론의 한 전형을 말해주는 논문이다.

것은, 동방(東方)아시아의 역사를 연구한 현대의 학자들 사이에서는 거의 이론(異論)이 없기 때문에, 왜에 관한 기재 역시 마찬가지로 사료로서는 가치가 없다고 보지 않으면 안된다. 다만 어째서 신용하기 어려운가를 정리하여 설명한 것이 아직 보이지 않으므로, 여기서 신라본기에 관해서 그 대요(大要)를 적어, 독자가 참고할 수 있도록 한다.[222]

한반도 땅[韓地]에 관한 확실한 문헌은, 현존하는 것으로는, '『위지』의 「한전」(魏志의 韓傳)과 그것에 인용되어 있는 『위략(魏略)』'[223]이 최초의 것으로, 그것에 의해 3세기의 상태(狀態)를 알 수 있고, 더불어 약간 거슬러 올라가서 1, 2세기경의 대체적인 모습도 상상할 수 있게 된다. 그 상세한 것을 적을 겨를은 없지만, 3세기에 신라는 진한 12국 중에 하나에 지나지 않는

---

222 쓰다 소키치는 이미 결론을 내려 놓고 있었다. 쓰다 소키치의 논리는 '① 『삼국사기』 「신라본기」 '상대(上代)부분'에 대해서 동아시아 역사를 연구한 현대의 학자들은 사실을 기재한 것이 아니라고 생각하는데 거의 이론이 없다. ② 따라서 『삼국사기』 「신라본기」의 왜에 관한 내용도 사료적 가치가 없다. ③ 그러나 『삼국사기』 「신라본기」 '상대(上代)부분'이 얼마나 신용하기 어려운가 하는 점은 아직 구체적으로 설명할 수 없다'는 것이다. 식민사학의 특징 중의 하나인 횡설수설이 등장했다. 동아시아 역사를 연구하는 현대의 학자들이 공통적으로 사실을 기재한 것이 아니라고 생각하지만 그 구체적 이유는 아직 댈 수 없기에 이 논문을 쓴다는 뜻이다. 『삼국사기』 「신라본기」 '상대(上代)부분'에서 기술하고 있는 왜(倭)에 관한 내용이 자신의 생각과 다른데, 이를 반박하기가 쉽지 않으니 식민사학자들 외에는 존재하지도 않는 '동아시아 역사를 연구한 현대의 학자들'을 끌어들여 자신의 견해를 합리화하는 것이다. 즉 왜가 한반도 남부를 지배했다는 식민사학이 살려면 『삼국사기』 초기기록을 가짜로 몰아야 했다. 이것이 '『삼국사기』 초기기록 불신론'인데 아직도 한국 식민사학계에서 철의 법칙으로 떠받드는 논리다.

223 『삼국지』 「위서(魏書) 동이전(東夷傳)」 '한(韓)'조와 여기 인용된 『위략(魏略)』을 뜻한다. 『위략』은 중요한 내용을 많이 담고 있지만 전문은 현존하지 않고 『삼국지』에 인용된 형태로 전한다. 일제 식민사학은 『삼국사기』 초기기록을 부인하고 난 후 그에 대체하는 내용으로 『삼국지』 「위서(魏書) 동이전(東夷傳)」 '한(韓)'조를 선정했다. 그래서 한국 고대사에 삼한(三韓)시대라는 것이 강조되는데, 대략 서기전 1세기부터 서기 3~4세기 경까지를 삼한시대라고 바라보고 있다. 이 시기 신라·고구려·백제는 삼한의 한 소국에 지나지 않았고, 삼국이 수립된 시기는 3세기 이후부터라는 삼국사기 초기기록 불신론과 동전의 양면적인 관계를 갖고 있다. 이른바 '원삼국'이라는 시기 설정이 삼한시대를 뜻하는 것으로서 아직까지 식민사학이 한국 고대사에 얼마나 뿌리깊에 남아 있는가를 잘 말해준다.

일개 소부락(小部落)이었고, 게다가 반도에서 당시 문화의 중심지였던 낙랑, 대방으로부터는 가장 먼 동남 모퉁이인 지금의 경주 지역에 있었기 때문에 그 문화의 정도가 낮았을 것으로 상상되어진다. 1, 2세기에는 오히려 말할 것도 없다.[224] 마한도 군(郡:낙랑과 대방)에서 가까운 북부지역만 약간 지나(支那:중국)적 문화가 미치고 있었다고 『위지』에 적혀 있는데 이것이 지리적인 사정(事情)으로 볼 때 부합될 것이다. 그러므로 진한의 문화는 대개 마한보다 낮았고, 신라는 진한 중에서도 더 낮았다고 생각되어 진다. 진한과 낙랑군 사이에 교섭이 있었던 것은 『위략(魏略)』에서도 보이지만 그것은 진한의 서북부, 즉 낙랑군(훗날의 대방군 부분)과 접촉하고 있는 지방, 다시 말하면 현재의 상주(尙州), 함창(咸昌) 방면일 것이다.[225] 그렇다고 치더라도 진한 전체를 통해서는 중국문화의 영향이 그다지 나타나지 않는다는 것을 위지에 의해서 추측할 수 있다. 그런데 「신라기」(『삼국사기』 「신라본기」)는 그 최초의 국왕(거서간)을 혁거세로 하면서 건국의 해를 전한(前漢)의 선제(宣帝) 오봉(五鳳) 원년(元年:서기전 57)으로 했다. 그리고 이로부터 연대기가 만들어졌다. 이것이 매우 괴이한 일인데 이런 연대기가 후에 전(傳)할 정도라면, 1, 2세기에 지나의 문화는 상당히 신라에 깊숙하게 이식되어 있었다고 보지 않으면 안되므로 진한(辰韓)의 다른 제국(諸國)들도 같은 모습이어

---

224 쓰다 소키치는 식민사학적 고정관념 속에서 『삼국사기』 초기기록을 부인하는 것으로 일관한다. 대신 『위지(魏志)』의 「한전(韓傳)」과 그것에 인용되어 있는 『위략(魏略)』, 즉 『삼국지』 「위지 동이전」 '한(韓)'조와 그것에 인용되어 있는 『위략』을 가장 초기의 것으로 인정하고 있다. 또한 3세기 신라는 진한 12개국 중의 하나라는 고정관념과 낙랑군·대방군이 한반도 서북부에 존재했다는 고정관념 아래에서 한 군현과 거리가 멀면 문화 정도가 낮았을 것이라는 희한한 논리를 펴고 있다. 임나일본부의 존재를 합리화하기 위한 전형적인 제국주의 침략논리이다.

225 경상북도 상주와 함창이 대방군과 접촉하고 있다면 대방군은 충청남북도를 모두 차지하고 있다는 말이다. 식민사학자들의 위치비정은 그때나 지금이나 자신이 그렇게 생각한다는 것뿐 아무런 사료 제시가 없다는 특징이 있다. 자신들의 필요에 의해 대방군은 황해도에 있기도 하고 말이 안 맞으면 충청남북도에 있기도 하는 것이다.

야만 한다.²²⁶ 다시 넓게 말하면, 삼한전체가 대략 같은 정도의 문화를 가지고 있어야만 한다. 한지(韓地) 전체의 문화가 그 정도로 열려 있었다면 지나 혹은 낙랑의 지나인과의 교섭이 상당히 밀접해야만 하기에 지나(支那)의 사적(史籍)에 한지(韓地:삼한 땅)의 기사가 많이 나타나야만 할 것이지만 그런 형적(形跡)이 조금도 없다. 뿐만 아니라 그 정도의 문화를 가진 것 치고는 정치상의 상태가 아주 유치했다.

그러나 이것은 약간 막연한 이야기이기 때문에 재차 논하지 않기로 한다. 다음으로 소위 혁거세가 어떻게 신라를 세웠는가, 그것보다 이전의 상태는 어떠했는가에 관해, 「신라기」는 그것을 분명히 설명하고 있지 않다. 그저, 조선의 유민이 육촌(六村)을 형성했다는 기사가 있고, 그 육촌은 지명으로부터 생각해보면, 왕성(王城:지금의 경주) 땅에 있을 것이며, 유리이사금의 기(紀:시작)하는 부분에 의하면, 그것은 후의 소위 육부(六部)의 기원이 되기 때문에, 신라의 기초는 이 육촌이었다고 할 수 있을 것이다. (『양서(梁書)』 「신라전(新羅傳)」에 「나라에는 6탁평이 있다[國有六啄評]」라고 있기 때문에, 신라의 본지(本地)에 육부(六部)가 있었다고 하는 것은 사실이다.²²⁷ 그러나 그것이 「신라기」의 소위 육촌이었는가의 여부는, 다른 징증(徵證)이 없다. 그 밖에 여기에서 말하는 조선(朝鮮)이 위만에 쫓겨난 기씨(箕氏)인지 한 무제에게 멸망당한 위씨(衛氏)인지는 판단할 수 없지만 어느 쪽으로 보더라도

226　쓰다 소키치는 시종일관 신라 역사가 발전하려면 중국의 영향이 있어야 한다는 전제로 서술하고 있다. 1, 2세기에도 중국 문화의 영향이 별로 없었는데, 서기전 57년에 어떻게 신라를 건국할 수 있었겠느냐는 논리이다. 논리라고 할 것도 없는 어거지일 따름이다.

227　『양서』「동이열전」'신라'조에는 이런 내용이 실려 있다. "그 풍속에는 성(城)을 건모라(健牟羅)라고 부르는데, 그 읍(邑)이 (성) 안에 있으면 탁평(啄評), 밖에 있으면 읍륵(邑勒)이라고 부르는데, 또한 중국에서 군현(郡縣)을 부르는 말이다. 나라에는 6탁평(六啄評)이 있고, 52읍륵이 있다[其俗呼城日健牟羅, 其邑在內日啄評, 在外日邑勒, 亦中國之言郡縣也. 國有六啄評, 五十二邑勒]『梁書』「東夷列傳」新羅)

그 유민은 지나인으로 보지 않으면 안 된다. 그러므로 신라는 지나인을 기초로 한 것이라고 하지 않으면 안 된다. 그럼에도 혁거세의 성인 박(朴)이나 거서간(居西干)이라는 그 호칭(號)도 진한인의 말이라고 할 수 있을 뿐만 아니라, 신라인 혹은 그 중심이 된 사람들이 지나인일 것이라는 모습이 모든 점에 있어서 보이지 않는다. 이것이 매우 불가사의이다.

또한 유리이사금 시대에 육촌(六村)을 육부(六部)로 삼아 하나씩 성(姓)을 만들었다고 하지만, 그것이 지나인이라면 이미 성(姓)이 있었을 터이고, 그 성(姓)은 지나인의 사상에서 보면, 결코 변경해서는 안되는 것이다. 따라서, 그 이야기는 자가모순이다. 무엇보다, 전체적으로 진한인(辰韓人)이 진인(秦人), 즉 지나인이라고 하는 말이 『위지(魏志)』에 보여지지만, 그것은 진한인(辰韓人)이 위씨(衛氏) 조선의 백성(民), 즉 지나인과 만나 「그 언어는 한인의 말이 아니다.〔其語非韓人〕」라고 했다라는 『위략』의 기사에 모순되는 것일 뿐만 아니라, 넓게 봐서 진한(辰韓) 전체가 지나인이라고 한다면, 『위지』등에서 말하는 것처럼 이것이 낙랑군으로부터 이적으로 취급될 리가 없기 때문에, 이 부분도 자가모순이다. 대체로, 지나인은, 앞서 말한 중국사상으로부터, 소위 사방(四方)의 이적의 조선(祖先)을 자신들과 같은 민족〔同民族〕이라고 하려고 하는 습성이 있기 때문에, 흉노는 하후씨의 후손이라고 하고, 왜인은 하후씨 소강(小康)의 자손일 것이라고 쓰고 있다. 진한진인설(辰韓秦人說)도, 진(辰)과 진(秦)의 음이 유사하므로, 같은 식의 부회를 한 것에 지나지 않는다. 특히 외국으로 이주한 사람들을 진인(秦人)이라고 한 것은, 진(秦)의 폭정을 기억하고 있는 지나인에게는, 매우 일어나기 쉬운 사고방식이다. 도원(桃源)의 백성(民)들도 진인(秦人)이라고 한 것은 아닐까? 위씨조선의 유민 2,000여 호가 일시(一時:한 때) 일지방(一地方)으로 이주한

적이 있다고, 하는 이야기는 위략에 보이지만, 그것은 모두 낙랑군에 복귀(復歸)했고, 진한 혹은 진국(辰國)은, 이런 근소한(소수의) 지나인의 움직임과 관계없이 엄연히 존재했기 때문이다. (「신라기」에도 진인래주(秦人來住)의 기사는 보이지만, 그 기사에는 진한(辰韓)도 잡거(雜居)했다고 한다. 또한 「신라기」에는, 그 육촌을 진한의 육부라고 말하기도 하여, 육부는 진한 전체를 육등분하는 것처럼 쓰여져 있지만, 그것은 소재지의 지명에서도, 후(後)의 육부, 즉 육성(六姓:여섯 성씨)의 이야기에도 모순된다.) 그러므로, 신라인 혹은 진한인(辰韓人)이 지나인이라는 설은, 사실이 아니다. 또한, 신라건국의 시조 혁거세는 알에서 나왔다고 하지만, 그것도 사실이 아닌 것은 물론이다. 그렇다면, 건국설화는 여러 가지 점에서 믿기 어렵다.

다음으로, 건국 이후의 영토의 범위 및 그 확장 상태에 관해서 「신라기」의 기재(記載)를 살펴볼 때 혁거세(재위 서기전 57~서기 4) 및 남해차차웅(재위 4~24)의 시대부터 낙랑군의 군사가 내공(來攻)했다는 것을 시작으로 그 후에도 여러 차례 낙랑군과 교섭했다는 기록이 있고, 유리이사금(재위 24-57) 때에는 화려(華麗), 불내(不耐)(모두 지금의 함경도 남부)의 두 현(縣) 사람들이 북쪽 경계를 침범했고, 탈해이사금(재위 57~80) 때부터, 여러 번 백제와 지금의 충청북도 방면에서 충돌(衝突)했다고 하며(이 지리적 관계는, 『조선역사지리』제1권 제9,「신라접경고」를 참고해주었으면 한다), 또한 같은 시기에 가야와도 황산하(黃山河: 낙동강 하류)에서 충돌했고, 지마이사금(재위 112~134) 때에는, 말갈(靺鞨:『삼국사기』에는 지금의 강원도지방의 주민을 지칭한다. 『조선역사지리』제1권 제4,「호태왕정복지역고」참조)이 내공(來攻)했고, 그 충돌지점이 한강 상류지역인 듯이 쓰여 있기 때문에, 만약 이것이 사실이라면, 그 영토는 국초(國初)부터, 적어도 지금의 경상북도 전부 및 낙동강 하류의 동북방을 포함하는 것으로, 하지 않으면 안된다. 그러나 이것은 확실히 3세기의 신라가 진한 12국중의 하나라는 『위지』의 기재와 모순된다. 그 다음, 백제라는 나라는 그 존재조차 이 무렵에는 분명하지 않았고, 있다고 하더라도 마한의 일개 소부락에 지나지 않았음이 틀림없다. 그리고 낙랑군이 존재했던 사이에는 충청북도의 주요 부분은 낙랑군의 역내였기 때문에(『조선역사지리』 제1권, 제2,3권 「삼한강역고」 참조), 그곳에서 백제와 충돌할 리도 없다. 또한, 강원도방면에 있던 세력이 적으로 있는 동안에는, 함경도방면의 세력이 북변을 침공하는 것은 불가능하기 때문에, 화려(華麗), 불내(不耐)의 변구(邊寇)는 말갈의 내공(來攻)(이라는 기사)과 모순된다. 또한, 이 때 맥국(貊國)이 신라의 동맹국이란 식으로 쓰여져 있지만, 맥(貊)은 압록강 방면의 민족을 부르는 이름이기 때문에, 그것도 완전히 허위이다. 조분이사금(助賁尼師今:재위 230~347) 때에 고구려군이 북변을 침입했고, 첨해이사금(沾解尼師今:재위 247~261) 때에는 고구려와 화의를 맺었다는 것도 위와 같고(허위이며) 이때에 고구려가 신라와 교섭을 해야만 할 리도 없다는 것은 물론이다.

더욱이 유리이사금 때에 낙랑이 고구려에 멸망당했다[228]고 했으나 이것은 기림이사금(基臨尼斯今) 때에 낙랑, 대방이 귀복(歸復)했다는 것[229]과 모

---

228 『삼국사기』 「고구려본기」 대무신왕 15년(32)조에 고구려 대무신왕의 왕자 호동이 낙랑왕(樂浪王) 최리(崔理)의 딸을 이용해 북과 나팔을 부숴서 고구려에게 항복시킨 때가 신라 제3대 유리 이사금(재위 24~57) 연간에 발생한 것을 말하는 것이다. 그러나 이는 쓰다 소키치가 낙랑국과 낙랑군을 혼동해서 잘못 이해한 것이다. 『삼국사기』는 낙랑왕 최리라고 했는데 한사군 낙랑군의 우두머리는 낙랑 태수지 낙랑왕이 아니다. 신채호는 낙랑국과 낙랑군을 구별해서 이해해야 한다고 갈파했다.

229 『삼국사기』 「신라본기」 기림 이사금(재위 298~310)조에는 "재위 3년(300) 낙랑과 대방 두 나라가 귀순해왔다[樂浪帶方両國歸服]"라고 기록하고 있다. 이때도 『삼국사기』는 두 군(郡)이라고 쓰지 않고, 두 나라라고 썼다는 점에 유의해야 한다. 『삼국사기』의 낙랑·대방 기록은 역사학계가 풀어야 할 수수께끼의 하나이다. 쓰다 소키치의 말대로 사료를 조작했으면 이런 모순이 생기지 않게 한쪽으로 몰았을 것이다. 역으로 서로 상반된 듯한 사료를 모두 수록했다는 것이 『삼국사기』의 신빙성을 높여주는 것이다. 『삼국사기』 편찬자들은 자신들이 편찬에 참고한 사료들은 중요하다고

순된 기사로, 양쪽이 확실하게 사실에 위배된다(총론 제2절참조). 그로부터 파사이사금(婆娑尼師今:재위 80~112) 때에 음즙벌(音汁伐:지금의 홍해〔興海〕방면)을 공격해, 실직(悉直:지금의 삼섭(三涉:삼척의 오기))·압독(押督:지금의 경산(慶山))을 투항시켰고, 또한 비지(非只:국사(國史:일본서기))의 비자목(比自㶱, 즉 지금의 창녕?),[230] 초팔(草八:지금의 초계(草谿)를 아울렀으며, 벌휴이사금(伐休尼師今:재위 184~196) 때에는 소문국(召文國:지금의 의성(義城))을 토벌했고, 조분이사금 때에 감문국(甘文國:지금의 개령〔開寧〕)을 평정했다고 하지만 이것도 또한 『위지』의 기재에 배치될 뿐만 아니라 일찍부터 낙랑이나 백제 그리고 소위 말갈 등과의 충돌했다는 「신라기」자체의 기사와 모순된다. 이러한 지방들이 영토 내에 없으면 낙랑이나 백제나 소위 말갈과 충돌할 리가 없기 때문이다. 또한 파사이사금 때에는 고타군(古陁郡:지금의 진주〔晋州〕, 혹은 안동?), 유례이사금(儒禮尼師今:재위 284~298) 때에는 다사군(多沙郡:지금의 하동〔河東〕)이 공물을 바쳤고, 또한 파사이사금(婆娑尼師今)이 고소부리군(古所夫里郡:지금의 전라북도 고부〔古阜〕)에 순행(巡幸)했고, 아달나이사금(阿達羅尼師今:재위 154~184)이 한수(漢水)에 출동했고, 기림이사금(基臨尼斯今:재위 298~310)이 우두주(牛頭州:지금의 강원도 춘천)에 이르렀고, 실성이사금(實聖尼斯今:재위 402~417) 때에 평양주(平壤州:남평양〔南平壤〕, 즉 지금의 경성〔京城〕)에 대교(大橋:큰다리)를 놓았다는 등, 6, 7세기가 되어야 처음으로 신라의 영토에 들어온 지방을 이른 시기부터 (신라 영토에) 있었다고 쓰고 있다(경성부근의 한강유역을 신라가 확보한 것은 6세기로, 진주, 하동 등의 경상남도의 서부, 즉 옛

생각하는 한 그대로 수록해주는 원칙을 갖고 있었다.

230 이때의 국사(國史)는 『일본서기』를 뜻한다. 『일본서기』권9, 「신공황후(神功皇后) 섭정(攝政) 49
년」에 비자목(比自㶱), 남가라(南加羅), 훼국(喙國), 안라(安羅), 다라(多羅), 탁순(卓淳), 가라
(加羅)의 7국을 평정했다는 기사가 있다. 이 기사는 임나일본부의 근거의 하나로 사용되었으나 현
재 이 기사는 일본 내의 학자들도 후세의 조작이라고 인정하고 있다.

날에 임나일본부(任那日本府) 영토의 서부지역이나, 춘천이 신라에 편입된 것은 7세기다). 그리고 정말로 신라가 진한지방을 통일한 시대인 4세기 전반에야 있어야하는 흘해이사금(訖解尼師今:재위 310~356)시대에는 조금도 그런 모습이 보이지 않는다.[231] 이상과 같이 말한 바를 종합해 보면,「신라기」의 상대(上代) 부분에 보이는 외국관계나 영토에 관한 기사는 모두 사실이 아닌 것으로 이해된다.

그렇다면 그 다른 방면(方面:부분)에서는 어떠한가 보면 왕실에 관한 기사에 있어서는, 앞에서 말한 혁거세의 난생설화(이것에서 박씨라는 이름이 설명 되고 있다)외에 탈해에 관한 설화도 비슷한 이야기(그것으로부터 탈해라는 이름의 설명을 결합시키고 있다)가 있고, 김씨 및 계림(鷄林)이란 말의 설명도 닭의 울음소리〔鷄鳴〕를 듣고 금독(金櫝:금궤)을 얻었다는 설화, 표주박을 차고, 왜로부터 바다를 건너온 호공(瓠公)이란 자의 설화 등이 있으나 이것들이 사실이 아닌 것은 물론이다. 그리고 정치에서도, 왕에게 덕이 있고 백성이 도(道)를 알기 때문에, 왜인이나 낙랑인이 병사를 이끌어 왔어도, 감히 침범하지 못했다든지, 남한(南韓)에 성인(聖人)이 나왔기 때문에 동옥저의 사자(使者)가 내공(來貢)을 했다든지, 다른 사람의 재해를 다행으로 여기는 것은 불인(不仁)이라 하여 적국왕의 죽음을 애도했다던가(혁거세 때의 기사), 홀아비, 과부, 고아, 늙고 병든〔鰥寡孤獨老病〕 자들을 급양(給養:구휼)하면서, 인접국의 백성이 다수 내귀(內歸:귀순)했다라든지(유리이사금 때의 기사), 유리와 탈해가 왕위를 서로 사양했다든지, 또는 백성에게 농상(農桑)을 시켰다든지, 황해(蝗害:누리)가 있어서 왕이 산천(山川)에 제사 드

---

231 쓰다 소키치는 4세기에 신라가 진한 지역을 통일했다는 고정 관념에서 이와 배치되는 『삼국사기』「신라본기」의 기사는 모두 가짜라고 주장하는 것이다. 여기에서 쓰다 소키치가 추정한 지명은 이런 목적을 달성하기 위해서 고안했기 때문에 모두 새로운 고증에 의한 비정이 필요하다.

리니 풍년이 들고 곡식이 여물었다〔豊稔〕든지(파사이사금 때의 기사), 사람에게 일을 시키는 것을 불가하게 여겨 궁실(宮室)을 만들지 않았다든지(미추 때의 기사) 등 지나사상(支那思想)에서의 이상적인 군주가 이상적인 정치를 행한 듯한 기사가 있다. 가장 심한 기록은 남해차차웅(南解次次雄)이 어구(漁鉤:고기잡이)를 업(業)으로 하는 탈해의 현명함으로 듣고 딸을 보내 그의 처(妻)로 삼아 (그를) 등용(登庸)시켜 정사를 위임했고 유리이사금이 자신의 아들에게 왕위를 양보하게끔 하여 (남해차차웅에게) 왕위를 넘겼다는 것과 같이, 요순선양(堯舜禪讓)의 이야기를 거의 그대로 모사(模寫)한 이야기이다. 이러한 기사들이 모두 사실일리 없다는 것은 물론이다.

이런 류의 기사가 있기 때문에 가화(嘉禾:상서로운 벼)가 생겼다고 하는 상서(祥瑞)의 기사가 있는 것도 충분히 수상하게 여기는 여길만 하다(파사, 벌휴, 조분이사금 때). 용(龍)이 보였다라는 기사도 자주 있지만, 이것도 지나사상(支那思想)의 소산인 것은 말할 필요도 없다. 또한 앞에서 말한 것과 같이 산천에 제사드렸다든지 기림이사금 때 태백산에서 망제(望祭)를 드렸다는 것도 지나적인 정치종교사상으로서 한인(韓人)의 풍습이 아니다.

그렇다면, 「신라기」의 기사는 어떻게 작성된 것인가를 보면 첫 번째는 지나의 사적(史籍)에서 빌려온 것이거나 혹은 그것을 기초로 해서 고안해서 만들어낸〔按出〕 것이 있다. 신라의 육촌(六村)이 조선의 유민(遺民)으로 구성되어 있다고 한 것은 아마도 앞에서 말했던 『위략』의 기사, 즉 위씨(衛氏) 조선의 유민이 한때 진한(辰韓)으로 왔다는 이야기에서 유래한 것인데 그것을 진한(辰韓)의 육부(六部)라고 말한 것은 『위략』에 진한(辰韓)이라고 쓰여 있기 때문일 것이다. 지나인(支那人)이 소위 이적(夷狄)을 중국인의 후손으로 했던 것과 달리 신라인이 자신들의 선조를 지나인으로 한 것은 이상한 것이지만 탁발(拓跋) 위(魏)가 그 선조를 황제(黃帝)로 한 것[232]과 마찬가지로 사상상(思想上) 지나(支那)를 본위(本位)로 하는 것 역시 당연할 것이다. 또한 진한(辰韓)에 진인(秦人)이 왔다고 하는 것은 물론, 『위지』에서 따온 것이다. 또한 앞서 인용하지는 않았지만, 남해차차웅 때 북명인(北溟人)이 밭을 갈다 주운 예왕(濊王)의 인(印)을 바쳤다는 것[233]도, 예왕의 인(印)을 언급한 『위지』「부여전(夫餘傳)」에서 유래한 것일 것이다. 화려(華麗), 불내(不耐) 두 현이나 동옥저(東沃沮)의 이름도 물론, 지나(支那)인의 사적(史籍)에서 나온 것이다. 다만 다시 나아가 생각해 본다면, 『위지』의 「동옥저전(東沃沮傳)」에 '화려, 불내, 옥저의 여러 현은 모두 후국이다〔華麗 不耐 沃沮, 諸縣皆爲候國〕'라고 열기(列記)되어 있기 때문에 (그곳에서) 따왔을 지도 모르겠다. 난생설화도 역시 『위지』「부여전」에서 부기되어 있는 『위략』의 기사로부터 탈화(脫化)한 것이다. 그리고 낙랑군의 내공(來攻) 등이 사실이 아닌 것은 물론이지만 낙랑군이라는 명칭 역시 서물(書物:서적)에서 따온 것이 틀림없다. 파사이사금 및 벌휴이사금 때에 맥연기(麥連岐)[234] 또는 가화(嘉禾)[235]가 만들어졌고, 나해이사금 때에 죽은 자

232 북위(北魏)의 효문제(孝文帝:재위 471~499)는 태화(太和) 18년(494) 수도를 평성(平城:현 산서성 대동(大同))에서 낙양으로 천도한 후 선비족의 풍습을 바꾸는 대대적인 한화(漢化) 정책을 수행했다. 선비어를 한어(漢語)로, 선비족의 복장을 한복(漢服)으로 바꾸고, 성도 중국인들의 성으로 바꾸고 탁발씨를 원(元)씨로 바꾸었다. 이런 한화정책으로 다수의 피지배 민족이었던 한인(漢人)들과 융화하는 데는 성공했지만 선비족 사이의 거센 반발을 낳았다. 효문제 사후인 정광(正光) 5년(524) 육진기의(六鎭起義)가 일어나 534년 북위는 동위(東魏)와 서위(西魏)로 분열되고 말았다. 끝내 선비족 자체가 사라지는 계기가 되었다.

233 "16년(서기 19년) 봄 2월 북명사람이 밭에서 예왕의 인(印)을 얻어서 바쳤다(十六年春二月 北溟人 耕田得濊王印獻之)"(『삼국사기』 남해 차차웅 16년)

234 『삼국사기』「신라본기」 파사 이사금 5년(84)조에 "여름 5월 고타군주가 청색 소를 바쳤다. 남신현에서는 보리가 한 줄기에 여러 개의 가지가 났다〔麥連歧〕. 크게 풍년이 들어 길가는 사람들이 식량을 싸 가지고 다니지 않았다〔夏五月 古陁郡主獻靑牛 南新縣 麥連歧 大有年 行者不賫糧〕"는 기사를 말한 것이다.

235 『삼국사기』 벌휴 이사금 3년(186)조에는 "가을 7월 남신현에서 상서로운 벼이삭을 바쳤다〔秋七月 南新縣 進嘉禾〕"는 기록이 있다. 상서로운 벼이삭〔嘉禾〕이란 알이 굵거나 한 가지에 많은 쌀알이

가 부활했다는 기사(記事)가 있는 남신현(南新縣)²³⁶은『진서(晉書)』에 처음 보이는 대방군 속현(屬縣)의 지명에서 따온 것일 것이다. 자국의 사료가 없는 경우에 지나(支那)의 사적(史籍)의 기사를 빌려오고, 그것에 어떤 일을 부회(附會)하는 것은 지나(支那)의 문화계통에 속한 부근 여러 민족에 있어서 자연스럽게 (사료를) 채집하는 방법으로『요사(遼史)』와 같은 것도 그 예이다²³⁷(『남선지리역사연구보고』제5,「요(遼)의 제도의 2중체계, 부록1」참조).

둘째는 후세의 상태를 예전부터 있었던 것으로 해서 후의 사적에 기초하여 구상(構想)한 것이 있는데 앞에서 언급한 영토의 문제나 고구려나 백제, 가야에 관한 관계 등이 그것에 해당된다. 특히 외국관계에 관해서 이상의 두 가지 방법에 의해 모든 부근의 민족 또는 국토의 명칭을 열거했음을 상상(想像)할 수 있다. 셋째는 정치도덕에 관한 사상(思想)의 소산(所産)이 지나의 경전(經典)으로부터 왔다는 것은 말할 필요도 없다.

이것을 생각해 보면, 전체 기년(紀年)이나 역대 국왕의 세계(世系)도 또한 허구임을 추측할 수 있다. 특히 혁거세의 건국을 갑자년(甲子年:서기전 57)

달린 것을 의미할 것이다. 이런 기록들이 모두 중국 사료를 보고 가짜로 만든 것이라는 주장이니 아무리 목적이 눈 앞을 가려도 치졸하다. 특이한 일이기 때문에『삼국사기』에 특별히 기록한 것일 뿐이다.

236 "27년(222) 여름 4월 우박이 내려 콩과 보리를 해쳤다. 남신현 사람이 죽었는데, 한 달이 지나서 다시 살아났다(二十七年夏四月 雹傷菽麥 南新縣人死 歷月復活)"(『삼국사기』내해 이사금 27년조)

237 『요사(遼史)』는 원나라 탈탈(脫脫) 등이 원(元) 지정(至正) 3년(1343)부터 찬수를 시작해 이듬해 완성한 거란족의 요(遼)나라 역사이다.『요사』에는 일제 식민사학자들이 요동군 서안평을 현재의 압록강 대안 단동(丹東)으로 비정한 것과 달리 내몽골 파림좌기로 비정하는 등 식민사학의 허구를 깨는 많은 사료가 실려 있다. 또한 한족(漢族)의 역사를 정통으로 보고 주위 민족을 이적(夷狄)으로 보는 한족의 역사관에서 벗어났기 때문에 역사의 실체를 이해하는데 많은 도움이 된다. 식민사학자들이 그 가치를 폄하하는 역사서는 거꾸로 역사의 진실을 담고 있기 때문이라고 해석하면 거의 들어맞는다.

으로 한 것은 간지(干支)의 시작에 맞춰놓은 것으로 이 갑자년 4월에 즉위하고 다음 갑자년(서기 4) 3월에 죽었다고 하여 그 재위를 정밀하게 만 60년으로 한 것도 같은 사상(思想)에서 파생된 듯하다. 그리고 그 갑자년을 서기전 57년으로 한 것은 서기전 37년을 시조 동명왕의 즉위년으로 한 고구려, 서기전 18년을 시조 온조의 즉위년으로 한 백제의 건국년도보다 오래되게 하려고 한 의도에서 나온 것이 아닐까? (「고구려기(高句麗紀)」·「백제기(百濟紀)」에서 보이는 두 나라의 이야기가 언제 만들어졌는지는 확실하지 않지만 이 점으로 봐도 그것이 신라인의 손이 가해진 것이 아닌가 생각된다)[238] 역대 국왕의 재위 연수에서도 거의 정수(定數)가 있어 1과 2와 3과 4의 조합 외에는 나오지 않는데 이것으로도 작자의 심리를 엿볼 수 있지만 너무 조사해서 구하는 것[詮索]이 과하다고 생각하기 때문에 여기에서는 생략해 둔다.

그런데 이런 기사(記事)를 제외하면 「신라기(新羅紀)」의 상대(上代) 부분은 대부분 공허(空虛)하다는 것을 알 수 있고 남은 것은 왜에 관한 것 뿐이다. 그러나 「신라기」 전체의 성질이 앞서 말한 것과 같다고 한다면 그 왜에 관한 기사의 가치도 자연히 이로부터 유추된다. 첫째 왜인이 많이 왕성(王城)의 동방(東方)에 있는 해안에서 내공(來攻)한 것처럼 기록되어 있으나 이것은 제1장에서 설명한 것과 같은 이유로 인해 사실로서 수긍하기 어렵다. 그리고 4세기 후반부터 5세기에 걸쳐 우리나라(일본)가 가야를 근거로 신

---

238 고구려나 백제 역사보다 신라 역사를 오랜 것으로 만들기 위해 신라 건국연대를 끌어올렸다는 주장이다. 그러면 고구려나 백제 건국 연대는 『삼국사기』 기록이 맞든지 더 끌어올려야 한다고 주장해야 하는데, 쓰다 소키치는 고구려나 백제의 건국 연대로 김부식이 끌어올렸다고 주장하고 있다. 그래서 식민사학은 여러 주장의 씨줄과 날줄을 교차해 검토해보면 그 억지가 드러나는데, 이것도 그 한 종류이다.

라에 당도했다는 명백한 사건이 거의 나타나지 않는다는 것[239]은, 더 더욱 왜인에 관한 기사를 취하기에 충분치 않다는 것을 나타내며, 많은 전쟁에 관한 이야기(戰爭譚)는 실제로 있었던 사실(事實)이 잊혀진 이후에 공중(空中)에서 모아서 편찬(結撰)했던 것이리라. 또한 흘해이사금(訖解尼師今) 때에, 왜국왕이 혼인을 요청해 신하의 딸을 보냈다든가, 이미 출가했다는 이유로 사양했다는 기사가 있지만 이것은 역대 지나(支那)의 제실(帝室)과 소위 이적(夷狄) 사이에 행해졌던 이런 관계의 기사를 그대로 사적(史籍)에 빌려온 것이라는 것은 말할 필요도 없다. 그리고 아달라이사금(阿達羅尼師今: 재위 154~184) 때 왜의 여왕 히미코(卑彌呼)가 내빙(來聘)한 것도『위지』에서 나온 것이 틀림없지만 연대가 맞지 않는 것은 작자의 두찬(杜撰: 저작따위에 틀린 곳이 많고 거침)이기 때문일 것이다. 또한 탈해이사금(脫解尼師今)은 왜국의 동북쪽으로 1,000리에 있는 다파나국의 왕이 여국(女國)왕의 딸에게 장가들어 난 알에서 나왔다라고 하지만, 이 여국(女國)은 물론『위지』의 야마타이국(邪馬壹國)의 여왕국에서부터 온 것으로『위지』에는 당시 여왕 히미코(卑彌呼)가 있었기 때문에 편의상 여왕국으로 한 것을 여기에서는 여국(女國)이라는 국명으로 해버린 것이다. 다파나국(多婆那國)의 이름의 유래는 알 수 없지만 동북(東北)쪽 1,000리는『위지』에 '여왕국 동쪽으로 바다를 건너면 또 나라가 있는데, 모두 왜의 종족이다(女王國東渡海千餘里, 復有國, 皆倭種)'라고 한 부분에서 유래한 듯 하다. 전체적으로, 왜(倭)라는 문자의 쓰임새가 이미 신라인이 지나의 사적(史籍)을 읽은 후의 소행이다.[240]

---

239 이것이 바로 임나일본부를 뜻한다. 한반도 남부에 고대판 조선총독부인 임나일본부가 있었던 것으로 만들기 위해서『삼국사기』「신라본기」를 거짓으로 몰았던 것이다.

240 『삼국사기』「신라본기」의 내용을 구체적으로 반박할 수 없기 때문에 모두 중국 사료에서 빌려온 것이라는 허무맹랑한 논법으로 일관하고 있는 것이다.

「신라기」의 상대(上代) 부분에 있는 왜에 관한 기사가 사료로서 가치가 없다는 것은 이것으로 알 수 있을 것이다. 「신라기」의 전쟁기사는 필경(畢竟) 4세기 후반 이후에 끊임없이 우리 나라(일본)에 항적(抗敵:적과 맞섬)했다는 사실에 근거하여 구상(構想)되어진 것인 듯 하고, 그것도 흡사 예전부터 여러 번 백제와 전쟁을 주고받았다는 듯이 쓰여 있는 것과 같이 또한 실제로는 벌어지지 않았던 전쟁으로서 허구였던 점에 있어서는, 낙랑군에 관한 기사와 같은 양상이다. 뿐만 아니라 실제로 전쟁이 수행되었던 시대의 일에서도 확실한 듯하고 구체적인 기사는 많이 보이지 않는다. 한 두 가지 사실(事實)의 편영(片影)이 남아있는 것이 없는 것은 아니지만, 그것조차도 연대(年代) 같은 것은 제멋대로 삽입시킨 것이 있다. 그저 자비마립간(慈悲麻立干:재위458~479) 때에 삽량성(歃良城) 방면에서 왜와 싸웠다는 것은 사실일 것이다. 또한 탈해(脫解)나 호공(瓠公)과 같은 현왕(賢王) 현신(賢臣)이 적국(敵國)인 왜인 혹은 그들과 관계가 있는 것은 약간 기괴하다고 할 수 있는데 이것도 왜(倭)라는 것이 신라인에게 가장 강대한 인상을 주었기 때문이며 본래는 적(敵)이지만 어떤 경우에는 그 적(敵)이라는 관념의 내용을 의식하지 않고 강한 인상만이 남아서 그것이 별도의 방면(方面)에 연결되었던 것이다.

지나적 사상(思想), 또한 「신라기」 전체의 태도(態度)에서 생각해보면, 도성(都城)이 적군에게 함락되었다든지 국왕이 외국인(外國人)이라든지 하는 말[241]은 혹시 그것이 사실이었다면 오히려 역사상에서 지우는 것이 보통임에도 그것을 일부러 개재하는 것은 그 (기사)에 이런 심리가 있다는 것을 증

---

241 신라 제4대 임금 탈해 이사금(脫解尼師今:재위 57~80)을 뜻한다. 『삼국사기』 「신라본기」는 탈해 이사금은 성은 석씨(昔氏)로서 왜국에서 동북쪽 1천리 거리에 있는 다파나국(多婆那國)의 왕의 아들이라고 기록하고 있다.

명한다. 우리 일본의 신화나 상대(上代)의 설화에 있어서 우리 편이자 속국(屬國)인 백제나 가야보다도, 오히려 적국(敵國)이라고 할 만한 신라 쪽이 많이 보이는 것도, 일면(一面)으로는 이것과 비슷한 심리에서 유래했을 것이다. 뿐만 아니라, 이렇게 심하게 왜(倭)에게 시달리면서 혹은 덕으로써 혹은 무력(武力)으로서 항상 그것(왜)을 쳐서 극복한다는 부분에 작자의 특수한 의도가 있을지도 모르겠다.

「신라기」의 상대(上代)에 대한 비판을 반드시 이것이 다는 아니지만 왜인에 관한 기재(記載)를 취하기에 부족하다는 점을 증명하기 위해서는 이 정도로 충분하다고 생각된다. 그리고 대체적으로 말해서 앞에서 서술한 것과 같이 실성이사금(實聖尼師今:재위 402~417) 때에도 명백한 허구로밖에 볼 수 없는 기사가 있기 때문에 그 앞선 내물이사금(奈勿尼師今:재위 356~402) 때, 즉 우리 군(軍:왜군)이 처음으로 신라를 압박했다고 추측되는 시대의 기사도 다른 확실한 사료의 기재에 조응(照應:두개의 물건이 서로 대응함)해야만 하는 것이 아닌 한 무심코 신용할 수 없다.[242]

그러면 일반적으로 어떤 나라, 혹은 어떤 왕조의 상대사(上代史)가 사실에 근거하여 자연히 생겨난 전설을 무턱대고 쓴 것일 뿐만 아니라 특수한 의도에 근거한 구상에 의해 형성(形成)된 것이 있다는 것이 이 「신라기」의 일례(一例)라고도 알 수 있다. 지나(支那)의 각 왕조의 선조의 이야기나 변방 바깥에서 일어난 위(魏)나 요(遼)나 금(金)이나 원(元)의 국초의 기사(記事)들, 또한 조선에 있어서는 고려조나 이조(李朝)의 선조의 이야기도 마찬가

---

242 쓰다 소키치는 신라 19대 임금 눌지 마립간(訥祇麻立干:재위 417~458)부터 실존했던 임금이라고 주장하고 있는 것이다. 즉 신라는 『삼국사기』 「신라본기」의 기록대로 서기전 57년이 아니라 5세기 초에 건국된 나라라고 주장하고 있는 것이다. 물론 임나일본부를 존속시키기 위한 목적의 창작이다.

지로 사상(史上)에 나타난 것들은 어떠한 것도 조작되어 나오게 된 것이다. 『삼국사기』의 「고구려기(高句麗紀)」·「백제기(百濟紀)」도 물론이다. (요실[遼室:요나라 왕실]의 선조의 기사에 관해서는 앞에서 언급한 「요(遼)의 제도의 2중체계, 부록1」에 설명해 두었다. 이조(李朝)의 선조(祖先)에 관해서는 이케우치 히로시(池內宏)씨의 정세(精細)한 연구가 『동양학보』 제5권 2·3호에 실려 있으며, 저자도 일찍이 『조선역사지리』 제2권 제19장에 한 마디 해 둔 적이 있다.)

그러나 이렇게 작성되어 만들어진 「신라기」는 매우 변변치 못하고, 하등(何等)의 생기(生氣)나 광채(光彩)도 없다. 그렇게 심하게 지나화되고 형식화(形式化)되어 신라인의 특수한 사상도 감정도 전혀 흔적도 남기지 않았다. 물론 이것은 상당히 후대인 고려조에 편찬되었기 때문이기도 하지만, 그 사료가 되었던 신라인의 술작(述作:글을 지어 책을 만듦)도 역시 그 비슷한 점도 없었기 때문이 아닌가? 비록 지나 사상의 윤색이 농후하고 또한 한문(漢文)으로 썼다고 해도 우리 『일본서기』와 『삼국사기』를 비교해보면 소양(霄壤:하늘과 땅) 차이이다.[243] 경우(境遇:사리나 도리)를 순치(馴致:길들이기)한 점이라던가, 민족성이 나타난 점이라던가, 어찌되었든 반도인의 지식계급은 가련하게 여길 수밖에 없는 지나사상(支那思想)의 노예였다. 어떠한 국민(國民)의 상대사(上代史)에 있어서도 그 한 요소(要素)가 되는 것은 종종 설화(說話)였고, 그 설화에는 그 국민(國民)의 특수한 사상이나 감정 생

---

243 『일본서기』는 특정 기사를 60년, 혹은 120년, 240년, 때로는 360년을 끌어올리거나 내려야 해석하는 주갑제(周甲制)가 적용되는 희한한 사서로 징평 나 있다. 『일본서기』는 주갑제를 잘 적용하는 학자가 권위를 인정 받을 정도로 외곡이 심한 사서이다. 반면 『삼국사기』는 백제 제25대 무령왕(재위 501~523)에 대해 '재위 23년(523) 여름 5월에 세상을 떠나니 시호를 무령이라고 했다(夏五月王薨 諡曰武寧)'고 기록하고 있는데, 1971년 공주 송산리에서 발견된 지석에서 '계묘년(癸卯年:523) 오월병술삭칠일(五月丙戌朔七日:5월7일)' 세상을 떠났다고 기록하고 있어서 세상을 놀라게 했다. 달까지만 적고 날은 적지 않는 『삼국사기』 편찬원칙에 따라 5월까지만 기록했던 것이다.

활상태 등이 나타나 있지만 이러한 것들도 「신라기」에는 지극히 빈약하다. 게다가 신라인의 사상에서 나온 특색이 없다. 혁거세나 탈해에 있어서도 알(卵)이 이용되었고 그 탈해나 계림(鷄林)의 알지(閼智)에 있어서도 금궤(金櫃)가 이용되었으며 또한 혁거세나 호공(瓠公)에게도 같은 호(瓠:표주박)가 나오는 것도 어떻게 봐도 지혜(智慧)가 없는 것처럼 보이지 않는가?

참고문헌

-기초 사료 및 직접 관련된 저서 및 논문을 중심으로-

1. 자료

『삼국사기(三國史記)』, 『삼국유사(三國遺事)』, 『일본서기(日本書紀)』, 『고사기(古事記)』, 『신찬성씨록(新撰姓氏錄)』, 『만엽집(萬葉集)』, 『속일본기(續日本記)』, 『부상략기(扶桑略記)』, 『송서(宋書)』, 『진서(晋書)』, 『남제서(南齊書)』, 『신당서(新唐書)』

국립김해박물관, 『창녕 교동 7호분』, 2015.

국사편찬위원회, 『한국고대금석문자료집』Ⅰ·Ⅱ, 1995.

김태식·김익주 편, 『가야사 사료집성』 1~3, 가락국사적개발연구원, 1992.

백제문화개발연구원, 『백제사료집』, 1983.

부산대학교 한국문화연구원 편, 『일본고중세문헌 속의 한일관계 사료집성』, 혜안, 2005.

연민수 등, 『역주 일본서기 1~3』, 동북아역사재단, 1013.

板本太郎 등, 『日本書紀』, 岩波文庫, 1994.

日置昌一 編, 『日本系譜總攬』, 講談社, 1990.

笠原英彦, 『歷代天皇綜覽』, 中公新書, 2001.

충청남도 역사문화연구원, 『백제사자료원문집』Ⅰ·Ⅱ·Ⅲ, 2005.

충청남도 역사문화연구원, 『백제사자료역주집-한·중·일-』, 2008.

板本太郎 外, 『日本書紀』, 1~5, 岩波文庫, 1994.

2. 단행본

〈국내 및 북한〉

가야고분군 세계유산등재추진단, 『가야고분군 연구총서 1~7』, 2018.

곽장근, 『호남 동부지역 석곽묘 연구』, 서경문화사, 1993.

김달수, 『일본 속의 한국문화유적을 찾아서』 1~3, 대원사, 1995.

김달수, 『일본열도에 흐르는 한국혼』, 동아일보사, 1992.

김석형, 『초기조일관계연구』, 과학원출판사, 1966.

김석형, 『초기조일관계사』(하), 사회과학원 출판사, 1988.

김성호, 『비류백제와 일본의 국가기원』, 지문사,

김성호, 『씨성으로 본 한일민족의 기원』, 푸른숲, 2000.

김인배·김문배, 『임나신론』, 고려원, 1995.

김종성, 『철의 제국 가야』, 역사의 아침, 2010.

김태식, 『가야연맹사』, 일조각, 1993.

김태식, 『미완의 문명 700년 가야사』, 2002, 푸른역사.

김현구, 『임나일본부연구』, 일조각, 1993.

김현구, 『임나일본부는 허구인가』, 창비,

김현구, 『고대한일교섭사의 제문제』, 일지사, 2009.

김현구 외 3인, 『일본서기』 한국관계기사 연구』 1~3, 일지사, 2002.

남재우, 『안라국의 성장과 대외관계 연구』, 성균관대학교 박사학위논문, 1998.

노중국, 『백제정치사연구』, 일조각, 1988.

도명, 『가야불교 빗장을 열다』, 담앤북스, 2022.

문정창, 『한국사의 연장, 고대일본사』, 인간사, 1989.

박천수, 『새로 쓰는 고대 한일교섭사』, 사회평론, 2007.

백승충, 『가야의 지역연맹사연구』, 부산대 박사학위논문, 1995.

세키 유지, 『일본의 뿌리는 한국』, 관정이종호교육재단, 2016(개정판)

소진철, 『금석문으로 본 백제 무령왕의 세상』, 원광대학교 출판국, 1994.

신형식, 『백제사』, 이화여자대학교출판부, 1992.

안춘배, 『가야토기와 그 영역의 연구』, 동아대학교 박사학위논문, 1993.

와타나베 미츠토시, 『일본천황도래사(日本天皇渡來史)』, 지문사, 1995.

오시노 마코토 지음, 한철호 옮김, 『동아시아 속의 한일 2천년사』, 책과함께, 2005.

윤내현, 『한국열국사연구』, 만권당, 2016.

윤영식, 『백제에 의한 왜국통치 삼백년사』, 청암, 2011.

이기동, 『신라골품제사회와 화랑도』, 학연문화사, 1980.

이기동, 『백제사연구』, 일조각, 1996.

이기백, 『신라정치사회사연구』, 일조각, 1974.

이대구, 『고대 일본은 한국의 분국』, 한가람역사문화연구소, 2021.

이병도, 『한국고대사연구』, 박영사, 1976.

이병선, 『임나국과 대마도』, 아세아문화사, 1987.

이용현, 『가야제국과 동아시아』, 신서원, 2006.

이정면, 『고대한일관계사의 진실』, 이지출판, 2014.

이노우에(井上秀雄) 등, 『고대 한일관계사의 이해-倭』, 이론과 실천, 1994.

인제대학교 가야문화연구소, 『가야제국의 철』, 신서원, 1995.

인제대학교 가야문화연구소, 『가야제국의 왕권』, 신서원, 1997.

임동권, 『일본 안의 백제문화』, 민속원, 2005.

井上秀雄 외,『고대 한일관계사의 이해-倭』, 이론과 실천, 1994.

조영제,『옥전고분군과 다라국』, 혜안, 2007.

조희승,『초기조일관계사』(상), 평양, 사회과학원 출판사, 1988.

조희승,『북한학계의 가야사연구』, 말, 2020.

조희승,『북한학자 조희승의 임나일본부 해부』, 말, 2019.

조희승,『일본에서 조선소국의 형성과 발전』, 평야아 백과사전출판사, 1995.

조희승,『조선단대사 2, 가야편』, 평양, 과학백과사전출판사, 2011.

존 카터 코벨 지음, 김유경 편역,『부여 기마민족과 왜』, 글을 읽다, 2006.

좌좌극명(佐佐克明),『일본 천황가는 한국인의 후손』, 오성, 1980.

정중환,『가라사연구』, 혜안, 2000.

정효운,『고대한일정치교섭사연구』, 학연문화사, 1995.

천관우,『가야사연구』, 일조각, 1991.

최규성,『여기가 임나다』, BOOKK, 2017.

최재석,『고대한일관계사 연구 비판』, 경인문화사, 2010.

최재석,『일본고대사의 진실』, 경인문화사, 2010.

최재석,『일본한일관계와 일본서기』, 일지사, 2001.

최재석,『일본고대사연구비판』, 일지사, 1990.

최재석,『백제의 대화왜와 일본화과정』, 일지사, 1990.

최재석,『일본서기』의 사실기사와 왜곡기사』, 집문당, 2012.

최재석,『통일신라·발해와 일본의 관계』, 일지사, 1993.

최재석,『삼국사기』불신론비판』, 만권당, 2016.

한국고대사연구회,『가야사연구』, 춘추각, 1995.

한일관계사연구논집 편찬위원회 편, 『고대 왕권과 한일관계』, 경인문화사, 2010.

황순종, 『임나일본부는 없었다』, 만권당, 2016.

<일본>

古田武彦, 『日本古代新史』, 新泉社, 1991.

吉村武彦, 『古代を考える繼體・欽明朝と佛敎傳來』, 吉川弘文館, 1999.

吉村靖德, 『九州の古墳』, 海鳥社, 2015.

今西龍, 『百濟史硏究』, 近澤書店, 1934.

今西龍, 『朝鮮古史の硏究』, 近澤書店, 1937.

金鉉球, 『大和政權の對外關係硏究』, 吉川弘文館, 昭和64년(1985).

末松保和, 『任那興亡史』, 吉川弘文館, 1949.

末松保和, 「朝鮮史(4~5)」, 『朝鮮行政』 2-1, 2-1, 1938.

末永雅雄, 『古墳』, 學生社, 1969.

武光誠, 『古事記, 日本書紀を知る事典』, 東京堂出版, 1999.

白石太一郎, 『古墳時代の考古學』, 學生社, 1997.

北鄕泰道, 『西都原古墳群』, 同成社, 2005.

森浩一, 『記紀の考古學』, 朝日新聞社, 2000.

小林惠子, 『古代倭王と正體』, 祥傳社新書, 2016.

林泰輔, 「加羅の起源」, 『史學雜誌』 25, 1891.

이넝식, 『加耶諸國と任那日本府』, 吉川弘文館, 1993.

前田晴人, 『倭の五王と二つの王家』, 同成社, 2009.

田中俊明, 『大伽倻聯盟の興亡と任那』, 吉川弘文館, 1993.

鮎貝房之進,『雜攷 日本書紀朝鮮地名攷』, 國書刊行會, 昭和 12年(1937)

朝鮮總督府,『朝鮮半島史』(친일반민족행위관계사료집 V),

池內宏,『日本古代史の一研究』, 中央公論美術出版, 昭和 45년(1966)

津田左右吉,『滿鮮地理歷史研究報告』8, 東京帝國大學文學部, 1921.

津田左右吉,『滿鮮地理歷史研究報告』9, 東京帝國大學文學部, 1922.

津田左右吉,『古事記及び日本書紀 研究』,

倉野憲司 校注,『古事記』, 岩波書店, 1963.